**ANTJE DERTINGER**

# HELDENTÖCHTER

Verlag J.H.W. Dietz Nachfolger

Die Deutsche Bibliothek – CIP-Einheitsaufnahme

**Dertinger, Antje:**
Heldentöchter / Antje Dertinger. - Bonn : Dietz, 1997

ISBN 3-8012-0253-4

Copyright © 1997 by
Verlag J.H.W. Dietz Nachfolger GmbH
In der Raste 2, D-53129 Bonn
Lektorat: Christine Buchheit
Umschlaggestaltung: Vision, Köln
Die Umschlagabbildung zeigt
Julius Leber mit seiner Tochter Katharina.
Druck und Verarbeitung: Ebner Ulm

# Inhaltsverzeichnis

*mit biographischen Angaben zu den Müttern und/oder Vätern der dargestellten Personen*

> Katharina Christiansen ist Tochter von Julius Leber (1891-1945).
> Der SPD-Reichstagsabgeordnete und Chefredakteur einer sozial-
> demokratischen Lübecker Zeitung exponierte sich früh als Nazi-
> Gegner. Später unterhielt der mehrfach Inhaftierte Kontakte zum
> Kreisauer Kreis und zählte zum Kern der Verschwörer des 20. Juli,
> die ihn als Innenminister in einem Deutschland nach Hitler vorsa-
> hen. Leber wurde zu Beginn des letzten Kriegsjahres hingerichtet.

> Als aktives Mitglied der kommunistischen Saefkow-Jacob-Wider-
> standsgruppe wurde Ruth Hrotzschanskys Mutter Judith Auer
> (1905-1944) nach Jahren des Widerstandskampfes vom ›Volks-
> gerichtshof‹ verurteilt und in Berlin-Plötzensee hingerichtet.

5

> Janina Blankenfelds Mutter Ursula Beurton (geb. 1907) entstammt
> der Berliner Gelehrtenfamilie Kuczynski. In der früheren DDR ist sie
> unter ihrem Schriftstellerpseudonym Ruth Werner bekannt; in den
> 30er und 40er Jahren aber kannten viele ihrer kommunistischen
> politischen Mitstreiter nur ihren Decknamen ›Sonja‹, den Richard
> Sorge ihr gegeben hatte. Sie arbeitete als ›Kundschafterin‹ für die
> Sowjetunion.

> Erwin Gehrts, der Vater (1890-1943), war nach faktischem Berufs-
> verbot als Journalist 1935 ins Reichsluftfahrtministerium eingetre-
> ten. Dort erneuerte der regimekritische Luftwaffenoberst seine Be-
> kanntschaft mit Harro Schulze-Boysen und gelangte durch ihn zur
> Mitarbeit in der Widerstandsorganisation ›Rote Kapelle‹. Gehrts
> wurde 1942 verhaftet und wenig später hingerichtet.

# ›Die Kinder des Widerstandes‹ – ein bisher vernachlässigtes Thema

## Vorwort

In der Darstellung und Bewertung des Widerstandes gegen die nationalsozialistische Diktatur zeigten sich auf charakteristische Weise die Gegensätze zwischen den beiden deutschen Staaten: Während in der Bundesrepublik lange Zeit hauptsächlich die Kreise um den 20. Juli 1944 beachtet und gewürdigt wurden, bildete für die DDR der kommunistische Widerstand, und nur er, die Legitimierung der SED-Herrschaft. Eine Gemeinsamkeit jedoch weist die Darstellung des Widerstandes in Ost und West auf: In der Geschichtsschreibung, in Dokumentationen, im Film, im Theater, in der Romanliteratur, in der öffentlichen Diskussion, kurz überall, wo in verschiedenen Formen der Widerstand thematisiert wird, fehlt weitgehend ein Eingehen auf die Frage, welche Wirkungen die Handlungen der im Widerstand Aktiven auf ihre Familien hatten.

Die Frauen und Männer des Widerstandes waren ja zumeist keine kinderlosen Waisen und Zölibatäre. – Erfolgte ihre Entscheidung für den Widerstand mit dem Einverständnis ihrer Partnerin bzw. ihres Partners? Waren die Eltern eingeweiht? Und wie standen diese Angehörigen dazu? Noch schwerer wiegt die Frage, welche Konsequenzen die Widerstandstätigkeit von Vater oder Mutter oder beiden für die Kinder hatte.

Es ist ein hohes Verdienst der Autorin der »Heldentöchter«, sich dieses unbegreiflicherweise vernachlässigten Themas angenommen zu haben; Antje Dertinger hat sich also einem wichtigen Thema zugewandt. Durch ihre vorherigen, großenteils biographischen Arbeiten, die Kämpfe gegen Unrecht und deren Preis behandeln, ist sie für das »Heldentöchter«-Thema bestens vorbereitet. Sie ist eine ausgezeichnete Kennerin der Milieus, aus denen die Kinder der Widerstandskämpfer stammen, der

Umstände, unter denen ihre Väter oder Mütter, oft beide, Widerstand gegen das NS-Regime leisteten, und der Folgen, die er für sie hatte.

In den Darstellungen der Töchter von Männern und Frauen des deutschen Widerstandes kommt das politische Geschehen der NS-Jahre als zeitgeschichtlicher Hintergrund nur indirekt zur Sprache. Es wird jedoch deutlich, wie stark der Lebensweg der Frauen von diesem Geschehen geprägt worden ist. Das bildet die Gemeinsamkeit zwischen den Gesprächspartnerinnen der Autorin, die im übrigen höchst unterschiedlich sind, sowohl ihrem Herkommen nach, als auch in ihrer Persönlichkeit. Diese Vielfalt kommt in großer Lebendigkeit in den Porträts zum Ausdruck, und sie trägt zur historiographischen Bedeutung sowie zum literarischen Wert des Buches bei.

Bonn, im März 1997 *Susanne Miller*

# Die letzten Zeugen

## Einleitung

Das Kind war sieben Jahre alt, als es am Tag des ›Ermächtigungsgesetzes‹ Deutschland verlassen mußte. Die Flucht erschien ihm anfangs durchaus abenteuerlich. In einem Automobil, verborgen unter Decken, wurde es, zusammen mit den Eltern, aus der Heimatstadt geschafft; anderntags gelang, nun versteckt im Schlafwagenabteil eines Zuges, die illegale Einreise in die Schweiz. Das Kind wußte damals noch nicht, daß sein Leben niemals mehr so sein würde wie es gewesen war. Vertraute Umgebung und Spielkameraden blieben, ohne Abschied, für immer verloren. Aus der Schweiz schickten die Eltern ihr Kind an eine deutsche Exilschule nach Dänemark; deren Lehrer und Schüler flüchteten später weiter nach England. Die Eltern retteten sich zuerst nach Frankreich, dann in die USA. Das Kind, das in kurzer Frist zwei fremde Sprachen lernen mußte, wußte, daß alles zu seinem Besten geschah. Es war 13 Jahre alt, als es seine Pflichtschulzeit hinter sich hatte. Von da an mußte es für sein Fortkommen ganz allein sorgen. Die Eltern sah es erst einige Zeit nach Kriegsende wieder. Da war das überaus selbständige Kind erwachsen und schon verheiratet. Aber Vater und Mutter, nach denen es sich so lange und so sehr gesehnt hatte, erschienen ihm wie Fremde.

Diese Eltern waren längst tot und ihr ›Kind‹ bereits Pensionär, als ich an der Biographie seines Vaters arbeitete und in England Einzelheiten über die Familiengeschichte erfuhr. Ein Wort der Kritik an Vater oder Mutter kam nie über die Lippen des Sohnes; er hatte klaglos verinnerlicht, daß die Trennung im Exil, Jahrzehnte zuvor, unter den damals gegebenen Umständen das richtige gewesen war. Doch unausgesprochen hörte ich aus dem Bericht immer wieder den Schmerz des verlassenen Kindes. Vielleicht hörte ich aufmerksamer als andere, denn für das Schicksal der Kinder von Widerstandskämpfern hatte ich mich schon lange interessiert. Und so bemerkte ich eine stille Melancholie sogar dann, wenn der Mittsechziger lächelnd davon erzählte, wie stolz und stark er sich gefühlt hatte, als er, der damals erst 14jährige Farmarbeiter, Pferde reiten und Traktoren lenken durfte.

An dieser Stelle der Erzählung fiel – scheinbar zusammenhanglos – die Bemerkung: »Nie und unter keinen Umständen hätte ich meine Kinder fortgegeben.« Der alternde Mann vermochte es nicht, den nie verarbeiteten Schmerz des alleingelassenen Kindes direkt auszudrücken. Aber indem er sagte, wie er sich als Vater seinen eigenen Kindern gegenüber verhalten hätte, erfuhr ich, was er in der Kindheit vermißt hatte. Und so erhielt ich den letzten Anstoß, dieses Buch zu schreiben.

Wie erlebten andere Kinder von Widerstandskämpfern den ›Alltag unterm Hakenkreuz‹? Was bedeuteten in Kinder- und Jugendjahren der Eindruck der Bedrohung, die spürbare Unsicherheit der Eltern, der Unterschied zwischen familiärer Binnenwelt und der Nazi-Außenwelt, das Verschwinden eines Elternteils, die Ungewißheit über seine Rückkehr, der gewaltsame Tod von Vater oder Mutter, die Trauer, die Existenzangst der Übriggebliebenen, die sich anschließenden Verlustängste, die Fremde des Exils, die frühe Übernahme von Verantwortung, die häufig erlebte nachträgliche Idealisierung des Opfers?

Überrascht stellte ich fest: Kaum jemals hat jemand den alt gewordenen ›Kindern des Widerstandes‹ diese Fragen gestellt. Und wenn sie, meistens aus Anlaß von anstehenden Gedenktagen, im Lauf von Jahrzehnten befragt wurden, dann ging es in der Regel um die Ermittlung lebensnaher Erinnerungen an die ›Männer des Widerstandes‹, mit deren Namen sich sowohl die Bundesrepublik als auch die DDR aus unterschiedlichen Motiven schmückten. Aber es ging fast nie um deren Kinder, die die Befragten einmal gewesen waren und in gewissem Sinn immer bleiben.

Nun sollten sie im Mittelpunkt stehen. Und keine der angesprochenen Personen lehnte es ab, sich erinnernd und erzählend in die Kindheit zurückzuversetzen. Manche reagierten auf meine Anfrage, als hätten sie jahrelang dringend darauf gewartet.

Ohne ›positive Diskriminierung‹ beabsichtigt zu haben, entschied ich mich, ausschließlich Frauen anzusprechen, mich also auf Töchter von Nazi-Verfolgten zu beschränken. Meine (nicht nur meine) Erfahrung aus vielen früheren Interviews zu lebensgeschichtlichen und damit sehr persönlichen Themen lehrt, daß es Frauen in der Regel leichter fällt als Männern, offen über ihren Schmerz und ihr Glück, ihre Trauer und ihre Liebe, ihre Erfahrungen und ihre Prägungen zu sprechen – besonders wenn sie von einer Frau dazu befragt werden. Und auf Offenheit kam es mir an.

Meistens, aber nicht immer, entsprach der Bereitschaft zur Mitarbeit an diesem Projekt auch die Befähigung zum Berichten über sich selbst. In Einzelfällen aber waren Frauen nur mit Mühe imstande, sich selbst im Mittelpunkt des Interesses wahrzunehmen und sich entsprechend zu artikulieren. Vielleicht bewahrten sich diese wenigen mit ihrer Zurückhaltung auch vor jenen heftigen seelischen Erschütterungen, die mehrere der porträtierten Frauen beim Erzählen erlitten – über ein halbes Jahrhundert nach den Ereignissen.

Aus den mitgeteilten Erinnerungen der hier – als Beispiel für andere – vorgestellten Menschen sind keine allgemeingültigen Schlüsse zu ziehen. Und doch gibt es – trotz der mit Bedacht gewählten Unterschiedlichkeit der Herkunftsmilieus – einige Gemeinsamkeiten in der Wirkungsweise der aus Kinderperspektive erlebten Geschichte.

Das politische Engagement von Vater oder Mutter hatte in allen Fällen Vorbildfunktion für das spätere Verhalten der Töchter, obwohl mit den Eltern und durch die Eltern auch sie, die Kinder, Opfer bringen mußten. Töchter von Frauen im Widerstand berichteten in der Rückschau überwiegend von einem auffallend innigen Verhältnis zu ihren Müttern. Wo Töchter durch das Nazi-Regime ihre Väter verloren haben, da wurde nicht selten ein idealisiertes Vaterbild bewahrt. Das machte mehreren der Frauen die spätere Partnerwahl schwer: »Ich hab' die Männer alle an meinem toten Vater gemessen.«

Spätestens an dieser Stelle des Gesprächs konfrontierte ich die hier vorgestellten Persönlichkeiten mit dem früh von mir vorgesehenen Buchtitel *HELDENTÖCHTER*. Es gab höchst widersprüchliche Reaktionen. »Ja«, sagte eine Frau lebhaft und ohne Scheu vor dem umstrittenen Begriff, »mein Vater war ein Held!« Eine andere wehrte ab: »Das Wort ›Held‹ kann ich nicht ausstehen.« Und der nächsten fiel es schwer, sich überhaupt aus dem eigenen Blickwinkel darüber zu äußern: »Mein Vater hat sich nicht als Held gesehen.«

Das Nachschlagewerk befreit den Helden-Begriff von all seinen immer beabsichtigt gewesenen Miß-, Fehl- und Umdeutungen: »Held – ein außergewöhnlicher Mensch, ausgezeichnet durch kühne Taten. Er ragt hierdurch aus der Menge hervor und kann Vorbild werden... Im übertragenen Sinn nennt man H. einen Menschen, der ein außergewöhnliches Schicksal vorbildlich trägt oder sein Leben selbstlos für seine Pflicht und seine Mitmenschen einsetzt.« – Waren sie solche Helden nicht alle? Die Frauen und Männer, die politisch Verfolgte retteten, die Juden versteckten, die Geld für Opferfamilien sammelten, die Deutschlands Kriegsgegner unterstützten, die Zwangsarbeitern halfen, die Nachrichten übermittelten, die Attentate planten?

Auffallend ist, daß bei kommunistischen Eltern eher die Neigung und durch die Lebensverhältnisse wohl auch die Notwendigkeit bestand, ihre Kinder über den eigenen oppositionellen Standort zu informieren. Dagegen wurde in bürgerlichen Familien häufiger der meist vergebliche Versuch unternommen, Töchter und Söhne ›rauszuhalten‹. Trotzdem erlebten sich die Kinder beider gesellschaftlicher und politischer Herkunftsmilieus gleichzeitig in einer halbwegs geborgenen Binnen- und einer völlig anderen Außenwelt. Die sich daraus ergebenden Widersprüchlichkeiten des Lebens wurden von Geschwisterkindern übrigens oft ganz unterschiedlich erlebt – ebenso unterschiedlich, wie Geschwister auf die gesamte Situation der Bedrohung ihrer Familien reagiert haben. Aber das wäre ein anderes interessantes Thema.

Die meisten der porträtierten Frauen waren sich schon als kleine Mädchen ihrer Andersartigkeit, ihrer Außenseiterrolle in der sie umgebenden Gesellschaft bewußt. Aber kaum eine von ihnen sieht, rückblickend, das eigene Kinderleben als außergewöhnlich an: »Ich hab' mein Leben als normal empfunden und das der anderen vielleicht als unnormal.«

Wenn, wie allgemein üblich, als ›normal‹ gilt, was die Mehrheit tut, dann war das Leben dieser Kinder und ihrer Familien aber durchaus ›unnormal‹ – wie sehr, das erfuhren die meisten der Töchter erst nach dem Krieg, als ihnen in Einzelheiten und meistens in erschreckender Weise bekannt wurde, welcher Art die Verbrechen waren, die von der Mehrheit ihres Volkes hingenommen, von ihren Müttern und Vätern aber bekämpft worden waren.

Als die Töchter dieser Kämpferinnen und Kämpfer für Freiheit und Menschlichkeit befragt wurden, lag das Ende des Zweiten Weltkrieges ein halbes Jahrhundert zurück, und die Kinder von einst waren inzwischen 60 oder 70 Jahre alt geworden. Sie sind die allerletzten Zeitzeugen.

Bonn, im März 1997 *A.D.*

# „Bist umsonst so schrecklich gestorben, geliebter Vater"

Katharina Christiansen bewahrt
ein Vaterbild jenseits von Helden-Klischees

Katharina
Christiansen,
Ottobrunn,
September 1995

Die Kinder:
Matthias und
Katharina,
etwa 1936

Julius Leber mit seinem Tёchterchen Katharina, 1930

Das letzte gemeinsame
Bild von Julius und
Annedore Leber,
aufgenommen 1943
von Tochter Katharina

Sie sitzt mit ausgestreckten Beinen in einem bequemen Sessel; er ist von jener Art Fauteuils, in denen man sowohl würdevoll als auch hineingelümmelt sitzen kann. Sie streicht mit den Fingerspitzen über eine der Lehnen, um weißsilbrige Katzenhaare zu entfernen; aber es ist mehr ein Streicheln als ein Säubern der Lehne. »Der Sessel«, sagt sie lächelnd, »der Sessel ist gerade aus einer KZ-Gedenkstätte zurückgekommen; da war er Ausstellungsobjekt.« Es ist der Sessel, den ihr Vater am liebsten hatte; in ihm saß er, als er nach vier KZ-Jahren heimkam und seine kleine Tochter ihn fragte, was sie später so oft erzählte: »Vati, warum hast du so abbe Haare?« Auch stand damals seine Nase schiefer im Gesicht als vordem, und einige Zähne fehlten dem seltsam veränderten Heimkehrer. Das alles bemerkte das Kind und fragte doch nur nach den »abben Haaren«.

Der Sessel von gedeckt dunkelgrüner Farbe steht in einem geräumigen Bungalow nahe bei München. Wenn er nicht von den Katzen des Hauses beansprucht wird, sitzt Katharina Christiansen darin, so leger wie einst ihr Vater: Julius Leber.

»Ich kann gar nicht sagen«, erklärt überraschenderweise die Tochter und streicht immer noch über die Sessellehne, »wie froh ich bin, daß mein Vater tot ist. Als der Krieg zu Ende war und all die Nazi-Greuel bekannt wurden, jeden Tag neue, da dachte ich: Das Schlimmste, was mir jetzt noch passieren könnte, wäre zu erfahren, daß mein Vater Nazi war. Und ich dachte: Das wäre die Hölle! Aber ich wußte ja: So war dein Vater nicht; zu denen hat er nicht gehört! Dein Vater hat es anders gemacht. Und ich habe nie ein anderes Gefühl gehabt als das eines maßlosen Stolzes. Ich war so stolz und glücklich! Ich bin es bis auf den heutigen Tag.«

\*

18

Die Nazis hatten es eilig gehabt mit Julius Leber. Der unehelich geborene Bauernsohn aus dem Elsaß, der Hochbegabte, der Freiwillige im Ersten Weltkrieg, der Doktor der Nationalökonomie, war bereits in der Nacht der ›Machtergreifung‹ von einer Horde Bewaffneter überfallen, durch Messerstiche schwer verletzt und erstmals eingekerkert worden; denn der ›Rote Leber‹ hatte nicht erst 1933 seine Stimme gegen die Nazis erhoben. Als Chefredakteur des ›Lübecker Volksboten‹ und als Reichstagsabgeordneter der SPD war er schon in den zwanziger Jahren machtvollstes Sprachrohr gegen alle Feinde der Republik in seiner Wahlheimatstadt gewesen. Lebers nächste Festnahme erfolgte schon wenige Wochen nach seiner durch Demonstrationen in Lübeck erzwungenen Freilassung – als er am 23. März 1933 auf dem Weg zur Reichstagssitzung war, um bei der Abstimmung über Hitlers ›Ermächtigungsgesetz‹ mit Nein zu votieren. Kathrinchen, die Tochter, war damals vier Jahre alt, Matthias, ihr kleiner Bruder, zwei. »Wer so in den Kampf geht, sollte keine Familie gründen«, schrieb Leber später an seine Frau.

Als er zurückkehrte, kannte er das Regime des Terrors von innen, Schutzhaft, Strafhaft, strengen Arrest, Zuchthaus, Konzentrationslager – vier Jahre lang. Er war nicht gebrochen, er war gestärkt in seinem Widerstandswillen. Er ging nach Berlin; dort, in der Anonymität der Großstadt, lebte seine Familie inzwischen, und dort wurde Julius Leber Kohlenhändler. Das Geschäft florierte rasch und bot eine vergleichsweise günstige Tarnung für die Widerständler, die später als ›Kreisauer Kreis‹ und als ›die Männer des 20. Juli‹ in die Geschichte eingingen. Reichskanzler oder Reichsinnenminister sollte Julius Leber in einem anderen, besseren Deutschland werden. Aber er wurde verraten, noch ehe das Attentat auf Hitler scheiterte. Im Oktober 1944 verkündete ›Volksgerichtshof‹-Präsident Freisler das Todesurteil; es wurde im Januar 1945 vollstreckt.

Die Hinrichtungsstätte in Berlin-Plötzensee ist heute Gedenkstätte, ein kahler Raum, doch immer blumengeschmückt. Wenn die Sonne scheint, fällt gleißende Helle durch die beiden Rundbogenfenster; zuweilen ist sie so strahlend, daß Besucher das Wesentliche an diesem Raum im Gegenlicht nur schwer erkennen: ein stabiler Eisenträger mit fünf angeschweißten Fleischerhaken. Hier endete das Leben Julius Lebers.

Dieses Leben war »prall« gewesen, wie Tochter Katharina es nennt, prall und voller Gegensätze. Da war der Vater, dieser lebensfrohe, zupackende, kämpferische Mensch, dieser »umwerfend männliche Mann«, der den elsässischen Dorfjungen aus dem Örtchen Bliesheim niemals verleugnete. In Lübeck hatte er, durch Begabung und Fleiß schon ganz in ein anderes Milieu hineingewachsen, die feinsinnige, elegante, schöne Annedore Rosenthal geheiratet. Deren Vater, von Enkelin Katharina mit unverhohlener Ironie stets als »der Oberstudiendirektor Professor Dr. Dr.« tituliert, hat den Schwiegersohn von zweifelhafter Herkunft niemals wirklich akzeptiert.

Rosenthal, der umsichtigerweise und frühzeitig alle Hinweise auf seine teilweise jüdische Abstammung hatte verschwinden lassen, war deutschnational gesonnen und leitete das vornehme ›Katharinäum‹. Infolgedessen war ihm, wie auch seiner Frau, der stadtbekannte ›Rote Leber‹ geradezu anstößig, anstößiger noch als die jüdische Zahnärztin, die der Sohn, Annedores Bruder Helmut, ehelichte. Immerhin − als Direktor Rosenthal von den Nazis genötigt wurde, sich von seinem Schwiegersohn, dem politischen KZ-Häftling, öffentlich zu distanzieren, da lehnte er dies ab. Die Folgen waren seine Suspension vom Amt, sein wirtschaftlicher Absturz und sein baldiger Tod. Annedore Leber, verheiratet, doch jahrelang auf sich selbst gestellt, hatte allein für sich, für die beiden kleinen Kinder und für ihre völlig mittellose Mutter zu sorgen, die, wie es Enkelin Katharina noch fünfzig Jahre danach im Ohr ist, nie müde wurde, ihrer Tochter Annedore zu erklären: »Das haben wir alles deinem Mann zu verdanken!«

Wohltuend anders war aus der Sicht des Kindes Kathrinchen die zweite Großmutter, die aus dem fernen Elsaß. Zuweilen kam sie angereist, eine geschlachtete Gans unterm Arm, eine gut versteckte Flasche Schnaps in deren ausgehöhltem Bauch; im Koffer befand sich keine Kleidung, sondern Knoblauch und Zucker. Julius Leber herzte und küßte seine Mutter und ging mit ihr tanzen. Das fand Enkelin Katharina »einfach toll. Die haben sich sehr geliebt, ja. Das war so eine Familie, die überhaupt nicht fein war. Und ich hab' immer versucht, niemals diese bürgerliche Feinheit in mein Leben reinkommen zu lassen, denn das andere hat mir schon als Kind so viel besser gefallen.«

Dem Vater, seinem Temperament und seinem Wesen, fühlte sich Katharina schon als kleines Mädchen auf eine symbiotische Weise verbunden. »Ich bin mehr so eine Bauerntochter, wie mein Vater ja auch ein Bauernsohn war. Wir haben das Leben genommen, wie es ist. Und das Leben war für ihn prall. Es war da; es mußte etwas passieren; es mußte gekämpft werden. Ich habe ja gar nicht so viel mit ihm gelebt – aber intensiv. Er hat sich sehr viel mit uns abgegeben, besonders bei den gemeinsamen Ferien an der Ostsee oder in den Bergen. Und er konnte so schöne Geschichten erzählen. Abend für Abend saßen wir da; entweder haben wir Karten gespielt, oder er hat erzählt aus seiner Jugend. Das war faszinierend; das war toll. Ich erinnere mich an viele Geschichten; in denen hat er dann auch oft eine Tracht Prügel gekriegt. Aber das mußte ja sein, denn vorher hatte er die lustvollsten Erlebnisse gehabt. Zum Beispiel hat er einen Lehrer am ausgestreckten Arm aus dem fahrenden Zug gehalten. Das waren eben Sachen, die haben ihm Spaß gemacht, und er hat dafür bezahlt. Er bezahlte für alles, was er gemacht hat; und das war mir recht. Er hatte eben auch etwas Ruchloses, dieser Vater. Er brachte mir das Mogeln bei. Einmal brachte er mir als Geschenk ein Zahlenspiel mit; damit konnte man wunderbar die Leute reinlegen. Ich war ganz glücklich mit dem Ding; ich hab' es mit ins Bett genommen und unters Nachthemd gesteckt und war hin- und hergerissen von diesem Vater.«

Das Kind Katharina glaubte, was die Mutter behauptete, als Julius Leber 1933 im KZ verschwand: Er sei für einige Zeit verreist, um ungestört von Kinderlärm ein Buch zu schreiben. »Meine Mutter war eine unverrückbare Instanz; der glaubte man alles. Im Rückblick mache ich mir viele Gedanken darüber: Daß ich es so hingenommen habe, daß der Vater weg war! Das kann eben nur mit der suggestiven Macht meiner Mutter zu tun gehabt haben, die nicht nur auf uns Kinder sehr großen Eindruck gemacht hatte. Sie war ja eine ausgesprochen charismatische Person, eine kleine Frau mit sehr piepsiger Stimme; aber die hat später ganze Versammlungen in der Hand gehabt. Sie hat also auch auf uns sehr großen Einfluß gehabt. Und wenn sie gesagt hat, ›so ist das!‹, dann haben wir gedacht, ›so ist es‹. Ich jedenfalls sah damals keinen Grund zur Beunruhigung über die Abwesenheit meines Vaters.«

Das scheint nicht ganz zu stimmen, wenn man dem Inhalt der Briefe Julius Lebers an seine Frau Annedore folgt. Immer wieder während der langen Jahre in Nazi-Gefängnissen und -Lagern hat sich Leber nach seinen Kindern erkundigt, besonders intensiv nach »Kathrinchen«, hat ihre Entwicklung kommentiert, hat Fotos von Tochter und Sohn erbeten. Schon im Sommer 1933 schrieb er aus der Lübecker Untersuchungshaftanstalt über die Irritationen seiner damals erst vierjährigen Tochter, von denen ihm berichtet worden war. Es sei bei Kathrinchen »im Innern... eine unbewußte Ansammlung von unklaren Vorstellungen, die nach irgend einer Lösung drängen... Sie hält irgendwo doch sehr viel von ihrem Vati, kann aber die ganzen Vorgänge auch nicht entfernt ahnen oder fassen und kommt schließlich in großen Widerspruch mit sich selbst. Das wird nicht einfach sein, und ich fühle mich der kleinen Wachsamen gegenüber etwas bedrückt.«

Es gab in Zusammenhang mit der Abwesenheit des Vaters also durchaus Widersprüchliches, Doppelbödiges, »Durcheinandriges«, wie Katharina Christiansen es nennt; es gab in der Kindheit Erlebnisse und Erfahrungen, die sich später, in einer extremen Lebenssituation des Mädchens, zu der blitzartigen Erkenntnis zusammenfügten: »Ich habe alles gewußt.«

Da ist als ganz frühe Erinnerung der vom Kind aufgeschnappte erschreckte Ausruf des Dienstmädchen: »Frau Doktor, wir müssen das Blut wegwischen, bevor die Kinder kommen!« Und dann ist da die Erinnerung an eine Zurechtweisung, nachdem das Kind einem SA-Mann auf der Straße den Hitler-Gruß entboten hatte, weil alle dies taten. »Das brauchst du nun nicht gerade zu machen!« erklärte die Mutter entschieden; »der gehört zu den Leuten, die deine Mutti nicht mag.« Kathrinchen, das die Nazis von nun an auch nicht mochte, hatte keine Ahnung von der Gefahr, die sich hinter der Bemerkung der Mutter verbarg. Ihre Aufforderung war auch untypisch; denn Annedore Leber vermied sonst alles, was auf eine politisch oppositionelle Haltung der Familie hindeuten könnte.

Daß ihre eigene Tochter im Alter von zehn Jahren, nachdem sie nun notgedrungen zur Hitlerjugend gehörte, zusätzlich Mitglied einer verbotenen Organisation wurde, wußten die Eltern Leber nicht. Es handelte sich um den katholischen ›Heliand‹-Bund, mit dem Katharina durch ein älteres Mädchen bekannt geworden war. »Da haben wir, wie bei der HJ, Gruppenabende gemacht und zur Klampfe gesungen. Aber wir haben auch vieles besprochen: Daß nun Krieg war und viele Jungs gar nicht kämpfen, sondern lieber desertieren wollten. Meine Eltern wußten darüber nichts. Die dachten, das wären irgendwelche katholischen Treffen, wo wir ein bissel beten.«

Katharina ließ sie in dem Glauben. Sie wußte, daß sie Verbotenes tat; aber das tat der Vater ja auch. Zum Beispiel das Hören von ausländischen Sendern, vorzugsweise Lindley Frazer, »den guten Hausfreund der deutschen Familien«. Da sparte der Vater anschließend weder mit Kommentaren noch machte er sich jemals die Mühe, den Radioapparat wieder auf normale Lautstärke und auf den Nazi-Sender einzustellen. Schon mit acht, neun Jahren wußte Kathrinchen, wie gefährlich das war. »Ich ging runter und stellte das Radio wieder richtig ein. Da kamen doch immer Kontrollen vom Ortsgruppenleiter. Der kam und guckte und klaute dann immer auch ein paar Zigaretten und sagte zu meiner Mutter: ›Auslandssender hören Sie ja wohl nicht, meine Dame?‹ ›Hahaha, natürlich nicht‹, antwortete sie, und ich dachte: Ihr seid ja so dumm! Ein Blick aufs Radio würde das Gegenteil beweisen – wenn ich es nicht schon zurückgestellt hätte.«

Nach Kriegsbeginn wurde es noch wichtiger, Informationen zu erhalten. »Aber über die soundsoviel versenkten Bruttoregistertonnen konnte man sich gar nicht freuen, denn mein Vater wurde deprimierter und deprimierter mit jedem der ›wunderbaren Siege‹ der Deutschen. Und während wir spürten, daß die Eltern auf eine Niederlage der Deutschen hofften, machten wir in der Schule die Siegesfeiern mit. Ich war die beste Schülerin und mußte oft etwas über die Helden vortragen, auch wenn die tollen Schüler irgendwelchen örtlichen Nazigrößen vorgestellt wurden. Meine Mutter sagte dann: ›Na, hast du das wieder gemacht!?‹ Aber sie antwortete immer gleich selber: ›Na gut, wir wollen ja auch keinen Ärger kriegen.‹ Also, es war mir schon in der Kindheit völlig klar, auf welcher Seite die Eltern standen.«

Klar war dem Mädchen Katharina allerdings nicht, in welcher Gefahr sich ihr Vater wirklich befand. Als er bei Kriegsbeginn für einige Zeit untertauchte, glaubte sie, er wolle sich dem Kriegsdienst entziehen, während Julius Leber tatsächlich ganz anderes zu befürchten hatte. Aber über Folterkeller der Gestapo, über Zuchthaus und Konzentrationslager gab es den Kindern gegenüber nicht die geringsten Andeutungen. »Meine Mutter konnte eine große Schweigerin sein und sich völlig angepaßt geben. Als mein Vater im KZ war, das hab' ich natürlich erst viel später erfahren, da hat sie sogar an der schwarzuniformierten Brust eines furchtbaren SS-Mannes geweint. Da hat sie so geweint und um ihren Mann gebeten, bis der gesagt hat: ›Ja, kleine Frau, das schaffen wir schon.‹ Und ein paar Wochen später war mein Vater zu Hause. Wenn's um ihren Mann und die Familie ging, hat sie sich prostituiert, seelisch prostituiert. Das finde ich toll; das täte ich auch.«

Katharina Christiansen ist, rückblickend, der Mutter dankbar für ihr Verhalten. »Wir hätten doch sonst große seelische Probleme gekriegt. Und ich hätte niemals meine Rolle als Klassenbeste ausfüllen können, die mich doch auch sicher gemacht hat. Außerdem, ich bin ein ausgesprochener Sanguiniker; ich kann mich freuen. Als Kind, wenn ich mich gefreut hatte, mußte ich mich auf den Boden fallen lassen, weil ich sonst geplatzt wäre vor Freude, wenn wir irgend etwas Schönes gemacht haben. Und diese Kraft, sich zu freuen, die hätte meine Mutter kaputtgemacht, wenn sie sich anders verhalten hätte. Wir hatten ja trotzdem viel Angst. Und manchmal dachte ich: Wenn meinen Eltern was passiert – ich überleb's nicht, ich überleb's nicht.«

Eine fast an Gewißheit grenzende Ahnung von der Wahrheit erhielt Katharina Leber, als sie 15 war. Sie war mit ihrem kleinen Bruder, ihrer Cousine Brigitte und der Großmutter Rosenthal zu Verwandten auf einen Bauernhof in der Magdeburger Börde geschickt worden. Dort, in Hordorf, fielen nicht so viele Bomben wie in Berlin, erklärten die Eltern. Das war zutreffend, und doch gab es einen wichtigeren Grund: Julius Leber war so intensiv in Widerstandsaktivitäten verstrickt, daß er die Kinder in sicherer Entfernung wissen wollte.

Katharina unterhielt im Sommer 1944 vergnügt die ersten heftigen Beziehungen zu den Jungen des Dorfes, besonders zu einem. Vielleicht war sie deshalb nur mäßig enttäuscht, als die Mutter aus Berlin mitteilte, daß aus dem für August geplanten Familienurlaub nichts werde, weil der Vater nun doch noch zum ›Volkssturm‹ müßte. Dies war wieder eine der ›frommen‹, aber von den Kindern nicht angezweifelten Lügen der Annedore Leber; denn ihr Mann war nicht eingezogen worden, sondern durch Verrat in die Hände seiner Feinde gefallen.

Wenige Wochen darauf verbreitete der Rundfunk die Nachricht vom Attentat auf Adolf Hitler. Es war der 20. Juli 1944, und Katharina hatte plötzlich »eine mystische Angst – die ganz deutliche Ahnung von einem nahenden Unheil, fast die Gewißheit, daß etwas Furchtbares im Gange ist, und das Gefühl, irgendwie bricht da etwas für mich zusammen. Und als sich dann die Nazis, die auch im Haus wohnten, über ›diese Offiziere, diese Schweine!‹ ausließen, da fügte sich alles wie ein Puzzle zusammen, alles Verdrängte: alles, was ich nicht hatte wissen sollen, Andeutungen aus der Umgebung, Fragen von Kindern auf der Straße. Alles war gespeichert und kam nun raus; und ich wußte, was los war. Ich hatte schon immer gewußt, was los war. Ich wußte, daß mein Vater mit dem 20. Juli zu tun hatte; ich wußte auch, daß er in Lagern gewesen war und schreckliche Dinge erlebt hatte.«

Die Familie geriet in Sippenhaft. Annedore Leber wurde für zwei Monate ins Frauengefängnis Berlin-Moabit eingesperrt. Ihre beiden Kinder, 15 und 13 Jahre alt, sollten zunächst in ein Heim, dann ins Gestapogefängnis Dessau geschafft werden; für die Tochter von Julius Leber lag dort ein Überstellungsbescheid für das Frauenkonzentrationslager Ravensbrück bereit. Die Kinder landeten aber in der Dienstwohnung des SS-Mannes Kurt Knoche, den Katharina als »nett, hübsch, jung und freundlich« erlebte. »›Wir brauchen jemanden zum Putzen‹, sagte er zu mir, ›denn unser Lieschen muß wieder ins KZ.‹ Ich konnte natürlich überhaupt nicht putzen; ich war dünn und schwächlich. Aber mit dem Putzen war es auch gar nicht so gemeint. Er hat mir meine Einweisung nach Ravensbrück gezeigt; aber das hat er eben nicht gemacht. Er hat uns dabehalten; er wollte uns helfen – warum, das sei dahingestellt. Vielleicht hat er sich geschämt; vielleicht hat er auch so eine kleine Versicherung für die Zeit danach haben wollen, obwohl er dauernd vom Endsieg sprach. Ich habe also weniger geputzt als die Ehesorgen von Frau Knoche gehört; es war ein Griff ins volle Menschenleben. Und so kam ich mit der ins Vertrauen und fragte schließlich, wie es so aussähe in einem KZ, wo das Lieschen wieder hinmußte. Da erzählte sie – und mir wurde zur vollen Gewißheit, daß jahrelang auch mein Vater dort gewesen war.«

Im Oktober 1944 verurteilte der ›Volksgerichtshof‹ Julius Leber zum Tode. Die Hinrichtung wurde jedoch nicht sofort vollstreckt. Während die Kinder aus der Verwahrung in einem SS-Haushalt wieder nach Hordorf entlassen wurden, unternahm Annedore Leber in Berlin und nicht nur dort alles ihr Mögliche, um ihren Mann zu retten.

Als nach zwei Monaten das Urteil noch immer nicht vollstreckt war, holte sie ihre Tochter von Hordorf nach Berlin. Das Mädchen sollte bei einer Klassenkameradin um Gnade für den Vater bitten; es handelte sich um Gudrun Himmler, die Tochter des ›Reichsführers SS‹. Aber der Plan wurde verworfen. »Meine Mutter hatte nämlich wieder mal einen SS-Mann gefunden, der ihr half. Der steckte die Hinrichtungspapiere immer wieder nach unten, um die Exekution hinauszuzögern. Der Deal war, daß meine Mutter sich nach dem Krieg um die Frau des SS-Mannes kümmern sollte.«

Jeder Tag, der verging, verstärkte die Hoffnung auf ein Überleben Julius Lebers, weil das Kriegsende immer näher rückte. Gleichzeitig versetzten die Bomben auf Berlin Mutter und Tochter in Angst und Schrecken. Denn während sie im Garten ihres Zehlendorfer Hauses bei Luftangriffen in den von Leber, dem erfahrenen Weltkriegssoldaten, ausgehobenen Splittergraben krochen, um unter Trümmern nicht begraben zu werden, wußten sie doch gleichzeitig, daß Julius Leber im Gestapo-Hauptquartier an der Prinz-Albrecht-Straße als Verurteilter nicht einmal in einen Luftschutzkeller gebracht wurde. »Und hinterher habe ich gedacht: Vielleicht wäre es für ihn das beste gewesen...«

Katharina hatte ihren Vater zuletzt im Frühsommer 1944 gesehen; der Versuch, ihn noch einmal zu sehen, scheiterte. »Wir standen an der Prinz-Albrecht-Straße, an der Hintertür, nicht vorne. Da standen viele an, sehr gut aussehende Frauen, elegant gekleidet. Mutter trug einen Topf mit Hühnersuppe; den hatte sie in Zeitungspapier eingeschlagen. Wir hatten so sehr gehofft, meinen Vater zu sehen; aber es wurde uns nur die Hühnersuppe abgenommen. Meine Mutter tat ganz gelassen. Sie sagte zu dem Mann: ›Lassen Sie außenherum das Papier dran; sonst machen Sie Ihre Uniform noch schmutzig.‹ Und leise sagte sie zu mir: ›Es geht ja gar nicht um die Suppe; es geht nur darum, daß dein Vater die frische Tageszeitung kriegt.‹ Der Topf wurde also reingenommen, und schmutzige Wäsche wurde rausgebracht. Die steckte meine Mutter ganz schnell in eine große Tasche – aber nicht schnell genug. Ich hatte schon gesehen, daß sie voller Blut war. Und da hab' ich wieder ein bißchen mehr gewußt.«

Dieses Wissen nahm sie mit ins ländliche Hordorf. Und als dort, in schwarzem Mantel mit schwarzem Hut, an einem Januartag des Jahres 1945 ihre Mutter aus Berlin eintraf, wußte Katharina, daß nun der Vater tot war, dieser geliebte Vater, der immer für alles in seinem Leben bezahlt hatte. »Für eine so gute und gerechte Sache ist der Einsatz des eigenen Lebens der angemessene Preis«, hatte Julius Leber Freunden gegenüber geäußert.

Seine Kinder reagierten auf sehr verschiedene Weise. »Mein Bruder saß immer in einer Ecke und grübelte; er nahm es viel schwerer als ich. Ich kriegte eine ungeheure Wut auf die Nazis; ich schrie, ich tobte. Und dann schlug ich in meiner Wut eine Fensterscheibe ein; das war meine Art, mich abzureagieren, um mich einigermaßen zu fassen. Das Sterben war ja um uns herum; und ich hatte gelernt, mich in Situationen zu fügen.«

Annedore Leber blieb in Hordorf; es gab nichts mehr, um das sie in Berlin hätte kämpfen müssen. Sie verschloß sich dem Leben um sie herum; sie zog sich zurück, weinte und verweigerte die Nahrungsaufnahme. »Und da bin ich aufs Land gegangen und hab' gearbeitet, damit wir überhaupt ein bißchen was zu essen bekamen. Ich war 15, und es hat mir viel gegeben, daß ich plötzlich für die ganze Familie verantwortlich war, die Mutter, die lange nicht ansprechbar war, meine alte Großmutter, sehr gehbehindert, und mein kleiner Bruder, der wortlos litt. In dem Moment habe ich zum erstenmal so richtig gemerkt, daß ich Kraft hab'; und das hat sehr lange vorgehalten. Und ich empfand es zum erstenmal auch nicht mehr als Angriff, sondern als etwas Positives, was meine Großmutter Rosenthal früher immer zu meinem Vater und zu mir gesagt hatte: ›Ihr seid ja so hart; ihr seid beinhart, dein Vater und du!‹ Wir waren eben die Pragmatiker in der Familie. Und wir haben das Leben genommen. Wir haben schöne Sachen gern gemacht. Und wenn gestorben wurde, dann mußte gegessen werden. Und morgen ist ein neuer Tag.«

Doch der Schmerz blieb nicht aus. Er brach hervor, als die Deutschen auf Veranlassung der Besatzungsmächte nicht nur über die Verbrechen in Gestapokellern und Konzentrationslagern informiert, sondern übers Radio auch sehr detailliert über die Hinrichtungsmethoden in Plötzensee unterrichtet wurden. Die damals knapp 16jährige hörte es mit blankem Entsetzen. »Ich weiß noch, daß ich nirgendwohin konnte als aufs Klo, weil das der einzige Platz war, wo man allein sein konnte; denn in dem Haus, es war noch in Hordorf, wohnten viele Leute, auch Nazis. Ich hab' mich da also eingeschlossen und hingesetzt und hab' zum erstenmal herz-, gott- und steinerweichend geweint wegen meines Vaters. Und ich dachte: Wie sind die Leute grausam, daß sie uns Angehörigen das über den ganz normalen Radiosender erzählen: Wie die Menschen in Plötzensee erhängt wurden, ganz langsam. Ich konnte mir das nicht vorstellen; ich hab' davon schrecklich geträumt. Und seitdem ging es auch nicht mehr so leicht, das alles zu verkraften.«

Katharina Leber wurde einige Zeit später lange und schwer krank. Die Klassenbeste verweigerte weitere Leistungen und verließ die Schule ohne Abitur. Sie wollte immer Journalistin werden, ging aber für kurze Zeit nach Paris und lernte in der Modebranche, kehrte zurück nach Berlin und besuchte einige Semester lang die Hochschule für Bildende Künste, heiratete gegen den Willen der Mutter einen Mann, mit dem sie sich schon im Alter von 16 Jahren verbunden hatte, bekam zwei Kinder und ließ sich scheiden. Sie kehrte der Berliner Szene den Rücken, ging mit den Kindern nach München und lernte im Buchverlagsgeschäft, wurde dann aber Zeitschriften-Redakteurin bei einem sogenannten Lifestyle-Blatt, heiratete erneut und ging mit dem dänischen Ehemann nach Kopenhagen, trennte sich von ihm nach drei Jahren und kehrte als Journalistin zurück nach München. Sie war Mitte vierzig, als in ihr Leben ein wenig Stetigkeit einkehrte.

Zu diesem Zeitpunkt war ihr jüngerer Bruder schon lange tot; er war Arzt geworden und hatte sich während eines Besuches bei der Mutter in deren Haus erhängt. Auch sie, Annedore Leber, war schon gestorben; sie hatte ihren gewaltsam zu Tode gekommenen Mann um knapp 20 Jahre überlebt. Diese 20 Jahre hatte sie zu überaus bemerkenswertem politischen und publizistischen Engagement genutzt, ein Engagement, das sie in der ganzen Bundesrepublik bekannt gemacht hatte: Annedore Leber war die erste gewesen, die in Westdeutschland Bücher über den politischen Widerstand gegen das Nazi-Regime herausgab, die erste, die als Vortragende, als Journalistin und als Lizenzträgerin des Berliner ›Telegraf‹ über die Menschen des ›anderen Deutschland‹ informierte. Ihren eigenen Mann stilisierte sie dabei zum Helden, zu einem ausschließlich dem politischen Kampf hingegebenen Menschen.

Katharina war darüber irritiert. Sie bewunderte die neuen, ungewöhnlichen Aktivitäten der Mutter, schon weil sie der gut taten. Aber die Tochter hatte auch das Gefühl, es werde ihr der

Vater zum zweitenmal genommen; jedenfalls hatte der ›Heilige‹, von dem nun privat und öffentlich berichtet wurde, wenig zu tun mit dem sehr menschlichen Vaterbild, das sie in sich trug. »Eine Freundin unserer Familie sagte einmal: ›Nun schafft sich Annedorchen den Mann, den sie immer haben wollte‹. Und das stimmt. Aber ich verstehe es. Meine Mutter liebte ihn, obwohl er sie belogen und betrogen hat. Sie hat sich, wie gesagt, seelisch prostituiert, um ihn aus den Gefängnissen rauszukriegen, und sie zahlte an seiner Stelle sogar fällige Alimente, als er im KZ war. Aber nach seinem Tod, zu Hause, da stand er immer auf einem Podest und wurde Maßstab für alles. Man konnte sich überhaupt keinen Fehler erlauben. Ich wär' doch gern, wie er, politische Journalistin geworden, wurde ich aber nicht. Und obwohl mir die Arbeit bei den poppigen Blättern, für die ich geschrieben habe, Spaß gemacht hat und noch Spaß macht, war da anfangs immer das Gefühl: Eigentlich hätte ich ja, wie Vater, politische Journalistin werden sollen. Auf der anderen Seite hatte gerade er mir viel Selbstbewußtsein gegeben. ›Mein Kathrinchen‹, sagte er immer, ›sie sieht so französisch aus!‹ Ach, wenn er doch richtig alt hätte werden können! Er wäre vielleicht Geschäftsmann geworden; er hatte Talent fürs Geschäftliche und wäre auch gern mal richtig reich gewesen. Ich wär' dann bestimmt mit ihm zusammengezogen, und wir hätten viel Spaß gehabt; er konnte so wunderbar erzählen!«

»Dieser Vater ging nie aus meinem Leben weg«, bekennt Katharina Christiansen. Er war und ist Maßstab für alles Wichtige in ihrem Leben, auch für ihre Ansprüche an Männer. »Keiner von ihnen hatte die geringste Ähnlichkeit mit meinem Vater. Aber ich hab' sie wohl alle an ihm gemessen – und bin sie am Ende ganz gern losgeworden. Irgendwann habe ich begriffen, daß ich meinen Vater niemals kriegen kann; deshalb hab' ich auch kein drittes Mal geheiratet.« Aber es gibt einen Partner, mit dem sie ihren Bungalow bei München teilt. Und sie genießt das Leben; es ist immer noch »prall«.

*

Wenn Zeitungskollegen sich für sie interessieren und Fotoreporter sie fotografieren, setzt sich Katharina Christiansen meistens in den dunkelgrünen Sessel ihres Vaters; und fast immer ist im Hintergrund sein Bild zu sehen. Es zeigt Julius Leber mit tiefernstem, grüblerischem, ganz auf sich selbst bezogenen Gesicht – ein Foto, das nach seinem Tod hundertfach veröffentlicht worden ist und wenig mit dem Mann zu tun zu haben scheint, dessen Bild seine Tochter in ihrem Innern bewahrt hat. Aber sie lebt mit diesem Foto.

Sie hat lange gebraucht, bis sie die »Respektlosigkeit« aufbringen konnte, über ihren Vater so zu sprechen, wie sie ihn erlebt hat. Trotzdem geht sie zu den einschlägigen Gedenkveranstaltungen, wo an einen ganz anderen Julius Leber erinnert wird. Aber inzwischen wahrt sie eine gewisse ironische Distanz – und gelegentlich wird sie wütend: Wenn sich ›Kinder des 20. Juli‹ in peinlich-kitschiger Heldenverehrung über ihre Väter verbreiten; wenn Geschmacklosigkeiten geschehen, wie der Auftritt ausgerechnet Filbingers zum 30. Jahrestag des 20. Juli, oder wenn der Widerstand gegen das Nazi-Regime von Politikern der Gegenwart instrumentalisiert wird. Manchmal nimmt sie, die Journalistin, sogenannte runde Gedenktage zum Anlaß, ihre Auffassung zu veröffentlichen.

Im Sommer 1994 war sie gebeten worden, zum 50. Jahrestag des 20. Juli einen Artikel zu schreiben. Inhaltlich hatte sie freie Hand; nur der Umfang, den der Beitrag haben durfte, war beklagenswert beschränkt. Ihren kurzen, prägnanten, höchst persönlichen Artikel nutzte Katharina Christiansen auch zu einer Kritik am Umgang mit dem Widerstand in der Bundesrepublik. »Als Vater zum Tode verurteilt worden war, wollte Mutter uns mit einem Satz trösten, den er ihr bei einem ihrer letzten Besuche mit auf den Weg gegeben hatte. ›Jetzt kann ich für meine Kinder nichts mehr tun, als für sie zu sterben.‹ Ich war damals sehr jung, sehr unglücklich; aber es war ein erhebendes Gefühl, einen Vater zu haben, der den Tyrannenmord angezettelt hatte. Dafür hat man ihn an einem kalten Tag im Januar an einem Fleischerhaken in Berlin erhängt. Ein furchtbarer Preis für posthumen Ruhm. Mit den Jahren wurde ich der ganzen Sache gegenüber immer kritischer. Ich fand heraus, daß Vater am allerwenigsten für meinen Bruder und mich, sondern für die anderen Deutschen, die den Krieg überlebt hatten, gestorben war. Auch für Nazis und Mitläufer. (...) Mein Bruder hat das schlecht verkraftet; er nahm sich später das Leben. Ich selbst hatte meine Last mit den Ansprüchen, die von allen Seiten an mich gestellt wurden. Nichts, was immer ich anfing, war eines Heldenvaters würdig, den ich nicht mal mehr zur Verantwortung ziehen konnte. Hat er doch die Ehre der Nation dem Glück seiner Familie vorgezogen. Eine Nation, die sich zwar heute mit seinem Namen schmückt, aber seine Ziele – Toleranz, Mut, Gleichheit, Brüderlichkeit – nur notgedrungen ernst nimmt. So gesehen, geliebter Vater, bist du umsonst so schrecklich gestorben...«

„Und dann habe ich mir vorgestellt: Sie lebt noch, aber sie ist weit weg"

Ruth Hrotzschansky - ein Kind des kommunistischen Widerstandes

Ruth Hrotzschansky,
Berlin, im Juni 1996

Judith Auer
mit ihrer Tochter
Ruth, 1939

In Berlin erschien im Jahr 1970 ein zweibändiges Werk über »Deutsche Widerstandskämpfer 1933-1945«. Die Diktion verrät die Herkunft: »In dem Jahr, das sie hier«, nämlich in Moskau, »verleben durfte, vertiefte sich ihre Liebe zur Sowjetunion und wurde unerschütterlich.« Herausgeber der Gedenkbücher war das Institut für Marxismus-Leninismus in der DDR. Das Zitat über den Moskau-Aufenthalt bezieht sich auf die kommunistische Widerstandskämpferin Judith Auer. Sie gehörte der Saefkow-Jacob-Gruppe an und starb 1944 nach einem Urteil des ›Volksgerichtshofs‹ in Plötzensee auf dem Schafott.

Die Texte über alle Widerstandskämpfer, derer in dem Werk gedacht wird, wurden, soweit verfügbar, durch großformatige Fotos ergänzt. Ein professioneller Fotograf hat 1939 die abgebildete Aufnahme von Judith Auer gemacht: Eine durch dicke Brillengläser in die Kamera lächelnde Frau mit freundlichem, gedrungen-ovalem Gesicht sitzt, offenbar völlig entspannt, auf einem Stuhl des Fotoateliers. Ihr dunkles Haar ist links gescheitelt und etwas streng im Nacken zusammengefaßt. Sowohl die Brille als auch die Frisur lassen, aus heutiger Sicht, die damals erst eben über 30jährige älter erscheinen. Judith Auer ist nicht allein auf dem Bild zu sehen. Hand in Hand steht ihr zur Linken, etwas scheu der Kamera entgegensehend, ein ungefähr zehnjähriges pummeliges Mädchen. Es trägt das blonde Haar zu zwei Zöpfen geflochten und hat die Frisur mit einem bunten gehäkelten Band geschmückt – Judith Auers Tochter Ruth.

Zehn Jahre nachdem dieses Foto entstanden war, heiratete Ruth Auer den Studenten Günter Hrotzschansky. Da war die Mutter schon fünf Jahre tot; da waren DDR und Bundesrepublik gerade gegründet worden. Der Student Hrotzschansky wurde Geschichtswissenschaftler und gehörte später jener Redaktion an, die das DDR-Werk über die deutschen Widerstandskämpfer erarbeitet hat, die »Lebensbilder und Briefe ermordeter und gefallener antifaschistischer Kämpfer«.

*

Ruth ist ein Kind aus dem ›Roten Wedding‹. Dort, in Berlin, lebten die Eltern Judith und Erich Auer, als ihre Tochter im Winter 1929 nach drei Ehejahren geboren wurde. Der Vater war von Beruf Buchdrucker, aber arbeitslos; doch beschäftigungslos war er nicht. Er war politisch aktiv als Funktionär der KPD und der Kommunistischen Jugend-Internationale. Judith Auer, die Mutter, stammte aus einer jüdischen Familie, blieb unterm NS-Regime als sogenannte Halbjüdin aber unbehelligt. Sie hatte als Kind beide Eltern verloren, jedoch mit Hilfe von Verwandten eine gute Schulbildung genossen und ein Musikstudium aufgenommen. Allerdings mußte sie dieses Studium im Jahr ihrer Heirat aus wirtschaftlichen Gründen abbrechen, um als Stenotypistin zum Familienunterhalt beizutragen.

Mit 20 Jahren war Judith Auer der KPD beigetreten; aber schon als junge Studentin hatte sie sich dem Kommunistischen Jugend-Verband angeschlossen. Ihr aktives Engagement, zweifellos vertieft durch den einjährigen Moskau-Aufenthalt vor der Geburt ihrer Tochter, galt anfangs ausschließlich der kommunistischen Kinder-, wenig später der Jugendbewegung.

Wer Judith Auer dort erlebt hat, schildert sie als einen Menschen, der eine außergewöhnliche Befähigung zum Umgang mit Kindern und Jugendlichen besaß. »Davon schwärmen meine Kinderfreundschaften noch heute«, erzählt Tochter Ruth. »Meine Mutter hat nämlich Klavierunterricht gegeben, aber umsonst. Das waren ja alles Arbeiterkinder; da war kein Geld für so etwas da. Und dann hat sie, wenn sie Zeit hatte, uns jede Woche Sonnabend zusammengenommen; und dann saßen wir alle in dem einen Zimmer, in dem ihr Klavier stand. Wir saßen auf der Erde, eine ganze Gruppe von Kindern, und dann hat sie mit uns Musiknachmittage gemacht. Der eine hatte eine Fahrradklingel, der andere zwei Kochlöffel aus Holz, der dritte so eine Trillerpfeife, der vierte zwei Topfdeckel. Das war also das kleine Orchester, das sie mit uns zusammengestellt hat. Sie hat Klavier gespielt, und wir machten mit unseren Instrumenten Musik. Oder sie hat am Klavier gesessen und nur den Rhythmus geklopft, und wir mußten raten, welches Kinderlied das wohl ist. Von diesen Musiknachmittagen, wie gesagt, schwärmen sie alle noch heute.«

Während in Ruths Zuhause Küchengerätschaften die Musikinstrumente ersetzten, mußte im kommunistischen Kindergarten und beim Spiel in der Nachbarschaft die pure Vorstellungskraft helfen. »Da gab es ja nichts, kaum Spielzeug. Und da haben wir gelernt, mit Phantasie zu spielen. Wir haben unsere Puppen in einem Puppenwagen spazierengefahren, den es überhaupt nicht gab. Und mit den Nachbarsjungs haben wir Bauernhof gespielt und hatten Tiere, die es auch nicht gab. Und alle Tiere hatten Namen gehabt, und die haben wir versorgt.«

Aber an Mangel erinnert sich Ruth Hrotzschansky nicht. Sie beurteilt sich rückblickend vielmehr als »ein verwöhntes Kind«, nicht mit Geld und Gütern verwöhnt, sondern mit der schier unerschöpflich scheinenden Langmut und Zuwendungsbereitschaft der Mutter. »Zum Beispiel hatte ich diese furchtbare Angewohnheit, am Finger zu lutschen. Und die Leutchen ringsum sagten: ›Gewöhn dir das ab; wie sieht das denn aus; so ein großes Mädchen!‹ Aber Mutter immer mit Geduld: ›Wenn das Kind nuckelt, dann hat es Kummer, und den Kummer muß es eben auf die Art loswerden.‹ Es war auch wirklich so. Wenn sie dann ganz lieb mit mir gesprochen hat, wurde ich den Kummer los und habe den Finger aus dem Mund genommen.«

Noch am Tag ihrer Hinrichtung kam Judith Auer ausführlich auf diese Episode aus der Kindheit der Tochter zurück. Ruth hatte schon früh den Wunsch geäußert, Kindergärtnerin zu werden. Sie absolvierte die Ausbildung nach Kriegsende tatsächlich, übte den Beruf auch lange aus, bis sie eine Lehrerinnenausbildung anschloß und Jahre später mit der Entschlüsselung von Thälmann-Handschriften noch einmal ein ganz neues Betätigungsfeld fand. »Meine liebe kleine Tochter! Meine liebe kleine, beste Kameradin!« So begann Judith Auer ihren letzten Gruß an das damals 15jährige Mädchen. Dann ging die Mutter auf den Berufswunsch ihres Kindes ein:

> »Laß Dich stets von der Liebe leiten; die Fehler, die man aus
> wahrer Liebe begeht, sind niemals Sünden, sondern immer
> irgendwie gutzumachen. Denk z.B. an Deine Nuckelei. Man
> hätte (...) mir oft die größten Vorwürfe machen können, daß
> ich es Dir nicht energischer abgewöhnt habe. Aber wenn Du

ankamst mit dem Fingerchen im Mund, stand immer irgendein seelisches Erlebnis im Hintergrund, irgendeine Enttäuschung mit Deinen Spielkameraden, vielleicht auch irgendein körperliches Mißbehagen, über das sich ja so ein Kinderseelchen gar nicht klarwerden und das es deshalb auch nicht zum Ausdruck bringen kann. Wenn ich Dich dann nur ein Weilchen im Arm hatte, eine kleine Ruhepause, und Dir dann irgend etwas zu tun, mir zu helfen, gab, war die Nukkelei schneller überwunden, als wenn es groß Strafpredigten gesetzt hätte. Das nur als Beispiel, was es bedeutet, wenn einem Kinder anvertraut werden. Nie vom Standpunkt des Erwachsenen urteilen, immer versuchen, in die Kinderseele einzudringen...«

Ruth Auer erlebte eine glückliche Kindheit, auch wenn diese Kindheit geprägt war von wirtschaftlichen Sorgen der Eltern, von existenziellen politischen Bedrohungen und von schmerzhaften Trennungen.

1933 wurde Erich Auer, der Vater, zum erstenmal verhaftet, 1934 erneut. Eineinhalb Jahre blieb er in Moabit eingesperrt, verurteilt wegen »versuchten Hochverrats«. Ruth war damals vier Jahre alt. »Einmal haben wir ihn in Moabit besucht, Mutter und ich. Das war ein Raum, da war ein Tisch. Meine Mutter saß diesseits des Tisches, mein Vater gegenüber. Und als er mich eben fröhlich auf den Arm nahm, da brüllte der Aufsichtshabende: ›Lassen Sie das Kind runter!‹ Er brüllte wirklich; und deshalb habe ich diesen Besuch auch noch ganz lebhaft in Erinnerung.«

Warum der Vater im Gefängnis saß, wußte das kleine Mädchen nicht. Es wußte nur: »Er ist von bösen Menschen eingesperrt worden. Die kannte ich ja; die trugen diese Uniformen. Als kleines Mädchen versteht man ja die Zusammenhänge noch nicht. Mir hat auch niemand etwas darüber gesagt. Aber ich hing an meinen Eltern und wußte, die machen nichts Böses. Und wenn dann welche kamen und meinen Vater einsperrten, dann waren das für mich böse Leute.«

Es kam vor, daß dem Kind ein Verhalten abverlangt wurde, das nicht in sein einfaches Schema vom Guten und Bösen paßte; dann gab es Irritationen. »Wir sind mal im Bus gefahren, meine

Mutter und ich; da war ich höchstens drei Jahre alt. In dem Bus, da war ein SA-Mann drin. Da habe ich ganz laut zu meiner Mutter gesagt: ›Ich will nicht mit dem Heil-Hitler fahren! Der Heil-Hitler soll aussteigen!‹ Meine Mutter war ganz entsetzt: ›Aber warum denn? Der will doch auch nach Hause fahren.‹ Ich weiß noch, das verstand ich nicht. Sonst hatten sie immer was gegen Hitler, und mit so einem wollte ich nicht in einem Bus fahren, und da beschwichtigt sie mich. Das verstand ich überhaupt nicht. Das habe ich noch ganz lebhaft in Erinnerung.«

Ruth lernte bald, die zwei Welten differenziert zu betrachten – die Welt des politischen Kampfes ihrer Eltern und die Welt des nationalsozialistischen Alltags draußen.

1933 war die kleine Familie vom Wedding, wo jeder »den Auer« kannte, in die Abgeschiedenheit einer Laubenkolonie in Bohnsdorf gezogen. Dort, im Südosten Berlins, stand ihnen ein bescheidenes, immerhin festes steinernes Häuschen zur Verfügung, zwei Zimmer, eine Küche und die Toilette draußen im Garten. Die Menschen in der Nachbarschaft stammten aus dem Arbeitermilieu und waren überwiegend antifaschistisch eingestellt, schlimmstenfalls indifferent. Es war eine gute Umgebung für die Auers und besonders für ihre kleine Tochter.

Als Erich Auer nach Verbüßung seiner Haftstrafe nach Hause zurückkam, fand er vieles verändert vor. Seine Frau Judith hatte sich und das Kind fast zwei Jahre lang allein durchgebracht; und sie, die anfangs politisch weit weniger aktiv als ihr Mann gewesen war, hatte sich in der Zeit seiner Abwesenheit mehr und mehr an Widerstandsaktivitäten beteiligt. »Mutter war sehr von Vater abhängig gewesen. Das, was er gesagt hat, wurde gemacht. Das ging aber verloren, als er im Zuchthaus war. Da hat sich Mutter mächtig selbständig entwickelt; das haben mir später auch Nachbarn erzählt. Sie war ja gezwungen, selbständig zu sein; sie mußte eigene Entscheidungen treffen. Ihre ganze Lebensweise hatte sich geändert. Und jetzt kam mein Vater zurück, und ich nehme an, das hat er nicht richtig verkraftet. Außerdem waren die Eltern völlig verschiedene Charaktere: Mein Vater, der war pingelig und kleinlich; da durfte kein Schnipselchen im Garten liegen. Die Nachbarsjungs haben sich immer amüsiert; die haben extra Bonbonpapier rübergeschmissen, damit er sich ärgern sollte. Aber meine Mutter war eben ganz anders. Sie war großzügig und ehrlich bis zur Selbstaufgabe, deshalb nachher auch die Hinrichtung. Vor allem aber war sie eben großzügiger; die konnte auch mal über Sachen hinwegsehen. Die konnte auch mal darüber hinwegsehen, wenn mein Vater mal wieder eine Freundin hatte.«

Es war jedoch nicht Erich, sondern Judith Auer, die die Trennung betrieb. Was der Auslöser für die 1939 erfolgte Scheidung ihrer Eltern war, hat Ruth Hrotzschansky nie erfahren. »Mutter hat kaum über sich selbst gesprochen, sehr wenig. Da war sie einfach zu bescheiden. Jedenfalls wollte mein Vater die Trennung nicht. Es gab oftmals Tränen von meinem Vater aus; er hat geweint, er wollte nicht. Viel später, in seinen letzten Aufzeichnungen, die er mir hat zukommen lassen, hat er geschrieben: Er hat meine Mutter immer geliebt. Aber im Jahr der Scheidung hat er schon wieder geheiratet.«

Mutter und Tochter zogen nach Spindlersfeld, das damals zu Berlin-Adlershof gehörte. Die Wohnlage war günstig, denn Judith Auer arbeitete inzwischen als Einkäuferin beim nahegelegenen Kabelwerk Oberspree. Ruth konnte den Vater jederzeit besuchen. Trotzdem schlossen sich Mutter und Tochter noch enger zusammen. Wieder bewohnten sie ein festes Häuschen in einer Laubenkolonie. Es bot so wenig Raum, daß es ausgeschlossen war, die illegalen Aktivitäten der Mutter, insbesondere die vielen konspirativen Treffs im Bernstadter Weg 56, vor dem Kind zu verbergen.

Schon in Bohnsdorf, mehr aber in Spindlersfeld stand Judith Auer in Verbindung mit jener kommunistischen Organisation, die später als Saefkow-Jacob-Gruppe in die Geschichte des Widerstandes einging. Der Kontakt war durch Änne, die spätere Ehefrau Anton Saefkows, zustandegekommen, mit der Judith Auer eine enge Freundschaft verband. »Die Änne und der Anton, die haben meine Mutter praktisch für die sehr aktive illegale Arbeit geworben. Sie haben ihr aber auch gesagt: ›Überleg dir das gut; du kennst die Situation. Du weißt, wenn du verhaftet wirst, kann es sein, daß du nicht zurückkommst. Du hast ein

Kind; also überlege.‹ Aber meine Mutter hat gesagt, sie wollte, daß es ihr Kind einmal besser haben sollte, und gerade deswegen hat sie sich entschlossen, illegal mitzuarbeiten.«

Ruth, die zehn-, elf-, zwölfjährige, lernte alle politischen Freunde der Mutter kennen, soweit die sich am Bernstadter Weg in Spindlersfeld trafen. Und das taten sie oft; Judith Auers Häuschen in der Laubenkolonie war lange Zeit Treffpunkt der Gruppenleitung um Saefkow und Jacob. Ruth kannte ihre Klar- und ihre Decknamen. »Zum Beispiel der Franz Jacob hieß ›Martin‹ und Anton Saefkow ›Kurt‹; meine Mutti hieß ›Susi‹. Das war dann schon fast wie eine Familie. Der Anton Saefkow war praktisch mein zweiter Vater. Der wurde gefragt; dem mußte ich meine Zeugnisse zeigen; der hat mich miterzogen, als ich Kind war. Der war eine Seele von Mensch.«

Auch Franz Jacob zählte zur »Familie«. Jacob, bei den letzten freien Wahlen vor der Nazizeit als jüngstes Mitglied in die Hamburger Bürgerschaft gewählt, hatte sieben Jahre in Zuchthäusern und im KZ hinter sich, als er sich Anfang der vierziger Jahre einer neuen Verhaftungswelle in Hamburg entzog. Er tauchte unter, floh nach Berlin und baute mit Anton Saefkow eine neue Widerstandsorganisation auf. »Der Franz Jacob mußte also versteckt werden; da lebte er zeitweilig bei uns. Notgedrungen mußte meine Mutter mir ja sagen, wer das ist. Sie hätte mir auch irgend etwas erzählen können; aber das widerstrebte ihr, sie war ehrlich. Sie sagte also: ›Das ist Franz Jacob, ein Genosse; den müssen wir hier verstecken, der darf nicht entdeckt werden. Und wenn ihn mal eine Freundin von dir sieht, dann sagst du, das ist dein Onkel.‹ Und so habe ich das auch gemacht – mein Onkel ist da.«

Der »Onkel« hielt es für richtig und bestand darauf, daß Ruth zur Hitlerjugend ging, zu den Jungmädels. »Da habe ich gemuckt; das wollte ich nicht. Aber der Franz, in der Zeit, wo er bei uns lebte, da hat er auch viel Einfluß gehabt. Und er hat gesagt: ›Du mußt dahin gehen wie alle; das fällt sonst auf.‹ Also, ich dahin, blondzöpfig und blauäugig, also an und für sich der Typ für die Nazis. Die haben dann viel mit uns veranstaltet. Da habe ich mich sogar manchmal mitreißen lassen. Aber eigentlich wußte ich gut zu unterscheiden. ›Bist du denn dumm geworden?‹ habe ich mir dann gesagt und bin mit mir zu Rate gegangen und habe mir gedroht.‹

Nicht immer lebte Ruth bei ihrer Mutter in Spindlersfeld. Wiederholt wurde sie, wie sie rückblickend vermutet, »aus dem Verkehr gezogen«. Zwar fiel es Mutter und Tochter gleichermaßen schwer, sich voneinander zu trennen; aber es erschien Judith Auer mehrfach doch geboten, ihre Tochter vom Zentrum der eigenen Aktivitäten fernzuhalten – die illegale politische Arbeit in ihrem Haus, die Sammlung von Unterstützungsgeldern und Lebensmitteln für untergetauchte Genossen, die vielen Fahrten nach Thüringen zur Widerstandsgruppe um den früheren KPD-Reichstagsabgeordneten Theodor Neubauer und Magnus Poser, seinen Mitstreiter im mitteldeutschen kommunistischen Widerstand. Zeitweilig lebte Ruth in Guben, zeitweilig auch in Jena. »Da kam meine Mutter mich öfter besuchen. Sie traf sich bei der Gelegenheit natürlich auch mit Genossen, vor allem mit der Poser-Neubauer-Gruppe. Sie nutzte ihre Besuche immer zu Treffen mit Genossen; nach außen hin besuchte sie aber eben nur ihre Tochter. Einmal, das weiß ich noch, holte sie aus Jena einen Reifen ab, einen Fahrradreifen; der war präpariert mit einer Losung. Den Reifen zog sie zu Hause auf ihr Rad und fuhr es abends selbst. Am nächsten Früh war dann eben die Losung ›Nieder mit Hitler‹ auf der Chaussee auf dem Pflaster.«

Ruth Hrotzschansky erinnert sich nach weit über 50 Jahren nicht, wie ihr, dem damaligen Mädchen gegenüber, die Aufenthalte in Guben, in Jena begründet worden sind. Vielleicht hatte die Mutter argumentiert, diese Städte würden nicht so stark bombardiert wie Berlin. So war jedenfalls eine der regimeoffiziellen Begründungen für die Kinder-Landverschickung, an der Ruth schon Anfang der vierziger Jahre im fernen, von Deutschen besetzten Polen teilgenommen hatte. Schweren Herzens hatte sich die damals Zwölfjährige von der Mutter verabschiedet; und auch Judith Auer war die für ein Jahr vorgesehene Trennung von dem Töchterchen nicht leicht gefallen. Aber die Genossen hatten die Abwesenheit des Kindes begrüßt. Es war die Zeit, in der Judith Auer fest in die Widerstandsarbeit der Saefkow-Gruppe eingebunden wurde. Nach weniger als einem Jahr war Ruth zurück in Berlin. »Ich habe sehnsuchtsvolle, tränenreiche Briefe geschrieben. Und meine Mutter konnte die Situation wohl auch nicht mehr ertragen. Da hat sie mich vorzeitig zurückgeholt.«

Durch das Hin und Her hat Ruth Auer einen ordentlichen Schulabschluß damals nicht erreicht. Als Kind einer sogenannten Halbjüdin war sie in Berlin an keinem Gymnasium, aber immerhin an einer Mittelschule angenommen worden. Während der Monate in Guben und in Jena besuchte Ruth Oberschulen; aber die Aufenthalte waren viel zu kurz, um einen Abschluß zu ermöglichen. Erst im Rahmen ihrer späteren Kindergärtnerinnen-Ausbildung erlangte sie die Mittlere Reife.

Als Ruth 1943 aus Jena zurück nach Berlin kam, erwartete der NS-Staat ohnehin keinen Schulabschluß von ihr. »Ich war 14. Da hieß es: entweder Arbeitsdienst oder Pflichtjahr; so war das damals. Da hat meine Mutter mich eben lieber Pflichtjahr machen lassen, weil man dann abends nach Hause kam. Sie hat mir in Schöneiche eine Familie mit drei Jungen gesucht, weil ich sehr kinderlieb war. Es war eine christliche Familie. Ich war da so eine Art Kindermädchen und brauchte im Haushalt nicht viel zu machen. Der Mann war Mitglied der Nazi-Partei, aber nicht sehr aktiv. Die Familie war eigentlich sehr nett zu mir. Ich weiß, ich habe da öfter mal Pudding genascht, und das mußte man bemerkt haben. Aber sie waren mir deswegen nie irgendwie böse, weil ich eben ein so gutes Verhältnis zu den drei Jungen hatte.«

Das Pflichtjahrmädchen Ruth sah den Kontrast zwischen ›draußen‹ und ›drinnen‹ nun deutlicher; 14 Jahre war sie alt, und ihr Blick war nicht mehr kindlich. Auf der einen Seite die nette Nazi-Familie, auf der anderen verbotene Flugblätter in wechselnden häuslichen Verstecken, eine Druckmaschine, über deren Vorhandensein strenges Schweigegebot bestand, alte und neue Bekannte der Mutter, über die nicht gesprochen werden durfte.

Eines Abends befand sich im Haus der Mutter ein Mann, den Ruth noch nicht kannte. »Der war mir einfach nicht sympathisch. Der guckte so komisch. Der war nicht Fisch, nicht Fleisch. Der war mir einfach ein unangenehmer Mensch.« Judith Auer berichtete ihrer Tochter, daß der Genosse bei ihnen übernachten müsse, weil er nirgendwo sonst untergebracht werden könne; Ruth sollte dem Gast, wie schon anderen zuvor, ihr Bett zur Verfügung stellen.»Und da habe ich zu Mutti gesagt: ›Nee, Mutti, also weißt du, der schläft nicht in meinem Bett.‹ Meine Mutter wurde böse. ›Warum denn nicht?‹ fragte sie; ›wir müssen den doch unterbringen!‹ ›Nee, Mutti‹, habe ich gesagt, ›der ist ein Verräter.‹ Da wurde meine Mutter erst richtig böse; so hab' ich sie fast niemals erlebt. ›Kind, wie kannst du so etwas sagen?! Wie kannst du so etwas behaupten?!‹ Na, der Mann schlief in meinem Bett – und er war der Verräter.«

Die Intuition hatte das Mädchen nicht getäuscht. Der Mann war Rambow, Ernst Rambow. Er hat einige Männer des 20. Juli verraten; er hat die Saefkow-Gruppe ans Messer geliefert; er hat Ruths Mutter Judith Auer auf dem Gewissen.

Ein halbes Jahrhundert nach Rambows Verrat erschien in den ›Dachauer Heften‹ der Bericht einer Spurensuche: Noch vor dem Untergang der DDR hatten Dokumentaristen im Auftrag der Defa KZ-Überlebende aus Sachsenhausen befragt.

»Manchmal wurden uns Namen hingeworfen, als wären sie Schlüssel zu Türen, die wir uns selber öffnen mußten. Heinz Brandt. Kutschi Müller. Fritze Sperling. Und Rambow. Wenn der Name gefallen war, stockten die Gesprächspartner, als hätten sie ein verbotenes Wort ausgesprochen. Ein kurzer Blick traf uns, abschätzend, ob wir wohl wüßten, was das bedeutete. Der Verräter. Rambow, der Verräter. Mehr erfuhren wir nicht. Mehr wußten sie wohl selbst nicht. Rambow, hieß es, hat die Saefkow-Gruppe verraten, die große kommunistische Widerstandsorganisation, die letzte. Rambow hat auch Seelenbinder verraten, den Deutschen Meister im Halbschwergewicht, der von der Gestapo hingerichtet wurde ... Und die Männer vom 20. Juli. Dieser Rambow hatte offenbar die Macht, jeden zu verraten. Einer der alten Männer, der im Juni 1944 aus dem Außenlager des KZ Sachsenhausen in Lichterfelde geflohen war und Kontakt zur Saefkow-Gruppe hatte, sagte mehr über Rambow: ›Bei der illegalen Leitung der KPD, bei Saefkow, war ein Spitzel. Rambow, der war mal Abteilungsleiter im ZK der KPD, der hatte fünf Jahre Gefängnis, und wie der sein Knast rumhatte, da hat die Gestapo gesagt, entweder marschierste mit uns oder du marschierst ein paar Meter unter die Erde. Und der hat sich weich machen lassen (...). Er hat 400 Menschen mindestens auf dem Gewissen. Er ist nach 45 verhaftet worden, vom sowjetischen Militärgericht wegen Verbrechen gegen die Menschlichkeit verurteilt und erschossen worden. Wir haben das nie veröffentlicht.‹«

Aber andere, Hinterbliebene von Opfern ›im Westen‹, haben es veröffentlicht. Und Ruth Auer, das 14jährige Mädchen, hatte es gewußt – nicht im Sinn einer beweiskräftigen Tatsache, aber durch die Sicherheit ihres Gefühls.

Als Ruth am Abend des 7. Juli 1944 von ihrer Pflichtjahr-Arbeitsstelle heimkam, war die Mutter nicht zu Hause. Ruth schaute kurz nach dem Fenster. Als sie dort das für äußerste Gefahr verabredete Zeichen nicht sah, griff sie beruhigt ins Versteck des Schlüssels, oben auf der Veranda. Sie fand ihn, obwohl er nicht ganz an der gewohnten Stelle lag. »Kaum hab' ich die Tür aufgeschlossen, da sehe ich schon: Unsere Wohnung ist ein einziges Tohuwabohu. Alles durcheinander. Haussuchung. Auf dem gekachelten Sims am Herd liegt noch eine halb angebrannte Zigarre. Die liebsten Bücher meiner Mutter fehlen. Einfach geklaut. Plötzlich fallen mir die Flugblätter ein. Wenn Flugblätter im Hause waren, haben die jeden Tag einen anderen Platz gekriegt, ein anderes Versteck; das ist klar. Und jedesmal hat mir meine Mutter gesagt: ›Die Flugblätter sind heute da und da, und wenn was ist, verbrenn' sie sofort.‹ Aber ausgerechnet an diesem Tag hatte meine Mutter mir nicht gesagt, wo die Flugblätter liegen, wie das manchmal so ist, ausgerechnet an dem Tag. Dann hab' ich mich erst mal hingesetzt und versucht, mir Ruhe einzureden und überlegt: Wo kann die Mutti die gelassen haben? Mensch, denke ich, die Stiege in den Keller, ein kühler Platz, unsere Speisekammer, das Fliegenschränkchen mit der Wurst drin. Und tatsächlich, unter dem Fliegenschränkchen, da lagen die Flugblätter. Die lagen noch da; die sind nicht gefunden worden, zum Glück. Da hab' ich natürlich draufgeguckt, ganz kurz. Und riesengroß stand obendrüber ›Nationalkomitee Freies Deutschland‹. Mehr habe ich mir nicht angeguckt aus Angst, daß mir später vielleicht doch irgendeiner was entlocken könnte. Und dann alles verbrannt. Nur eins hab' ich zusammengefaltet und in den Schuh gesteckt und zu meiner Freundin mitgenommen und noch mal kurz draufgeguckt, aber dann auch verbrannt. Meine Mutter hat immer gesagt: ›Mag kommen, was da will: Du weißt von gar nichts.‹ Deshalb hab' ich eben nur kurz auf das Flugblatt geguckt. Zum Glück. Wenn die mich zum Beispiel meiner Mutter vorgeführt hätten und mir gesagt hätten: ›Wir lassen deine Mutter frei, wenn du uns jetzt die Namen und alles preisgibst.‹ Ich weiß nicht, ob ich da standgehalten hätte.«

Aber man beschränkte sich darauf, das Mädchen zu observieren. Schon als Ruth unmittelbar nach Entdeckung der Hausdurchsuchung zum Telefonhäuschen im S-Bahnhof Spindlersfeld rannte, merkte sie, daß sie beobachtet wurde. »Da war immer einer hinter mir, neben mir; den würde ich heute noch wiedererkennen. Ich wählte eine Nummer, die die Mutti mir eingeschärft hatte. Es war schwer, mich so vor den Apparat zu stellen, daß der Gestapomann nicht sehen konnte, was ich wählte. Ich sagte dann am Telefon, was für so einen Fall verabredet war: Die Mutti wäre schwer erkrankt, eine ganz ansteckende Krankheit, und deshalb sollte keiner sie besuchen kommen.«

Kaum war Ruth, immer gefolgt von dem Fremden, zurück in dem Häuschen, wurde sie durch Fliegeralarm überrascht. »Wir hatten im Garten einen Erdbunker ausgehoben, abgestützt mit großen Kabeltrommeln aus der Fabrik. Da waren unsere paar Wertsachen drin, Mutters Ehering und ihre Skistiefel, das waren für uns Wertsachen. Aber meistens flitzten wir in den Steinbunker in Oberspree. Da kam ich nun allein an. ›Wo ist denn die Mutti?‹ fragten sie. ›Die ist bei uns im Erdbunker geblieben; die ist krank, die konnte nicht mitkommen.‹ Dann Entwarnung und zurück. Ich hatte entsetzliche Angst, so ganz allein in dem Häuschen, das ganze Durcheinander und Fliegeralarm und keine Ahnung, was mit Mutti ist. Es war sehr heiß; ich riß die Fenster auf und kroch unter die Bettdecke. Da kriegte ich noch mehr Angst. Ich hörte nämlich, wie sich draußen im Garten jemand zu schaffen machte. Da räumte jemand unseren Erdbunker aus. Die paar Wertsachen, die wir da hatten, die haben die geklaut. Ich blieb unter der Bettdecke und tat, als ob ich schliefe. Ich hatte ganz schreckliche Angst.«

In der Nacht kam noch Besuch; es war Ilse, die eigentlich Gretel Schöneck hieß und Mitarbeiterin der Gruppe war. Sie wollte mit Judith Auer beraten, ob man nicht verschwinden sollte; denn daß Franz Jacob, der zuverlässige Franz, zu einem Treffen nicht gekommen war, deutete auf allergrößte Gefahr hin. Die beiden Frauen hatten die Notwendigkeit der Flucht schon tags zuvor erörtert. Aber Judith Auer hatte es abgelehnt unterzutauchen; sie wollte ihr Kind nicht allein lassen. Nun kam Ilse-Gretel, um weiter zu beraten, und traf nur dieses Kind an. Ruth flehte sie an, sie nicht allein in dem Haus zu lassen, sondern sie mitzunehmen. »Aber da sagte sie: ›Nein, Mädchen. Wenn die Mutti nicht da ist, dann ist was passiert; dann kann ich dich nicht mitnehmen.‹ Und dann gleich wieder aufs Fahrrad und weg. Was sollte sie denn in der Illegalität auch mit einem 14jährigen Mädchen? Das wäre ja gar nicht gegangen.«

Am nächsten Morgen lief Ruth zu den Kabelwerken und fragte nach der Mutter. »Ich hab' mich zunächst an den Mann vom Werkschutz gewandt, ein ganz großer Faschist war der. ›Deine Mutter ist gestern verhaftet worden‹, brüllte er. Er hatte zwei große Schäferhunde, die kamen mir nicht schäferhundegroß vor, sondern monstergroß, so hat der mich angebrüllt und mich erschrocken. In der Abteilung, wo die Mutti gearbeitet hat, da haben sie mir dann gesagt, daß sie von zwei Gestapoleuten abgeholt worden ist.«

Ruth wäre in dieser Situation gern zu den vertrauten Freunden ihrer Mutter gegangen; aber sie wußte genau, daß sie, das Kind einer Inhaftierten, für diese Freunde eine Gefahr darstellte. Deshalb ging sie zu Susanne, der zweiten Ehefrau ihres Vaters, mit der sie einen durchaus vertrauten Umgang hatte. Der Vater konnte ihr nicht helfen; er war zum Strafbataillon 999 eingezogen worden und kam erst einige Wochen später heim.

Susanne Auer ging mit Ruth von Haftanstalt zu Haftanstalt. »Am Alexanderplatz war das Durchgangslager für KZ-Häftlinge. Da hat man uns durch einen Keller geführt. Wer das nicht gesehen hat, der glaubt es nicht. Da stand Käfig an Käfig, und da hat man die Leute eingepfercht. Und wenn ich heute daran zurückdenke, habe ich nur in Erinnerung: Schädel, kahlgeschorene Schädel, Knochen, Backenknochen, große Augen, Häftlingskleidung, diese gestreifte Kleidung, die hing an den Menschen, und es stank fürchterlich. Die hatten kein Klo, die hatten gar nichts. Mittendrin lagen die schon Zusammengefallenen. Es war fürchterlich zu sehen, wie Menschen zu Menschen sein können. Davon habe ich später oft erzählt, wenn eine Schule nach meiner Mutter benannt worden ist, oder in FDJ-Gruppen und im Unterricht – einfach um weiterzugeben, wie Menschen mit Menschen umgegangen sind. Denn das Erlebnis hat mich eigentlich sehr geprägt, daß ich mir sagte: So etwas darf es doch nicht geben, nie wieder, daß Menschen Menschen so behandeln, schlimmer als die Tiere. Ich weiß übrigens nicht, warum man uns damals durch diesen Keller geführt hat, vielleicht als Abschreckung.«

Sie erfuhren schließlich, daß sich Judith Auer in der Haftanstalt an der Großen Hamburgischen Straße befand und erhielten irgendwann auch eine Besuchserlaubnis. Die Mutter trug eine braune Armbinde, als Ruth sie wiedersah. Als das Mädchen nach dem Sinn dieser Armbinde fragte, lächelte die Mutter etwas verlegen und sagte dann, das bedeute: zehn Jahre Zuchthaus. Judith Auer hat ihre Tochter belogen; es war dies wohl das einzige Mal. Die braune Armbinde bedeutete: Todesstrafe. Das Urteil war schon gefällt worden. Aber es war inzwischen Herbst 1944, und es hätte immerhin die Möglichkeit bestanden, daß vor der Vollstreckung die militärische Niederlage Deutschlands erfolgt wäre. Ruth verließ das Gefängnis nicht ganz ohne Hoffnung.

»Sie ist furchtbar mißhandelt worden. Ich habe ein Bild von ihr, das ist danach gemacht worden. Da sieht man, wie man ihr Gesicht regelrecht zusammengeflickt hat. Aber sie hat nichts gesagt. Änne Saefkow war ja auch in dem Untersuchungsgefängnis; die weiß darüber mehr. Aber die hat mir später gesagt: ›Weißt du, Kind, das kann ich dir alles nicht erzählen; das würdest du gar nicht überstehen.‹«

Judith Auer wurde am 27. Oktober 1944 enthauptet; das war auf den Tag genau einen Monat vor dem Geburtstag ihrer Tochter. Den Abschiedsbrief, den die Mutter in der Stunde vor dem Tod an Ruth geschrieben hatte, hielt Erich Auer, der Vater, zurück. Er war wochenlang außerstande, seinem Kind, das nun bei ihm lebte, die Wahrheit mitzuteilen. Als Ruth am 27. November 15 Jahre alt wurde, ertrug er nicht, daß sie, immer noch voller Hoffnung für die Mutter, freudig ihrem Geburtstagsfest entgegensah. »Und da hat er es mir gesagt und hat mir ihren letzten Brief gegeben. Da brach etwas in mir zusammen.«

Ruth hat die Realität nicht wahrhaben wollen. Oft rannte sie in den Wald und rief nach der Mutter. »Ich wurde damit überhaupt nicht fertig. Da habe ich mir immer gesagt: Sei nicht so egoistisch; heule und trauere nicht herum. Die Mutti merkt nichts mehr, die ist tot. Aber daß sie wirklich tot war, das konnte ich eigentlich nicht glauben. Und dann habe ich mir ganz fest vorgestellt: Sie lebt weit entfernt in einem Land, wo ich sie nie mehr wiedersehen kann. Sie lebt noch, aber sie ist weit weg. Ich hatte eine Babypuppe; die hatte ich mal von meiner Mutti geschenkt gekriegt. Und der habe ich eigentlich bis zur Geburt meines ersten Kindes alles erzählt; die habe ich abends in den Arm genommen und erzählt und erzählt von dem fernen Land. Die Babypuppe hat alles überlebt. Daß die Mutti tot ist, habe ich also lange verdrängt, eigentlich bis ich eigene Kinder hatte. Die haben mir dann ein bißchen darüber hinweggeholfen.« Das erste dieser Kinder wurde sechs, das zweite zehn, das dritte zwölf Jahre nach Judith Auers Tod geboren.

*

Das 15jährige Mädchen Ruth Auer hatte geglaubt, alles verloren zu haben, als es vom Tod der Mutter erfuhr. Aber so groß der Schmerz auch war – Ruth hatte vieles behalten, viel mehr als andere Kinder von Widerstandskämpfern. Der Zufall fügte es, daß die Wohngegenden ihrer Kindheit geographisch alle in jenem Teil Berlins liegen, der wenige Jahre nach dem Krieg Hauptstadt der DDR wurde. Ruth blieb gern dort, wo sie aufgewachsen war; denn sie begrüßte den Staat, der aus der sowjetisch besetzten Zone Deutschlands entstand; und sie war froh, in der vertrauten Gegend der Stadt auch ideologisch beheimatet bleiben zu können.»Ich fand das nämlich in Ordnung, wie sich das hier entwickelt hat. Ich fand es bis zuletzt in Ordnung; ich muß ehrlich sein. Und oftmals nach 1945 habe ich gedacht: Wenn doch die Mutti das noch miterleben könnte!«

Auch die unumstrittene gesellschaftspolitische Akzeptanz von Antifaschisten hatte dazu beigetragen, daß Ruth sich in der DDR wohlfühlen konnte. Niemals wurde sie ›Verräterkind‹ geschimpft. Aber sie erfuhr zu wenig und zu Einseitiges über die Verhältnisse im Westen, um zu wissen, daß es auch dort Kinder von Widerstandskämpfern gab – und daß diese in der bundesdeutschen Nachkriegszeit bestenfalls unter sich blieben, lange Zeit von der Mehrheit der Gesellschaft ignoriert und erst spät und oft halbherzig als Nachkommen des ›anderen Deutschland‹ gewürdigt wurden. Ruth dagegen konnte unbefangen stolz sein auf ihre Eltern, und sie war es besonders auf die Mutter.

Judith Auer war und blieb Ruths Vorbild. Auch deshalb schloß sie sich zum frühest möglichen Zeitpunkt der Partei an, der die Mutter angehört hatte; durch den KPD-Beitritt erfolgte die SED- und viele Jahre später die PDS-Mitgliedschaft. Gern sprach sie schon als junger Mensch über die Mutter, über ihre Kinderliebe, ihren Mut und ihr konsequentes Handeln im Widerstand gegen das Nazi-Regime. Es gab für Ruth Hrotzschansky, ohne daß sie die ›Tochter von Judith Auer‹ herauszukehren pflegte, auch außerhalb der Arbeit als Unterstufenlehrerin in Köpenick und außerhalb der Aktivitäten als Parteimitglied viele Gelegenheiten, über Judith Auer zu berichten; denn Antifaschisten wurden in der DDR regelmäßig, dauerhaft und öffentlich geehrt.

Seit 1990 aber ist alles anders; und Ruth Hrotzschansky hat ein Gefühl von Fremdheit in der einst vertrauten Umgebung. »Wir haben später etwas falsch gemacht«, sagt sie, »sonst wäre es nicht kaputtgegangen.« Und mit Blick auf die neuen wirtschaftlichen, politischen und sozialen Verhältnisse stellt sie fest: »Dafür ist meine Mutter nicht gestorben, dafür hat sie ihr Leben nicht gelassen. Und das ist es, was mir heute weh tut.«

Am offensichtlichsten wird der Wandel durch die Bilderstürmerei; Ruth Hrotzschansky verabscheut sie. Es erschreckt sie die Atemlosigkeit, mit der Denkmäler gestürzt werden; und es entsetzen sie außerdem auch die Kosten, die dafür aufgewendet werden. Seit langem lebt sie mit ihrem Mann in der Nähe des Volksparks Friedrichshain. Leninplatz hieß die Adresse in der modernen Hochhaussiedlung. Aber Lenin, der dort als gewaltiges Denkmal gestanden hatte, ist längst und eilig gestürzt worden; und die Adresse heißt jetzt Platz der Vereinten Nationen.

Denkmäler hatte man in der DDR für Judith Auer nicht errichtet; aber es waren Straßen nach ihr benannt worden, Schulen, Jugendclubs und Feierabendheime. In einem Judith-Auer-Clubhaus für junge Leute hat es nach 1990 rechtsradikale Umtriebe gegeben, ausgerechnet dort. Da hat Ruth Hrotzschansky erwogen, dem Träger die Erlaubnis zur Verwendung des Namens zu entziehen. In anderen Fällen ist der Name der Mutter verschwunden, ohne daß die Tochter überhaupt unterrichtet wurde, unter anderem bei einem Feierabendheim und einer Schule. »Das habe ich bloß von Genossen gehört: ›Weißt du schon, stell dir mal vor, die haben der Schule den Namen weggenommen!‹ Ich wollte es nicht glauben. Da bin ich mal hingegangen. Selbst der Gedenkstein existiert nicht mehr. Also, ich muß sagen, da habe ich resigniert. Jetzt gibt's hier nur noch die Judith-Auer-Straße. Wer weiß, wie lange noch.«

Ruth Crummenerl,
Taunusstein,
Dezember 1996

# „Heimat ist kein Ort –
# Heimat ist die Familie"

Ruth Crummenerl: Mit der gesamten
SPD-Führung auf der Flucht vor den Nazis

Maria Bühring, die
Großmutter
Prag, etwa 1938

Martha Crummenerl mit ihren Töchtern:
Ruth (rechts) und Sonja (links),
Frühjahr 1937 in Prag

Siegmund
Crummenerl,
Prag, etwa 1938

Ein ›Trabbi‹ steht mitten im Park des Palais Lobkowitz in Prag. Er ist kein gewöhnlicher ›Trabbi‹, sondern einer, der, witzig-künstlerisch verfremdet, auf überlebensgroße, scheinbar laufende Menschenbeine montiert wurde – Erinnerung an die Massenflucht von Menschen aus der DDR. Erst zu Dutzenden, dann zu Hunderten hatten DDR-Bürger 1989 ihren Sommerurlaub in die CSSR zu einer Reise ohne Wiederkehr genutzt. Sie waren in den Park des Palais Lobkowitz eingedrungen; denn dort residiert der Botschafter der Bundesrepublik Deutschland. Die Bilder dieser Fluchtbewegung gingen um die Welt. – Erinnerten sich Zeitungsleser, Fernsehzuschauer und die Flüchtlinge selbst, daß Prag schon einmal, Jahrzehnte zuvor, Zufluchtsstätte für Deutsche gewesen war?

So klein wie die Babys, die 1989 in Eile und doch behutsam über den schmiedeeisernen Gitterzaun auf das Gelände der bundesdeutschen Botschaft gereicht wurden, war auch Ruth Crummenerl gewesen, als sie nach Prag in Sicherheit gebracht worden war. Aber das war 1933, und damals waren die Verhältnisse ganz anders. Ruth Crummenerl dachte deshalb auch nicht an ihren eigenen, lange zurückliegenden Aufenthalt in Prag, als sie mit viel Sympathie verfolgte, was 1989 in der tschechoslowakischen Hauptstadt geschah. Und doch kennzeichnet beide Fluchtbewegungen ein unmittelbarer historischer Zusammenhang.

Die Flüchtlinge der achtziger Jahre wählten Prag als Zwischenstation, weil es sich um die Hauptstadt eines sozialistischen Bruderlandes handelte, das man als DDR-Bürger bereisen durfte und das dem Ziel Bundesrepublik direkt benachbart war. Die Flüchtlinge der dreißiger Jahre waren sich dagegen bewußt, daß ihr Aufenthalt von längerer Dauer sein würde. Sie wählten Prag, weil es der Heimat geographisch und kulturell sehr nahe lag, weil die starke deutschsprachige Minderheit das Asyl nicht als Fremde erscheinen ließ, weil für die Widerstandskämpfer unter den Emigranten die grüne Grenze ein ständiges Wechseln von hüben nach drüben zuließ und weil die Asylpolitik der CSR relativ großzügig, wenn auch keineswegs frei von Widersprüchen war.

Die Fluchtbewegung aus der DDR fand statt im 40. und letzten Jahr des Bestehens zweier deutscher Staaten. Dies war aber auch das Jahr, in dem der Beginn des Zweiten Weltkriegs ein halbes Jahrhundert zurücklag. ›Drehscheibe Prag‹ lautete das Thema einer Ausstellung, die aus diesem Anlaß erstmals allein der Emigration Nazi-Verfolgter in die Tschechoslowakei gewidmet war.

Ausführlich wurde bei dieser Gelegenheit eines tschechischen Geisteswissenschaftlers und Staatsmannes gedacht, dem viele Emigranten der dreißiger Jahre ihre Rettung zu danken haben: des Staatspräsidenten Tomas Masaryk. Heinrich Mann hat ihm in einem seiner Werke ein Denkmal gesetzt: »Die verhängnisvollen Jahre, als Hitler-Deutschland unter allgemeiner Duldung heranwachsen durfte, hat der Staat des Präsident-Befreiers Masaryk uns die Arme geöffnet. Wir – das ganze verfolgte Deutschland, das intellektuelle, das freiheitliche, waren in dem einzigen Lande nicht nur teilnahmslos geduldet: Prag empfing uns als Verwandte.« Masaryk hatte bei der Hilfe für Nazi-Verfolgte auch unkonventionelle Wege beschritten, indem er zum Beispiel 1933 Heinrich Manns Wohnung in München kurzerhand zu tschechoslowakischem Eigentum erklärt hatte, um sie vor dem Zugriff der Nazis zu schützen. Später, als Mann ausgebürgert worden war, erhielten er und viele andere Verfolgte auf Initiative von Masaryk die Staatsbürgerschaft der CSR.

*

Ruth Crummenerl, das kleine Flüchtlingsmädchen, mochte den greisen Staatsmann und Gelehrten nicht. Für sein feingeschnittenes Gesicht hatte es keinen Blick; es sah nur Masaryks weißen Schnäuzer und darunter seinen Spitzbart – und davor fürchtete es sich. »Für viele wäre das sicher eindrucksvoll gewesen, Masaryk begegnet zu sein. Aber ich war ja so klein, ich war im-

mer die jüngste; und alle wollten mich knuddeln. Aber der hatte
einen Bart, und den fand ich schauerlich. Auch mein Vater hatte
früher mal einen Schnäuzer; den fand ich genauso schauerlich.«
Die Kindheitserinnerungen an Prag sind bruchstückhaft.
»Der Park von Masaryks Wohnsitz, die zahmen Tiere dort, die
meine Furcht spürten und zur Gaudi der Erwachsenen dauernd
hinter mir her liefen; der Hradschin und all' die düsteren Geschichten über Fensterstürze; die Brücke über die Moldau; der
Garten hinter unserem Haus, viel Grün, viel Auslauf für unseren Hund, die Wohnung richtig komfortabel. Es gab viel Besuch
aus Deutschland, andere Emigranten; dann wurde es eng.«

Ruth Crummenerl war erst einige Monate alt gewesen, als
sie, versehen mit falschem Namen, 1933 von der Großmutter in
die Schweiz gebracht wurde; bald darauf wurde Prag ihr Asyl.
Das kleine Mädchen erlitt das Familienschicksal; es erlitt das
Schicksal der etwa 30 000 politischen Flüchtlinge aus Nazi-
Deutschland, von denen 10 000 bis 1938 zuerst in der ČSR Asyl
fanden.

Siegmund Crummenerl, Ruths Vater, war als Hauptkassierer,
wie damals die Schatzmeister bescheiden genannt wurden, Vor-
standsmitglied der Sozialdemokratischen Partei Deutschlands.
Wie die gesamte Parteiführung emigrierte Crummenerl wenige
Tage vor dem SPD-Verbot durch das Nazi-Regime Anfang Juni
1933 nach Prag. Er war wesentlich an der Rettung großer Teile
des Parteivermögens und am organisatorischen Aufbau der politischen und publizistischen Auslandsarbeit beteiligt. Auch in
der Emigration gehörte Crummenerl dem Vorstand der Partei
an, die sich seit der Exilierung ›Sopade‹ nannte.

Für Ruth, das Kind, bedeutete das Exil den Normalzustand
des Lebens; denn die jüngere Tochter Siegmund Crummenerls
war bei der Ankunft in Prag ein Baby, das nichts anderes kannte
und auch in den folgenden Lebensjahren nichts anderes kennenlernte als das, was die Erwachsenen manchmal ›die Fremde‹
nannten oder ›die Zuflucht‹. Ruth Crummenerl kann sich rückblickend nicht erinnern, je danach gefragt zu haben, warum die
Familie in einer Gegend lebte, in der die einheimischen Menschen eine Sprache sprachen, die sie nicht verstand. »Ich habe

mich gewundert und mich gefragt: Warum kann ich nicht, was die anderen können? Das habe ich als Defizit von mir gesehen.« Die Mutter lernte an der Universität tschechisch, die Schwester Sonja lernte die Sprache in der Schule; aber Ruth lernte sie nie. Trotzdem hat sie sich in Prag nicht fremd gefühlt. »Man war ja relativ behütet in der Familie und in dem Freundeskreis der anderen Emigranten. Mir sind hauptsächlich die Emigranten in Erinnerung geblieben, die Kinder hatten, Ollenhauers zum Beispiel, vor allem der jüngste; der war viel bei uns. Ab und zu war auch Marianne Stampfer bei uns. Es gab auch Kontakte zu Einheimischen. Die waren sehr nett, vielleicht zu nett. Die haben versucht, einen besonders lieb zu behandeln. Die dachten wahrscheinlich: Das Exil muß so schwer sein und meinten, sie müßten mir was Gutes tun. Ich wäre aber lieber graue Maus gewesen wie alle anderen auch, mit tschechischer Sprache und mit Deutsch, eben wie alle anderen.«

Daß sich Ruth in Prag trotzdem aufgehoben fühlte, hing ganz wesentlich mit der kleinen Frauengemeinschaft zusammen, in der sie lebte. Siegmund Crummenerl war durch seine Arbeit im SPD-Exilvorstand häufig, auch über mehrere Tage, abwesend. Er unternahm illegale Reisen nach Deutschland, hielt dort Kontakt mit SPD-Widerstandsgruppen, reiste in andere Asylländer, um die dortigen Möglichkeiten kennenzulernen, und bemühte sich bei vielen Behördengängen um Aufenthaltserlaubnisse für nachkommende Emigranten. Sein Kind Ruth war gewöhnlich von der Mutter, der Großmutter Maria Bühring und der Schwester Sonja umgeben. »Bei uns waren drei Generationen. Das war in anderen Emigratenfamilien nicht, keine Omas und oft auch keine Kinder. Daß der Vater da war und mit uns spielte oder man Ausflüge machte, zum Beispiel in die Hohe Tatra, das war selten. Wir waren eigentlich eine Frauengemeinschaft. Irgendwie ist, glaube ich, davon etwas hängengeblieben, so unbewußt: daß ich mich persönlich unter Frauen auf Dauer eher wohl gefühlt hab'. Im Berufsleben, später, hatte man ja überwiegend mit einer Männergesellschaft zu tun; und da hab' ich mich eher fremd gefühlt, nicht böse-verfolgt, aber fremd, und wohlgefühlt eher, wenn das andersrum war.«

Ruth Crummenerl studierte erst Germanistik, Anglistik und Geographie, dann Politik und Soziologie. Sie arbeitete, anfangs nebenberuflich, für den SPD-Bundesvorstand sowie im Bundessekretariat des SDS, später bei der SPD-Bundestagsfraktion. Politik interessierte sie schon früh.»Ob dieses Interesse nicht auch durchgekommen wäre unter anderen Umständen in der Kindheit? Ich weiß es nicht. Die Prägung hat wohl schon eine Rolle gespielt. Die hat vielleicht was zu tun gehabt damit, daß ich gerne das weitermachen wollte, wofür meine Eltern so gelitten haben. Das soll nicht sterben.« Ursprünglich hatte sie Lehrerin werden wollen, entschied sich aber für die politische Erwachsenenbildung und war tätig bei der Friedrich-Ebert-Stiftung, beim Internationalen Bund Freier Gewerkschaften in Brüssel und dann, die längste Zeit, bei der Hessischen Landesregierung in Wiesbaden. Im Berufsleben fand Ruth Crummenerl wichtige Exilerfahrungen mit Frauen bestätigt:»Frau leistet mehr; frau ist zuverlässiger; frau ist praktischer; und vor allem: frau hält mehr aus.«

Die schon in der Kindheit erlebten positiven Erfahrungen im Zusammenleben mit Frauen möchte Ruth Crummenerl aber nicht unbedingt als Erklärung für ihre Ehelosigkeit heranziehen. Schließlich sei, wie sie betont, ihre nur um ein Jahr ältere Schwester unter völlig gleichartigen Bedingungen groß geworden und hätte eben doch eine Familie gegründet. Einmal allerdings ist Ruth Crummenerl »in Versuchung gekommen« zu heiraten; sie hat dann aber ihre Berufstätigkeit und ihre Unabhängigkeit mehr geschätzt als die Aussicht auf lebenslange Partnerschaft mit einem Mann. Trotzdem lebte Ruth Crummenerl nicht allein; jahrzehntelang, bis zu deren Tod, teilte sie den Alltag mit ihrer verwitweten Mutter – eine Lebensgemeinschaft, die ihre Wurzeln zweifellos in der starken und als positiv empfundenen Bindung aus früher Kindheit hatte.

Für Ruth änderte sich das behütete Emigranten-Kinderleben mit Mutter, Großmutter, Schwester und gelegentlich anwesendem Vater schlagartig, als die tschechoslowakische Regierung im Herbst 1938 das sudetendeutsche Gebiet an das Deutsche Reich abtreten mußte. Prag war nun kein sicherer Zufluchtsort mehr; die Emigranten mußten ein neues Asyl finden. Siegmund Crummenerl befand sich bereits in Frankreich, um das zweite Exil des Sopade-Vorstandes vorzubereiten. Und die kleine, damals noch nicht sechsjährige Ruth spürte zum erstenmal eine bis dahin nicht erlebte Unsicherheit, die Mutter und Großmutter ausstrahlten. »Das war ziemlich bedrückend und hektisch. Wir flogen über Deutschland weg nach Straßburg. Da war man ganz allein, und alles war weg, was man so gewohnt war – so negativ, so plötzlich, so verlassen. Die Mutti hat damals sicher etwas über die deutsche Besetzung erklärt. Aber daß es da um physische Bedrohung ging, das hat man von uns immer sehr fern gehalten. In der Zwischenzeit machten wir ›in Kultur‹, sahen das Münster. Das gefiel mir gar nicht, der Weihrauchgeruch und dann die Glocken. Alles, was mir Angst machte, auch später, hat sich mir sehr lange mit dem Straßburger Münster verbunden; da habe ich die Unsicherheit der Situation auf das Münster projiziert. Man wußte ja nicht, wie es weitergehen würde. Wir waren da ja auch ohne Mann. Mein Vater hat sicherlich alles organisiert. Aber für mich, als Erlebnis, da waren eben wieder nur wir Frauen.«

Siegmund Crummenerl holte ›seine vier Frauen‹ nach Châtenay-Malabry. Die Wahl des Exilortes nur wenige Kilometer südlich des Peripherienringes um Paris ging auf Überlegungen der Sozialistischen Internationale zurück. Die Verwaltung der Kommune war den sozialdemokratischen Flüchtlingen wohlgesonnen und stellte ihnen unter anderem das damals einzige Hochhaus am Ort zur Verfügung, einen zwölfgeschossigen Neubau, der allgemein ›building‹ genannt wurde. »In dem Haus wohnten: Leebs, Ollenhauers, Stampfers und wir. Otto Wels mit Familie wohnte woanders, aber auch in Châtenay. Die Wohnung war toll, die war schön. Wir wohnten in der siebten Etage mit Balkon, Wohnzimmer, Elternschlafzimmer, Omas Zimmer, Schwester und ich immer zusammen, Küche, Bad. Die Deutschen, die da nun hinkamen, haben sicher dazu beigetragen, daß dort eine lange Weile die Idee von der Siedlungsgemeinschaft gelebt wurde.«

Ruth kannte kaum ein Wort der fremden Sprache, hatte lediglich ein paar Brocken vom Vater aufgefangen, der längere

Zeit im wallonischen Belgien gelebt hatte und hervorragend Französisch sprach. »Da wurde ich gleich eingeschult, habe also Lesen und Schreiben zuerst auf Französisch gelernt. Nach einem Jahr war ich schon Klassenbeste, hab' ich den ›prix d'honneur‹ gekriegt. Man wollte doch alles können, was die Gleichaltrigen können. Und das wurde auch von zu Hause erwartet: Wenn man schon irgendwo Gast ist, dann bitte gut. Man wurde ja auch gefördert und gefordert durch die gleichaltrigen Einheimischen; die waren doch stolz, daß sie da jemanden hatten, dem man was beibringen kann. Und man selbst hatte ein bißchen angeborenen Ehrgeiz; vielleicht war da auch der Wunsch, anerkannt zu werden, dazuzugehören. Auch die Freizeit verbrachten wir ganz gezielt mit französischen Kindern. Unsere Eltern wollten immer, daß wir so leben wie die Kinder dort.«

An der Schule fühlte sich Ruth wohl. Lediglich die starke Aufmerksamkeit, die sie, das Emigrantenkind, bei der Verleihung der Schulauszeichnung erhielt, bereitete ihr Pein. Ruth Crummenerl stand und steht nicht gern im Mittelpunkt. Mit Tränen hatte sie reagiert, als sie, kaum eingeschult, ausersehen worden war, den Schulneubau zu ›taufen‹. »Wie der ganze Ortsteil war auch die Schule nagelneu. Sie sollte ›Ecole Masaryk‹ heißen. Und ich kam doch aus Prag und kannte Masaryk. Da haben sie mich ausgeguckt – noch nicht ganz sechs Jahre alt, keine Französischkenntnisse und dann gleich so was. Ich habe geheult; ich wollte das nicht. Aber es half nichts. Die Schule war übrigens hervorragend; und sie heißt immer noch ›Tomas Masaryk‹.«

Kaum zwei Jahre dauerte das verhältnismäßig unbeschwerte Leben des Emigrantenkindes Ruth Crummenerl in Châtenay. Dann besetzten deutsche Truppen Frankreich. Und im gleichen Monat Mai 1940 starb der Vater an Darmkrebs. Das damals siebenjährige Mädchen hatte den Vater niemals so lange ununterbrochen gesehen wie in den langen Monaten seines Sterbens. »Und obwohl der ja fast nie dagewesen war, hatte er aber eben doch sehr dazugehört, sowohl als Ernährer als auch durch seine Ideale. Ein Teil des Sinnes, warum das Leben im Ausland, das Umherziehen sein mußte, ging mit ihm weg. Es war aber auch die Zeit, wo man schon daran dachte, daß man weiter weggehen müßte. Und das war natürlich für die Mutti doppelt schwer: der sterbende Mann und die Vorbereitung für die nächste Flucht. Er ging also weg in einer Zeit, wo man sehr viel Unruhe spürte und wo man auch in der Schule erste antideutsche Reaktionen erlebte. Aber ich konnte mir schon damals denken, welche Gefühle die Franzosen uns gegenüber hatten: ›Die kommen aus dem Land, das unser Land angegriffen hat.‹ Und wenn man sah, wie unsere Landsleute sich da aufführten – das war ja nicht die reine Menschlichkeit, Wohnungen ausgeräumt, gute Kleidung weggenommen, Pelzmäntel und Schmuck nach Hause geschickt. Als Kind, da hat man sich dann geschämt, daß man irgendwie zu denen gehörte, die sich da so aufführten. In der Zeit hatten sie mich mal ›sale boche‹ genannt. Ich wußte nicht so genau, was das bedeutete; aber ich wußte, daß das nicht freundlich war. Da fühlte man sich angegriffen.«

An Siegmund Crummenerls Beerdigung konnten nur noch wenige Exil-Freunde teilnehmen; viele, darunter auch Vorstandsmitglieder der Partei, befanden sich bereits erneut auf der Flucht. Mit einigen der Verbliebenen wurde verabredet, daß sich Martha Crummenerl mit ihren beiden Töchtern und ihrer Mutter auf den Weg ins unbesetzte Südfrankreich machen sollte. »Aber die Genossen, die uns abholen sollten, kamen nicht. Ich kann mich noch gut erinnern: Da saßen wir nachts auf gepackten Koffern, und niemand kam. Im nachhinein kann ich verstehen, daß man uns hat hängenlassen. Das war ja schwierig: der Weg durch die besetzte Zone mit zwei Frauen und zwei Kindern. Es war schwer, daß der Vater nicht da war; der hätte ja, wie immer, alles organisiert. Allerdings, wenn er so krank gewesen wäre wie er am Schluß gewesen war, dann wäre die Flucht noch schwerer gewesen. Aber das sagt man heute mit Vernunft; das war damals nicht mein Gefühl. Als uns also niemand abholen kam und die Nacht vorbei war, da hat die Mutti das Heft in die Hand genommen. Da hat sie noch Spuren beseitigt in der Wohnung und im Keller des ›building‹, hat vieles verbrannt; ich habe geholfen, auch Spuren von anderen zu beseitigen, die ja alle schon weg waren. Und dann waren wir im Untergrund.«

Sehr bald nach dem Tod von Siegmund Crummenerl wurde in Châtenay-Malabry erzählt, der SPD-Funktionär sei keiner schweren Krankheit erlegen; er habe vielmehr seinem Leben wegen der deutschen Besetzung Frankreichs selbst ein Ende gesetzt. Die Gleichzeitigkeit seines Todes mit dem Beginn des deutsch-französischen Krieges und der tatsächlich damals erfolgte Selbstmord eines jüdischen Arztes, der ebenfalls in dem ›building‹ gewohnt hatte, mögen zur Entstehung des Gerüchts beigetragen haben. Noch Jahrzehnte später wurde Ruth Crummenerl in Châtenay-Malabry mit dieser Geschichte konfrontiert. Sie hatte Mühe, ihre Gesprächspartner von der traurigen, ganz gewöhnlichen Wahrheit zu überzeugen. »Keine Legenden! Kein Heroismus, der nicht war!« Der deutschen Besatzungsmacht schien das Ableben Siegmund Crummenerls überhaupt zweifelhaft zu sein. Hätte die Nachricht von Crummenerls Tod nicht eine Täuschung sein können? Ruth Crummenerl erfuhr später von Franzosen, »daß die Deutschen das Grab geöffnet und nachgeschaut haben, ob da wirklich einer drinliegt, der so aussieht wie mein Vater«.

Während sich Millionen von Menschen dem Flüchtlingsstrom anschlossen, der quer durch Frankreich in den unbesetzten Süden des Landes führte, lebte Martha Crummenerl mit ihren Töchtern und ihrer Mutter in einem beunruhigenden Schwebezustand weiterhin in Châtenay-Malabry. Offiziell galt die Familie als ›fortgezogen‹. Tatsächlich aber hatte sie nur eine andere, kleinere Wohnung gemietet; und Ruth besuchte dieselbe Schule wie vorher. »Da hat sich das ›boche-Gefühl‹ sehr geändert; da gab es dann auch positive Aufmerksamkeit durch die Lehrer.« Die gab es auch durch die Wohnungsnachbarn, eine sozialdemokratische und eine kommunistische Familie; sie waren informiert und halfen – besonders, als Martha Crummenerl 1942 verhaftet wurde.

Ruth war gerade aus der Schule gekommen, als die kleine Wohnung durchsucht wurde. Rücksichtslos räumten fünf oder sechs deutsche Uniformierte Schränke und Kommoden leer, packten alle Bücher ein, rafften die wenigen gefundenen Papiere zusammen. Mehr schreiend als sprechend, stellten sie der Mutter Fragen und brüllten bereits erneut, noch ehe sie antworten konnte. Das grobe Gebaren der Männer wirkte äußerst bedrohlich auf das kaum zehnjährige Mädchen; die spürbare Furcht der Mutter machte ihm zusätzlich Angst.

Niemals hat Martha Crummenerl mit ihren Kindern darüber gesprochen, was in der Zeit ihrer Inhaftierung geschehen war. Eines Tages kam sie zurück und teilte wortkarg mit, daß die Familie nach Deutschland gebracht werde – die Zwangsrepatriierung. »Davor, noch in Frankreich, haben sie eine Rassenuntersuchung angestellt. Meine Mutter und meine Schwester haben sehr darunter gelitten. Das waren schon fiese alte Lüstlinge, die da an den jungen Mädchen die Rassenuntersuchung machten, an den Nackedeis. Dann ließen die Besatzer noch Ahnenpässe machen. So weiß ich, daß ich in meiner mütterlichen Familie einen unehelichen Vorfahren habe; das haben die alles rausgefunden. Aber nichts Jüdisches; sonst hätten die uns umgebracht. So wurden wir zur Verbesserung der germanischen Rasse heim ins Reich transportiert.«

Deutschland – für Ruth ein fremdes Land, allenfalls ein wenig vertraut durch Erzählungen der Eltern. Der Transport ging über das nahe Paris; dort wurde die Familie in einem Hotel untergebracht. Und in diesem Hotel war es, daß Ruth ein Gespräch unter zwei Wehrmachtsangehörigen anhörte. Sie waren nicht damit einverstanden, was mit Martha Crummenerl geschehen sollte und sorgten dafür, daß sie nicht wie die französischen Zwangsarbeiter behandelt wurde. »Die Offiziere haben es dann geschafft, meine Mutter wegzukriegen von den ›déportés de guerre‹ und sie in der Wehrmacht, und zwar in Lüdenscheid, zu beschäftigen. Sie wußten ja, daß mein Vater aus Lüdenscheid kam und daß wir da vielleicht noch Kontakte haben. Wir konnten sogar manches an Möbeln und Garderobe mitnehmen.«

In Lüdenscheid aber wurde Martha Crummenerls bald als ›politisch unzuverlässig‹ eingestuft, und man zwang sie nun doch in die Rüstungsindustrie. Mit der Auflage, sich regelmäßig bei der Polizei zu melden, wurde sie in die AEG-Turbinenfabrik nach Berlin geschickt. Die Kinder kamen mit und erlebten, wieviel näher dort der Krieg war. Als die Evakuierung der von Ruth besuchten Schule nach Ostpreußen angeordnet wurde, machte der Schulleiter einigen Eltern gegenüber kein Hehl daraus, daß er mit der Invasion der Roten Armee rechnete und Ostpreußen wohl zuerst betroffen sein werde; die Eltern sollten, so empfahl er, die Evakuierung ihrer Kinder in günstigere Gegenden möglichst selbst vornehmen. So gelangten Ruth und ihre Schwester wieder nach Lüdenscheid; Verwandte des Vaters nahmen sich der beiden Mädchen an.

Je näher das Kriegsende kam, desto auffallender waren die Veränderungen, welche die zwölfjährige Ruth am Verhalten der Menschen in ihrer Umgebung wahrnahm. »Manche Leute wurden plötzlich sehr freundlich; die arbeiteten schon auf ›Persilscheine‹ hin. Die wollten später die Bestätigung, daß sie uns nie was getan haben. Auch die Lehrer wollten belegt haben, daß sie einen besonders nett behandelt hätten und daß sie uns nie hätten merken lassen, daß wir doch eigentlich Vaterlandsverräter waren.«

Das Kriegsende empfand die zwölfjährige Ruth als »eine wirkliche Befreiung: daß die Besatzer kamen; daß diese bösen Deutschen weg waren. Das war positiv; das hat mich wirklich gefreut – und nicht« wegen Schokolade und Kaugummi.«

Ruth und ihre Schwester lebten während der letzten Kriegsmonate bei einem Bauern, einem Freund des Vaters, im sauerländischen Windebruch. »Da gab es was zu essen, und außerdem war das sicherer als in Lüdenscheid – nicht nur wegen der Gefahr der Bombardierung der Stadt, sondern weil wir da auch weg waren von der politischen Aufmerksamkeit für unsere Familie. Der Name ›Crummenerl‹ ist in der Lüdenscheider Gegend zwar sehr verbreitet; aber die Leute dort wußten ja, welche Sorte ›Crummenerl‹ wir waren.«

Ob die Mutter den Krieg und sein Ende in Berlin überlebt hatte, erfuhr Ruth damals nicht. Der Kontakt war durch die Ereignisse schon längere Zeit abgebrochen. Das Mädchen, das sich »ungeborgen« fühlte, sobald die Mutter nicht bei ihm war, erlebte angstvoll die Ungewißheit über deren Schicksal. »Einerseits war die Belastung durch die dauernden Bombardements von Berlin sehr stark gewesen, und in Lüdenscheid war es nicht schlecht. Aber die Belastung, weg von der Mutter zu sein, war schlimm. Und auch die Angst: Was ist nun mit ihr? Wie geht es weiter mit dem Krieg? Wird es schlimmer? Was machen sie mit ihr, wenn es schlimmer wird?« Der zehn-, elf-, zwölfjährigen Ruth war völlig klar, daß ihre Mutter in Berlin nicht nur durch die Luftangriffe gefährdet war.»Sie hatte ja auch, was nicht sein durfte, Kontakte mit anderen ›déportés de guerre‹, mit Zwangsarbeitern, die Ausländer waren. Die haben alle das Kriegsende nicht überlebt, und zwar nicht wegen der Bomben.« Manchmal ging Ruth von Windebruch zu Fuß nach Lüdenscheid, um Lebensmittelmarken zu holen oder um die Verwandten zu sehen. Sie war acht Stunden unterwegs und hatte dann viel Zeit zum Nachdenken. Der Kampf um Berlin machte ihr und der Schwester große Angst.»Da muß man ja gar nicht mitmachen; da muß man nur hineingeraten und ist dann sehr schnell tot. Trotzdem haben wir irgendwie felsenfest geglaubt: Sie kommt.«

Der erste Nachkriegssommer war schon zu Ende, als Martha Crummenerl bei dem befreundeten Bauern im Sauerland ankam.»Zunächst war das ein Augenblick von Fremdheit. Was man sich so ausgemalt hatte: alles wie früher, das war nicht. Sie war abgehärmt, ziemlich runtergekommen. Sie war ja teilweise zu Fuß, teilweise in überfüllten Zügen angekommen. Und sie hat doch sehr viel von diesen Berliner Schrecken mitgebracht in unsere bäuerliche Idylle, wo's darum ging, ob die Kuh kalbt, oder ob die Tommys das Pferd reiten oder nicht reiten. Es war eben eine ganz andere Welt, die sie da mitbrachte.«

Martha Crummenerl hatte nach Kriegsende monatelang vergeblich versucht, mit ihren Kindern Kontakt aufzunehmen. In dieser Zeit hatte sie bereits bei der Berliner Stadtverwaltung gearbeitet und sich politisch in der SPD engagiert.»Vor der Ehe«, sagt Tochter Ruth,»war meine Mutter sowieso die politisch aktivere von meinen beiden Eltern gewesen.« Gern hätte Martha Crummenerl ihre Kinder nach Berlin geholt; aber aufgrund der Wohnungssituation und der dramatisch schlechten Ernährungslage war es schwierig, eine Zuzugsgenehmigung zu erhalten. Ihre Bereitschaft, mit den Töchtern in der Heimatstadt ihres Mannes zu bleiben, mag durch die politische Entwicklung in Berlin gefördert worden sein. »Die Zwangsvereinigung von SPD und KPD in der sowjetisch besetzten Zone deutete sich ja schon früh an.« Nachdem das also absehbar war und das, wofür sie soviel gelitten hatte, schon wieder in die Brüche zu gehen drohte, konnte sie den Schlußstrich, also weg von Berlin, wohl leichter ziehen.«

Sie verzichtete mit dieser Entscheidung auch auf die Beziehung zu einem Mann, der sich »sehr ernsthaft um sie bemüht hat. Aber ich war dagegen; ich egoistisches Gör wollte sie für mich haben. Da muß man doch ehrlich und selbstkritisch sein.« Martha Crummenerl, die noch mit 90 Jahren eine schöne Frau war, hat nie wieder geheiratet.

*

Im Frühsommer 1992 kündigte das Amtsblatt von Bergneustadt mehrtägige Festlichkeiten an und lud alle Bürgerinnen und Bürger zur Teilnahme ein. Es galt, das 25jährige Jubiläum der Städtepartnerschaft zwischen der Kommune im Oberbergischen Land und der Stadt Châtenay-Malabry zu feiern. Die Redaktion des Blattes nahm dieses Ereignis zum Anlaß, an die Geschichte der ›jumelage‹ zu erinnern. Den Anstoß hatte, so wurde berichtet, ein von der Friedrich-Ebert-Stiftung im Jahr 1963 veranstaltetes internationales Städteseminar gegeben. Damals waren sich Vertreter von Bergneustadt und Châtenay-Malabry erstmals begegnet und hatten bereits erwogen, Kontakte zwischen den Bewohnern beider Städte herzustellen. Es war das Jahr, in dem Konrad Adenauer und Charles de Gaulle den Vertrag über die deutsch-französische Zusammenarbeit unterzeichneten. Bergneustadt und Châtenay-Malabry brauchten noch vier weitere Jahre, ehe sie 1967 ihre Partnerschaft besiegelten.

Daß die Vorgeschichte nicht frei von Rückschlägen gewesen war, wurde bei den Festlichkeiten zum 25jährigen Bestehen der ›jumelage‹ nicht verschwiegen. Ansonsten wurde, wie das Amtsblatt überliefert, in den Festreden der zahlreichen früheren offiziellen Vertreter beider Kommunen gedacht, die sich um das Zustandekommen der Städtepartnerschaft verdient gemacht hatten. Unerwähnt blieb Ruth Crummenerl. Sie hatte damals bei der Friedrich-Ebert-Stiftung in Bergneustadt gearbeitet; und sie war es gewesen, die die ›jumelage‹ vorangetrieben hatte. »Erst mal war das ›in‹ damals mit den Verschwisterungen. Aber daß es Châtenay-Malabry wurde und nicht irgendeine Gemeinde in Frankreich, die bloß gleich groß war, das hat auch emotionale Gründe, das hat mit meiner Familiengeschichte zu tun. Außerdem kannte ich die Leute in Châtenay, und da hab' ich gedacht: Jetzt machst du mal was daraus.«

Ruth Crummenerl war in den fünfziger Jahren erstmals nach Châtenay-Malabry gereist, um das Grab ihres Vaters zu suchen. Sie hatte wenig Hoffnung, es noch zu finden. Im Jahr 1940 war die Belegung für ein Jahrzehnt bezahlt worden, und dieses Jahrzehnt war lange vorbei, als sie sich auf den Weg nach dem Ort ihres früheren Exils machte. Wie erstaunt war sie, die Grabstätte Siegmund Crummenerls in gutem Zustand und geschmückt vorzufinden, »voller christlicher Symbole, Herzchen und Sträußchen aus Plastik«. Die Gemeinde, so stellte sich heraus, hatte die Kosten für die Verlängerung der Belegung übernommen. Das nahegelegene, allerdings vernachlässigte Grab des 1939 gestorbenen SPD-Vorsitzenden Otto Wels war ebenfalls von der Gemeinde erhalten worden.

Châtenay hatte sich in der Zwischenzeit sehr verändert, war viel größer und in noch stärkerem Maß als vorher Schlafstadt von Paris geworden. Aber Ruth Crummenerl sah vertraute Menschen wieder. »Die Lehrer, der Bäcker, der Metzger, die haben sich gefreut wie die Schneekönige: daß man uns nicht umgebracht hatte, daß es uns noch gibt. Das war rührend; und sie haben die ›schöne alte Zeit‹ toll idealisiert – ich auch. Und dann haben sie erzählt, wie es ihnen ergangen ist und auch denen, die mit den Nazis kollaboriert hatten. Sie waren ganz enttäuscht, daß man die Rachefeldzüge nicht so gut findet.«

Sie fuhr noch häufig nach Châtenay. Es ist der Ort, an dem sie Solidarität erfahren und Menschen aus anderen Kulturen in friedlichem Nebeneinander, oft auch in freundschaftlichem Miteinander erlebt hat. »Das Fremde, das, was wir als ›ausländisch‹ bezeichnen, hat man damals gar nicht so erlebt, sondern: Ich und du oder du und ich, und erst im zweiten Schritt vielleicht die Frage: Warum bist du so? Also, der Zugang direkt zum Menschen, der war viele Opfer meiner Eltern wert.«

Aber Heimat ist Ruth Crummenerl Châtenay-Malabry nicht geworden. »Ich habe keine Heimat, jedenfalls keine wie andere Leute, die meinen, man muß deswegen einen Heimatclub aufmachen. Heimat ist für mich kein Ort; Heimat ist die Familie, ortsungebunden.« Ähnliche emotionale Bindungen, wie sie sie »an dieses Stück Frankreich« besitzt, empfindet sie aus späteren Lebensjahren auch gegenüber anderen Orten, an denen sie gern gelebt hat. »Belgien, zum Beispiel, Brüssel. Mein Vater hatte viel von dem Land erzählt. Und ich habe dann da gelebt und gearbeitet und diese internationale Gemeinschaft erlebt, so viel Toleranz; das hat mir gefallen. Wenn das eine Prägung durch die Kindheit in Prag, in Frankreich ist, dann ist es jedenfalls eine sehr positive Prägung, sehr zeitgemäß, sehr modern.«

## „Uns wurde immer gesagt:
## Wir gehen
## ins Gelobte Land"

Kinder des Exils:
die Prinzessinnen zu Löwenstein

Konstanza Prinzessin
zu Löwenstein,
Berlin, März 1996

Der Vater,
Hubertus Prinz
zu Löwenstein,
mit seiner ersten
Tochter Elisabeth,
USA, Anfang
der vierziger Jahre

Die Mutter:
Helga Prinzessin
zu Löwenstein,
New York 1936

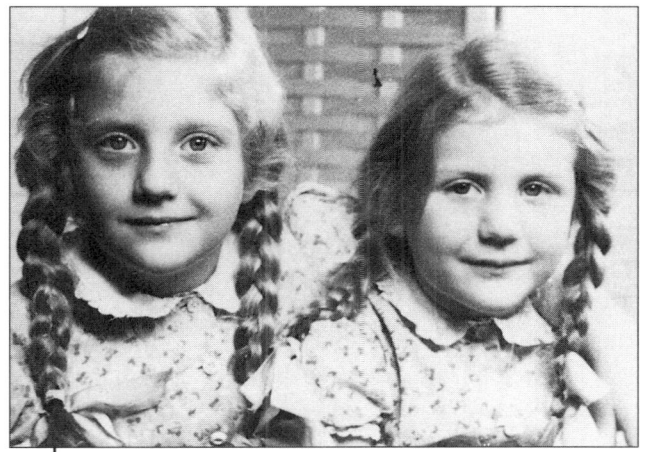

Die kleinen Exil-Kinder:
Elisabeth (links) und Konstanza,
kurz vor der Übersiedlung
nach Deutschland, New York 1946

Elisabeth Renauer,
geb. Prinzessin
zu Löwenstein,
Bonn, März 1996

I m Vortragsraum des Schiller-Gymnasiums zu Berlin blickten Konstanza Prinzessin zu Löwenstein, außer 60 Primanern, von einem rotgrundigen Plakat vier Herren entgegen. Unter den Abgebildeten war, neben Thomas Mann, das vertraute Gesicht des Vaters. Das Plakat wies auf eine Ausstellung über Deutsche Intellektuelle im Exil hin, die in mehreren Städten der Bundesrepublik gezeigt worden war; hier, in der Schule, diente die Ankündigung allerdings als Anschauungsmaterial. Es war das erstemal, daß die Prinzessin als Zeitzeugin auftrat. 50 Jahre lag ihre Übersiedlung von den USA nach Deutschland zurück; nun, 1996, sollte sie den Schülern über das Thema Exil berichten. Sie begann mit einem Gedicht von Bertold Brecht:

Als das Regime befahl, Bücher mit schädlichem Wissen
Öffentlich zu verbrennen, und allenthalben
Ochsen gezwungen wurden, Karren mit Büchern
Zu den Scheiterhaufen zu ziehen, entdeckte
Ein verjagter Dichter, einer der besten, die Liste der
Verbrannten studierend, entsetzt, daß seine
Bücher vergessen waren. Er eilte zum Schreibtisch
Zornbeflügelt, und schrieb einen Brief an die Machthaber.
Verbrennt mich! schrieb er mit fliegender Feder, verbrennt mich!
Tut mir das nicht an! Laßt mich nicht übrig! Habe ich nicht
Immer die Wahrheit berichtet in meinen Büchern? Und jetzt
Werd ich von euch wie ein Lügner behandelt! Ich befehle euch:
Verbrennt mich!

Das Brecht-Gedicht über die Bücherverbrennung bedurfte, zwei Generationen nach seinem Entstehen, der Interpretation. Die Prinzessin lieferte sie ungefragt: Es waren die Besten, deren Werke 1933 von den Nazis verbrannt wurden; es war ehrenhaft, zu den Verfolgten zu zählen. Ihr Vater gehörte dazu. Allerdings: Als Hubertus Prinz zu Löwenstein und seine Frau Helga Maria aus Deutschland vertrieben wurden, waren ihre Töchter Konstanza und die ältere Elisabeth noch nicht einmal geboren worden. Sie sind Kinder des Exils.

Die ersten Lebensjahre in einer Fremde, die nie Heimat wurde, haben das Leben dieser Kinder ebenso geprägt wie die ersten Jahre in der Heimat, die, unterschiedlich lange, Fremde blieb. In ihrer Sehnsucht zur Rückkehr in die Heimat hatten die Eltern Löwenstein den Töchtern Tag für Tag die Vorläufigkeit ihrer amerikanischen Existenz vermittelt; so ist es den Schwestern jedenfalls in Erinnerung.»Immer«, sagt Elisabeth, die ältere,»immer hieß es: Wir sind Amerika dankbar; aber das Wirkliche ist Deutschland. Nicht hier ist es gut, sondern in Deutschland ist es gut. Morgen ist es besser; morgen ist Deutschland.« Aber als sie dort schließlich an einem tristen Herbstmorgen des Jahres 1946 ankamen, da erlebte dies die kleine Konstanza als einen»wirklichen Schock«.

*

Hubertus Prinz zu Löwenstein-Wertheim-Freudenberg war 23 Jahre alt gewesen, als er 1929 die 18jährige Helga Maria Schuylenburg heiratete. Die letzte direkte Nachfahrin des Herzogs von Alba ist holländischer Abstammung, wuchs jedoch in Norwegen auf und besuchte bis knapp vor ihrer Hochzeit eine der damals fortschrittlichsten, reformpädagogisch orientierten Schulen in Deutschland.

Das Paar wünschte sich Kinder. Aber es vergingen zehn Ehejahre bis zur ersten glücklich verlaufenden Schwangerschaft. Der Zeitpunkt hätte nicht ungünstiger sein können, denn der Zweite Weltkrieg stand unmittelbar bevor, und die Löwensteins warteten in Frankreich dringend auf eine Schiffspassage in die USA. Das Kind Maria Elisabeth kam, zehn Wochen zu früh, am Thanksgiving Day des Jahres 1939 in New York zur Welt. Als »Wendepunkt in unserem Leben« und »einzigen Lichtblick in dieser trüben Zeit« beschrieb der Vater die Geburt dieses Kindes. Die zweite Tochter, Konstanza Maria, wurde knapp drei Jahre später, am amerikanischen Unabhängigkeitstag 1942, in Franklin, New Jersey, geboren. Ihr Vater notierte darüber:»In diesem ›Fourth of July Child‹ habe ich stets ein Sinnbild gesehen der kommenden Freundschaft zwischen dem Lande, dessen Staatsbürgerschaft sie kraft ihrer Geburt besitzt, und dem kommenden Deutschland, für dessen Befreiung ich lebe.«

Schon als kleine Mädchen waren die Prinzessinnen gegensätzlich, wie man sich Geschwister unterschiedlicher kaum vorstellen kann. Elisabeth, die Erstgeborene, verblüffte früh durch eine frappierende äußerliche Ähnlichkeit mit dem Vater; sie war »ganz löwensteinsch«, zart, nobel, überdurchschnittlich begabt, mehr Geisteswesen als Kind und zudem schon als kleines Mädchen von aufsehenerregender Schönheit. Der Vater gedachte aus seiner ersten Tochter, wie sie rückblickend bestätigt, »eine richtige deutsche Prinzessin« zu machen und projizierte alle seine damit verbundenen Erwartungen auf dieses ungewöhnliche Kind. Konstanza dagegen war nach eigener Einschätzung »der bodenständig-bäuerische Typ«. Als Kind hätte sie zu gern auch »ganz löwensteinsch« gewirkt, damit der Vater sie ebenso liebte wie seine ältere Tochter. Aber Konstanza war schon als Baby alles andere als feingliedrig und nobel; und sie zeichnete sich weder durch übermäßige Intelligenz noch durch auffallende Schönheit aus. Sie war ein robustes wildes Kind, ein bißchen draufgängerisch und von einer Vitalität, die auf Vater und Schwester etwas erschreckend wirkte. Da war es für die kleine Konstanza ein Glück, daß sie die Mutter als »allgegenwärtigen Angelpunkt« erlebte, »von einer unendlichen Liebe, das Wärmste an Mütterlichkeit, was man sich vorstellen kann«. Helga Prinzessin zu Löwenstein brachte später noch eine dritte Tochter zur Welt, die von den älteren »geradezu vergöttert« wurde. Aber Margareta Maria wurde erst 1948 in Deutschland geboren; sie hat eine ganz andere Geschichte.

Zunächst lebte die Familie Löwenstein in New York; doch schon vor Konstanzas Geburt bezog sie ein uraltes holländisches Farmhaus in Newfoundland im Staat New Jersey. Es lag in einem herrlichen großen Garten, durchquert von einem Fluß mit urindianischem Namen. Daß die Mutter dort zwischen alten Blütensträuchern Gemüse nicht nur zum Vergnügen anbaute, wußten die Kinder nicht; und daß ihre hübschen Sommerkleidchen aus abgetragenen Hemden des Vaters geschneidert wurden, erfuhren sie erst viele Jahre später. Es fehlte den Kindern an nichts – nur an Spielkameraden.

Die Menschen, die ins Haus kamen und es oft in beachtlicher Zahl bevölkerten, waren amerikanische Freunde, aber zum großen Teil auch alte Bekannte der Eltern und Emigranten wie diese, Erwin Piscator, Alfred Kantorowicz, Friedrich Stampfer, Käthe Stresemann, Thomas Mann. »Aber«, so erinnert sich Konstanza, »die hatten keine Kinder, oder sie hatten erwachsene Kinder. Niemand hatte so kleine Kinder wie meine Eltern. Auch in der Nachbarschaft gab es kaum welche. Daß einem da Thomas Mann ab und zu die Wangen tätschelte, war ja kein Ausgleich. Wir waren fast immer unter intellektuellen Exilanten und sprachen mit drei, vier Jahren ein hervorragendes Erwachsenen-Deutsch. Erst als wir nach Deutschland kamen, haben wir gelernt, wie Kinder sprechen.«

Sie lernten in den USA übrigens nicht die Landessprache. Das führte, besonders bei der älteren Elisabeth, zu Irritationen, auch zu einem schmerzlichen Gefühl des Isoliertseins; denn selbstverständlich gab es in ihrer amerikanischen Kindheit durchaus Gelegenheiten, bei denen sie Einheimischen begegnete und diesen dann verständnislos gegenüberstand. »Wenn es für mich ein emigrationsbedingtes Problem gab, dann war es die Sprache, das Fremdsein, die Fremde in der Sprache. Sprache wurde damals und ist bis heute mein Lebensthema.«

Nach dem Ende des Zweiten Weltkriegs lebte die Familie zu Löwenstein, auf eine Möglichkeit zur Überfahrt nach Deutschland wartend, ein halbes Jahr in New York. »Das war eine rein englischsprachige Umgebung. Ich fühlte mich völlig isoliert, zum Beispiel auf dem Spielplatz.« In Deutschland dann waren es nicht die Trümmer, nicht das Elend, welche die siebenjährige Elisabeth schockierten; es war wieder die Sprache. »Ich sprach doch ein astreines Hochdeutsch, das Hochdeutsch der frühen dreißiger Jahre. Und als ich 1946 nach Deutschland kam, da dachte ich, ich komme jetzt endlich in das Reich meiner Sprache. Aber ich verstand die Leute nicht. In Bremerhaven und Bremen sprachen sie Dialekt und in Amorbach, wo wir dann lebten, einen anderen, irgendein Hessisch. Ich verstand die Leute überhaupt nicht. Das war ein wirklicher Schock. Und dann die vielen Flüchtlinge, die da lebten, Sudentendeutsche, Schlesier; die sprachen wieder anders. Zuerst haben wir uns untereinander überhaupt nicht verständigen können. Aber als Kind lernt man ja schnell. Wir haben dann versucht, uns auf ein bestimmtes Bayerisch-Hessisch zu einigen. Später, als Schülerin, war ich in England bei Verwandten. Und ich, mit amerikanischem Paß, konnte wieder die Sprache nicht, bloß das Shakespeare-Englisch aus meiner deutschen Schule. Seitdem ist für mich das Wichtigste: Sprache lernen, Sprache können, in einer Sprache heimisch sein.«

Das Leben der Eltern Löwenstein im Exil war so ausschließlich auf die Rückkehr nach Deutschland ausgerichtet, daß sie ihren Kindern andere Werte vermittelten als praktische Fremdsprachenkenntnisse. »Wir wurden auf Deutschland getrimmt«, faßt Elisabeth Renauer rückblickend zusammen und fügt wortkarg noch drei Stichworte an: »Heldensagen, Christliches Abendland, Heiliges Römisches Reich.« Dabei schaut sie hinüber zu dem silbergerahmten Foto, das ihren Vater während einer Audienz beim Papst zeigt.

Hubertus Prinz zu Löwenstein war Patriot und Republikaner. Immer, auch im Exil, begleitete ihn seine schwarz-rot-goldene Fahne. Zugleich war er tief religös und fest verankert im katholischen Glauben, ohne der Institution Kirche und verschiedenen ihrer Repräsentanten unkritisch gegenüberzustehen: »Zu den Helfershelfern des (...) Terrorregimes gehörten (...) auch manche der ›Heiligmäßigen‹, die vor Katholizismus trieften, aber mit dem Teufel paktierten und den Widerstand den kleinen Geistlichen, den Studenten, den Arbeitern überließen.«

Politisches Engagement hatte bereits das Jurastudium des Prinzen begleitet, unter anderem an der Spitze des ›Republikanischen Studentenbundes‹ in Berlin. Journalistische Tätigkeit folgte, noch ehe die Dissertation geschrieben war, in der der junge Doktorand unter anderem eine ethische Begründung des Widerstandsrechts lieferte. Den ersten von vielen Artikeln gegen die Nazis veröffentlichte er, 24jährig, 1930 in der ›Vossischen Zeitung‹. Im gleichen Jahr trat er der Zentrumspartei und dem Reichsbanner Schwarz-Rot-Gold bei, gründete dessen Jugendorganisation und schuf 1933 aus ihrer Mitte als illegales Kampfinstrument gegen die Nazis die freilich nur kurzlebige ›Deutsche Legion‹. Goebbels, der spätere Reichspropagandaminister, hatte sich bereits im Januar 1931 veranlaßt gesehen, einen Hetzartikel gegen den Prinzen im Nazi-Blatt ›Angriff‹ zu veröffentlichen.

Im Frühling 1933 erhielt Löwenstein eine Warnung, die seine bevorstehende Festnahme und die ab Mai '33 betriebene Ausbürgerung betraf. Er ging nach Österreich, dann an die Saar, wo er sich am Status-Quo-Kampf beteiligte. ›Roter Prinz‹ wurde er tituliert, unter anderem weil er den Volksfrontgedanken vertrat. Aber er war gleichzeitig ein entschiedener Gegner der Kommunisten, deren Mitschuld am Sieg des Nationalsozialismus er immer kritisierte. Weder damals noch später war Löwenstein irgendeiner der jeweils existierenden politischen Gruppierungen uneingeschränkt zuzuordnen. Der ›rote Prinz‹ galt anderen als ›Reaktionär‹, weil er sich bei Kriegsende gegen die Abtretung der deutschen Ostgebiete aussprach und später in der Bundesrepublik mit spektakulären Aktionen für eine Wiedereingliederung des Saargebiets eintrat. Doch schien es in der bundesdeutschen Parteienlandschaft kaum eine politische Gruppierung zu geben, die seinen Vorstellungen vollkommen entsprach. Prinz Löwenstein war als FDP-Mitglied einige Jahre Bundestagsabgeordneter, dann Angehöriger der Deutschen Partei, schließlich Christdemokrat. Er diente den CDU-geführten Bundesregierungen als Berater und in mancher delikaten diplomatischen Mission als Vermittler; aber er war zuwenig Realpolitiker, um wirklich erfolgreich sein zu können. Sein Deutschland war mehr Idee, zum Teil auch Utopie als ein konkretes Staatswesen in einer rasant sich verändernden Welt. Der deutsche Titel seines in den USA entstandenen Hauptwerkes, »Deutsche Geschichte: der Weg des Reiches in zwei Jahrtausenden«, signalisiert dies stärker als »The Germans in History«, der Titel der amerikanischen Originalausgabe.

Jahrelang hatte er im Exil daran gearbeitet – neben einer schier unglaublichen Fülle anderer Aktivitäten als Publizist und als Lehrer an insgesamt 38 amerikanischen und kanadischen Hochschulen. Bevorzugtes Thema war Europa, seine Vereinigung, sein Parlament, seine Verfassung; dazu hatte er schon als 22jähriger angehender Staatsrechtler sehr konkrete Ideen entwickelt.

Die bedeutendste Leistung des Prinzen Löwenstein war in der Emigration jedoch die Gründung der ›American Guild for German Cultural Freedom‹, die gewissermaßen die Trägerschaft der nahezu gleichzeitig geschaffenen deutschen Exil-Akademie übernahm. Sigmund Freud und Thomas Mann wurden als Vorsitzende gewonnen; Löwenstein selbst übernahm das Generalsekretariat. Ziel war es, den Trägern des aus Deutschland vertriebenen Geisteslebens einen Kristallisationspunkt zu schaffen. Das hatte nichts Elitäres an sich, sondern bedeutete zu großen Teilen: Bittbriefe schreiben und Geldspender finden, um die in Europa vor den Nazis flüchtenden, meistens mittellosen und in höchstem Grade gefährdeten Künstler und Wissenschaftler nach Übersee zu retten. Die Liste der in der ›Guild‹ Aktiven und die Listen der durch sie Unterstützten lesen sich wie ein ›Who is who?‹ des deutschen Geisteslebens.

Die Kinder sahen den Vater selten. Er arbeitete im New Yorker Büro der ›Guild‹, er unternahm Vortragsreisen; und wenn er zu Hause in Newfoundland war, umgaben ihn entweder viele Erwachsene, oder er saß schreibend in seinem Arbeitszimmer, und das durfte nicht betreten werden. Was er da tat, blieb für seine kleinen Töchter im ungewissen. »Aus unserer Sicht«, sagt rückblickend Konstanza, »konnte er ja gar nichts Besonderes; er war kein Bäcker und kein Metzger. Man wußte, daß er klug ist. Aber für ein Kind ist das unwichtig. Jedes Kind eines Intellektuellen freut sich, wenn der Vater mal einen Elektroschalter repariert; da hat man das Gefühl, er kann was. Sonst schreibt er ein Buch; davon hat man ja gar nichts.«

Bewunderung für den Vater kam bei Prinzessin Konstanza erst auf, als sie die oberen Klassen eines Gymnasiums in Bonn besuchte. »Da war er einfach der Quell des Wissens.« Und sie entwickelte Stolz auf diesen Vater. »Ich habe einen der wenigen Väter, die politisch das Richtige getan hatten. Ich bin die ehrenhaftere Abkunft. Das war nicht der Name, das war nicht der Titel. Es war das Gefühl: Ich bin auf der besseren Seite. Da fühlte ich mich meinem Vater auf einmal sehr nahe und durch ihn auch überlegen.« Den Löwensteins ging es in den fünfziger, sechziger Jahren wirtschaftlich weniger glänzend als manchen Familien von Mitschülern der Prinzessinnen. Da dachte Konstanza trotzig und stolz: »Ihr habt das Geld. Aber wo waren eure Familien denn zu Hitlers Zeiten? Da hatten wir gute Gründe, kein Geld gehabt zu haben.«

Immerhin war es den Löwensteins im Exil weit besser ergangen als der Mehrzahl der Emigranten. Prinz Hubertus und seine Frau hatten Frankreich schon verlassen können, ehe exilierte deutsche Dichter, Maler, Wissenschaftler und Politiker von den Franzosen in Internierungslager gesperrt wurden, zu Tausenden auf der Flucht vor den Nazis ihr Asylland durchquerten, in Marseille um Visa und Passagen nach Übersee bangten oder zu Fuß über die Pyrenäen durch Spanien nach Portugal flohen, um den rettenden Hafen Lissabon zu erreichen. Zu diesem Zeitpunkt befanden sich die Löwensteins längst in Sicherheit. Und während sich in den USA viele Flüchtlinge buchstäblich als Tellerwäscher durchschlugen oder auf den Putzhilfenlohn ihrer meistens wesentlich anpassungsfähigeren Frauen angewiesen waren, konnte der Prinz fast wie einst in Deutschland arbeiten. »Wir waren privilegiert«, bestätigt Konstanza. »Wir hatten viele Freunde in Amerika, reiche und einflußreiche. Mein Vater hatte Lehraufträge; er machte Vortragsreisen, er konnte publizieren. Außerdem umgab meine Eltern – dieses sehr junge, unwahrscheinlich schöne und sehr besondere Paar – immer ein gewisser Nimbus.«

Wohlstand allerdings ließ sich im Exil auch mit Nimbus und Arbeit nicht erwerben. Als sich gegen Kriegsende die Löwensteins aufmachten, Amerika zu verlassen, nahmen sie nicht einmal größere Lebensmittelvorräte mit. Ihr Gepäck war trotzdem umfangreich. Es bestand im wesentlichen aus dem kompletten Material über die Exil-Akademie und die ›American Guild‹,

Korrespondenzen mit den bedeutendsten deutschen Denkern jener Zeit, Briefwechsel mit prominenten amerikanischen Freunden und Förderern, Manuskripte und Hilferufe aus Europa. 1970 wurde alles der Deutschen Bibliothek in Frankfurt am Main übergeben, ein Schatz an Dokumenten, aus dem die Ausstellung über Deutsche Intellektuelle im Exil gestaltet wurde. Transportiert wurde dieser Schatz in ausrangierten amerikanischen Munitionskisten.

Auf einer dieser Munitionskisten wurde im Juli 1946 Konstanzas Kinder-Geburtstagstisch aufgebaut. Die Familie wartete damals schon eine ganze Weile auf die Genehmigung zur Heimkehr nach Deutschland; sie lebte unterdessen, gewissermaßen auf gepackten Koffern, in einem Hotel in New York. Am 30. September konnte sie sich endlich auf der ›Marin Marlin‹ einschiffen; nach zwölf Tagen traf sie in Bremerhaven ein.

Auf die kleinen Prinzessinnen – die eine vier, die andere noch nicht ganz sieben Jahre alt – wirkten der Abschied von Amerika und die Ankunft im Trümmer-Deutschland ganz unterschiedlich. Sie waren nicht unvorbereitet; ihr Kinderleben war begleitet gewesen von der Sehnsucht der Eltern, »nach Hause« zu gehen. Besonders intensiv erlebte Konstanza diese elterliche Sehnsucht an den letzten beiden Silvesterabenden im Exil – als jeweils wieder ein Jahr ohne Rückkehrmöglichkeit vergangen war. »Da zogen sich meine Eltern sehr schön an und legten das ›Kaiser-Quartett‹ auf und redeten über das vergangene Jahr und redeten über die Sehnsucht, nach Deutschland zurückzukommen. Immer dieser Rückblick und dann: Wie wird es werden? Und dann: Kommen wir überhaupt je wieder zurück? Da war eine ausgesprochen schön-traurige Stimmung. Das wurde zelebriert. Aber es war bedrückend zu merken, daß die Eltern traurig waren. Bis heute ist Silvester ein Fest, das ich überhaupt nicht mag.«

Schon im April vor Ende des Zweiten Weltkriegs hatten Hubertus Prinz zu Löwenstein und seine Frau Helga mit Dank, aber demonstrativ ihre tschechoslowakischen Pässe zurückgegeben, die sie aus der Hand von Staatspräsident Beneš erhalten hatten. Wieder staatenlos, wie sie es durch das NS-Regime ge-

worden waren, betrieben sie ihre Rückkehr. Aber erst nach eineinhalb Jahren wurde sie ihnen ermöglicht.

Für die Kinder begann der Abschied, als sie von ihrem
Farmhaus in New Jersey nach New York zogen, um dort eine
Möglichkeit zur Überfahrt zu erwarten. »Da mußte man sich
trennen, von dem Haus auf dem Land und von Spielsachen. Da
hieß es, wir fahren bald nach Hause; da kann man nicht so viel
Gepäck mitnehmen. Das war klar. Und wenn die Eltern sagen:
Wir sind glücklich, daß wir jetzt nach Hause fahren, das wurde
dann nicht hinterfragt; da mußte man sich eigentlich auch freu-
en. Ich hatte ja mitgekriegt, daß sie im letzten Sehnsucht hatten.
Aber ich erinner' mich nicht, irgendeine Vorstellung von ›zu
Hause‹ gehabt zu haben. Ich nahm also ein Stofftier mit und eine
Puppe, eine Puppe mit Lederhose. Meine Schwester hatte das
Gegenstück mit einem Dirndl. Vielleicht dachte ich, das paßt zu
Deutschland. Meine Schwester nahm noch eine wunderschöne
echte Puppe mit, Madeleine; die hat sie heute noch. Alles andere
mußten wir zurücklassen. Das war dann ein Bruch.«

»New York«, sagt Konstanza, »wurde zelebriert. Ich sehe
noch unser Hinunterfahren zum Hafen, einzelne Bilder von
diesen Piers, Riesenschiffe, das Lichtermeer der Stadt. Das sähe
ich nicht so genau, wenn ich nicht gewußt hätte: Das ist ein ganz
großer Moment, der da kommt. Dann das Stehen an Deck, die
Bewegtheit der Eltern, ihre Dankbarkeit Amerika gegenüber, die
unendlich vielen guten Freunde, die auch alle zum Abschied
kamen. Das habe ich sehr bewußt erlebt, und deswegen weiß ich
so genau, wie enttäuscht ich war, als wir endlich ankamen.«

Es war noch morgendämmerig, als sich die ›Marin Marlin‹
am 12. Oktober 1946 der Wesermündung näherte. Die Eltern
Löwenstein weckten ihre Kinder und holten sie eilig an Deck.
Die Mädchen sollten den langersehnten wunderbaren Augenblick der Rückkehr miterleben. »Das war grauenhaft«, sagt
Konstanza in einem Ton und mit einer Geste, als läge das Ereignis wenige Tage und nicht 50 Jahre zurück. »Das war grauenhaft, weil die Eltern vor Erregung weinten – überglücklich.
Aber ich sah nur den trüben Schein einer einzigen wackligen

Lampe im Nebel. ›Das ist zu Hause‹, sagten die Eltern gerührt und begeistert. Ich war fassungslos.« Elisabeth erlebte den Augenblick der Ankunft vollständig anders. Vielleicht besaß die kleine Prinzessin bereits eine Ahnung davon, daß der äußere Zustand des Landes für ihre Eltern von untergeordneter Bedeutung war; daß ihre Sehnsucht vielmehr dem Boden der geistigen Heimat gegolten hatte, den sie nun endlich wieder betreten würden. »Uns wurde doch immer gesagt: das Gelobte Land, wir gehen ins Gelobte Land, Heiliges Römisches Reich, Heimat, Heldensagen. Allerdings habe ich mir nicht überall Neuschwanstein vorgestellt. Insofern war Deutschland überhaupt kein Schock. Es war kalt, es war kaputt, es war auch Hunger. Die Welt war einfach so; ich habe das akzeptiert. Und die Eltern waren ja da.«

Die US-Staatsbürgerschaft ihrer Töchter berechtigte die Löwensteins, in der amerikanisch besetzten Zone zu leben. Davon machten sie Gebrauch. Ihre erste Station war eine Dependance des Hotel ›Columbus‹ in Bremen. Der Sozialdemokrat Wilhelm Kaisen, ebenfalls aus dem Exil heimgekehrt und nun Bürgermeister der Stadt, gab Hubertus Prinz zu Löwenstein und seiner Frau Helga durch die Einbürgerung der ganzen Familie die deutsche Staatsbürgerschaft zurück. Ein Heim, zerstört oder nicht, einen Ort, an den sie hätte gehen können, besaß die Familie jedoch nicht. Hubertus zu Löwenstein war ein Prinz ohne Land; ihm, dem Jüngstgeborenen, hatte traditionell der löwensteinsche Familiensitz bei Wertheim nicht zugestanden. Aber es fand sich für einige Zeit eine komfortable Bleibe auf Schloß Leiningen in Amorbach. Hier, wo nur die große Zahl der Flüchtlinge an die Kriegsfolgen erinnerte, holten die beiden Prinzessinnen Kindheit nach.

Es gab Kinder, viele Kinder, die sie in ihrer amerikanischen Umgebung so sehr vermißt hatten, die Kinder des Fürsten Leiningen, die Dorfkinder, die Flüchtlingskinder. Hier wurden die löwensteinschen Mädchen losgelassen. Selbst Elisabeth, auf die alle Erwartungen »eben an eine deutsche Prinzessin« projiziert worden waren, lebte im lieblichen Amorbach so kindgemäß und frei, daß sie bald »jeden Pflasterstein im Dorf« kannte.

Während die älteste Löwenstein-Tochter aus der Anfangszeit nur ihr Leiden an der »Fremdheit in der Sprache« in Erinnerung behielt, erlebte die jüngere Konstanza in der damals neuen Umgebung eine ernste Kränkung. »Die nannten mich immer ›vollgefressene Ami-Sau‹. Das hat mich doch stutzig gemacht; das fand ich ungerecht. Ich war weder eine ›Ami-Sau‹ noch vollgefressen. Ich war wahrscheinlich ein rundliches Kind. Aber ›Ami-Sau‹? Ich hatte immer gehört, daß ich deutsch bin, so deutsch wie man nur sein kann. Und plötzlich wußte ich nicht mehr so genau: Was bin ich nun eigentlich? Aber sonst war die Amorbacher Kindheit ganz wunderbar. Schöner kann man's gar nicht haben als Kind.«

Mit den Dorfkindern wurde die Schule besucht, wurden Banden gebildet, Mutproben bestanden, die Gegend erkundet. Auch das Schloß, von den Amerikanern besetzt, bald aber geräumt, bot Gelegenheit zu aufregenden Entdeckungen. Konstanza Prinzessin zu Löwenstein schildert sie vergnügt und drastisch: »Ich erinner' mich, daß die Ahnen der Leiningens auf den Gemälden ausgeschossene Augen hatten; die Amerikaner hatten sie als Zielscheiben benutzt. Und dann hatten sie ins Klavier geschissen, in einen riesigen Flügel. Für ein Kind ist das mit viereinhalb eben auch ganz spannend. Unter den Tischen klebten die Kaugummis, die ich dann weiter kaute, endlich. In New York, da wurden wir in Handschuhen und Hütchen durch die Großstadt geführt. Da sah ich mal im Central Park ein Kind mit einem Kaugummi; das machte aus seinem ›bubble-gum‹ einen riesigen Ballon. Ich fragte das Mädchen, was das sei; es hat mich bloß verächtlich angeguckt. Das war, als wenn man heute fragt: Was ist ein Auto? Da hab' ich gemerkt, daß wir anders sind. Aber in Amorbach liefen wir an der langen Leine. Auf dem Speicher des Schlosses war eine ganze Kammer voller Pony-Geschirre, und die gehörten dann natürlich mir. Das Gute und das Schlechte, es war alles da. Es war eine Wirklichkeit, die mindestens so schön war wie das, was man sich vielleicht unter ›Zuhause‹ vorgestellt hatte.«

Auch die Eltern hatten ihren Ort gefunden. Zusammen mit seinem Freund, seinem Mitarbeiter, seinem ›alter ego‹, Volkmar von Zühlsdorff, der die Familie ins Exil und zurück nach Deutschland begleitet hatte, nahm Hubertus Prinz zu Löwenstein seine Arbeit geistig-politischen Wirkens wieder auf. Er publizierte regelmäßig in großen amerikanischen, später auch in bundesdeutschen Zeitungen, hielt an der Heidelberger Universität Gastvorlesungen über die neueste deutsche Geschichte und erregte nicht selten Aufsehen durch teilweise höchst umstrittene politische Aktionen. Nach dem Muster Stefan Georges, in dessen Nachfolge er sich fühlte, ohne ihm je begegnet zu sein, sammelte Prinz Löwenstein erneut einen Kreis junger Menschen um sich, von denen, wie Zühlsdorff, einige zu Freunden fürs Leben auch der Töchter wurden.

Die Mutter, das merkten die Mädchen, hatte zum Teil andere geistig-kulturelle Interessen als der Vater, darunter die zeitgenössische Literatur und die Bildende Kunst. Aber in der unmittelbaren Nachkriegszeit widmete sich Helga Prinzessin zu Löwenstein ganz der Linderung der sie umgebenden Not.

In Amorbach lebten zeitweilig so viele Flüchtlinge und Vertriebene wie Einheimische; Unterkünfte für sie waren auch auf Schloß Leiningen eingerichtet worden. Die Prinzessin Löwenstein informierte und mobilisierte ihre amerikanischen Freunde und organisierte, nach und nach geradezu professionell, die Flüchtlingshilfe. Sie fuhr auch nach Friedland, um über die Verhältnisse in diesem größten Durchgangslager in die USA zu berichten. »Da kamen dann die Pakete aus Amerika«, berichtet Konstanza, »und da war man als Kind schon manchmal verführt, etwas zu klauen, auch wenn meine Mutter genau aufpaßte, daß wir nicht mehr bekamen als die anderen.« Die Prinzessinnen, so ungebunden sie in Amorbach auch lebten, erhielten also beiläufig durchaus Kenntnis von den caritativen mütterlichen Aktivitäten im fürstlich-leiningenschen Schloß. »Da gab es auch eine Kleiderkammer für Flüchtlinge. Und die Mutter hat die Leute oft mit zu uns nach oben genommen und ihnen die Füße gewaschen, wenn sie Schuhe anprobieren wollten. Das«, berichtet Konstanza, »seh' ich auch noch, daß die Mama dann sagte: ›Bring jetzt mal ein Handtuch; die Frau will Schuhe anprobieren.‹«

Prinzessin Konstanza zu Löwenstein meint rückblickend, schon als Kind bemerkt zu haben, daß ihre Mutter »diese enorme Energie aufwandte, um Ausgleichshandlungen, sozusagen Wiedergutmachung zu tun. Darüber wurde auch geredet: daß das Flüchtlinge sind und daß es ihnen schlechter geht, weil sie alles verloren haben. Wir hatten nichts verloren; wir hatten nur gewonnen. Wir sind gegangen, weil es Hitler gab und wir gehen wollten; aber die anderen sind vertrieben worden, sind geflohen und haben alles verloren.«

Noch etwas fiel dem Kind auf: Es meldete sich Ende der vierziger Jahre bei den Löwensteins auf Schloß Leiningen plötzlich viel Verwandtschaft; Verwandtschaft, von der zuvor kaum jemals die Rede gewesen war. Die Leute kamen, plauderten mit den Eltern, tätschelten die Kinder und verschwanden wieder. Erst viel später, als Prinzessin Konstanza die Zeit und die Ereignisse reflektieren konnte, begriff sie, daß es sich um »Persilschein-Verwandtschaft, ganz offensichtlich, gehandelt hatte. Die suchten nun die Nähe meiner Eltern, die ja ganz offenkundig Nazi-Gegner gewesen waren. Aber das wurde nicht thematisiert. Ich bin sicher, daß meine Eltern nie gefragt haben: ›Sagt mal: Wo wart eigentlich ihr in der Nazi-Zeit?‹ Ich glaube, daß meine Eltern es nicht wissen wollten – und wenn sie etwas erfahren hatten über Leute, die nicht gegangen waren, dann glaubten sie, daß die es abgebüßt haben, weil sie durch die Bomben und den Krieg gegangen sind. Dadurch waren für meine Eltern alle exkulpiert; es war nicht ihre Sache, da zu richten.«

Über die eigene Vergangenheit als Emigranten äußerten sich Hubertus Prinz zu Löwenstein und seine Frau anderen gegenüber selten. Tochter Konstanza glaubt zu wissen, warum: »Es machte ihnen zu schaffen, dieses Relativ-gut-weggekommen-Sein. Das kennt man ja auch aus Büchern von Überlebenden des Holocaust, die sich mit der Frage gequält haben: Warum haben gerade wir überlebt?« Und Schwester Elisabeth erwähnt, aus der Sicht ihrer einstmals kindlichen Altersgenossen, einen anderen Aspekt: »Man nahm die Leute der eigenen Generation wie sie sind und fragte nicht: Was haben die Eltern getan? Die Antworten wären vielleicht zu furchtbar gewesen.« Was Helga und

Hubertus zu Löwenstein getan haben, wurde nach der Heimkehr den Töchtern gegenüber relativiert. Konstanza erinnert sich genau an die Worte. Sie zitierte sie in ihrem Vortrag vor den Berliner Primanern und rief damit zunächst eine gewisse Verwirrung hervor: »Uns wurde von unseren Eltern immer vermittelt: Es war die zweitbeste Lösung, in die Emigration zu gehen. Es wäre ehrenhafter gewesen, im KZ umzukommen.«

Diese Einstellung der Eltern begleitete die sonst überwiegend unbeschwerte Nachkriegs-Kindheit der jungen Prinzessinnen. Da blieb nicht Theorie, was sie später über das Märtyrertum Carl von Ossietzkys erfuhren oder über die heroischen Aktionen bewußt im Lande gebliebener Widerstandskämpfer. Und wenn Elisabeth und Konstanza als junge Mädchen in nachdenklichen Stunden den geistigen Faden aus eigenen Erinnerungen, vermittelten Einstellungen und erworbenen Kenntnissen zu Ende spannen, dann drängte sich ihnen unweigerlich die Frage auf: Existierten wir überhaupt, wenn Mutter und Vater vor Hitler nicht geflohen wären?

*

Die beiden Prinzessinnen blieben so verschieden, wie sie als kleine Exilkinder schon gewesen waren. Entsprechend unterschiedlich waren ihre Strategien zur Verarbeitung der frühen Erfahrungen mit der Fremde und der Lösung vom Elternhaus. Elisabeth, die hochbegabte, die behauptet, keines der vielen Bücher ihres Vaters gelesen zu haben, führte bei allerbesten äußeren Chancen ein Studium nie zu Ende. Nachdem sie verschiedene Partnerschaftsmodelle erprobt hatte, suchte sie ihr Glück in einer Ehe-Häuslichkeit »mit einem total normalen, total deutschen Mann«. Allerdings war sie immer berufstätig. Anfangs jobbte sie mal hier, mal da. Inzwischen arbeitet sie seit Jahrzehnten in einer der zahlreichen Botschaften in Bonn, der Vertretung eines asiatischen Landes. Und immer noch spielt die Familienerfahrung von Vertreibung und Fremdheit eine große, hier allerdings positive Rolle: »Es gefällt mir, es mit Ausgegrenzten, mit Fremden zu tun zu haben. Ich diene einem völlig fremden Staat. Mein Boß ist ein Fremder. Ich muß also nicht einem Deutschen gehorchen, wie auch immer seine Biographie ist.«

Auch Konstanza, deren kurzzeitiger Ehemann in vieler Hinsicht ein Gegenbild ihres Vaters war, ließ das Exil-Thema nicht los. Nach dem Abitur studierte sie, von der man derartiges nicht unbedingt erwartet hatte, Germanistik, Geschichte, Soziologie, Philosophie und Politologie. Dann arbeitete sie, auch vor und nach der Geburt zweier Söhne, als Wissenschaftlerin in verschiedenen Institutionen, Forschungseinrichtungen, Bundesministerien, auch im Kanzleramt und im Bundespresseamt. Da war sie, bewußt oder unbewußt, der politischen und publizistischen Tätigkeit des Vaters recht nahe – was allerdings eher räumlich als inhaltlich zu verstehen ist.

Obwohl Konstanza zu Löwenstein während des Studiums in den späten sechziger Jahren »so politisch oder so unpolitisch war wie alle damals«, meint sie heute, »im letzten kein politischer Mensch« zu sein. Jedenfalls hat sie sich, wie ihre Schwestern, niemals in irgendwelchen politischen Gruppierungen betätigt. »Ich glaube«, sagt sie, »wir hatten die Nase voll von diesem so unendlich politik-geprägten Leben in unserer Familie. Das war zu Teilen auch eine Last.« Daß sie zu Zeiten der sozial-liberalen Koalition die SPD gewählt hat, hatte auch mit dem Wunsch zu tun, sich dieser Last zu entledigen. »Ich hatte das Gefühl: Ich muß mir jetzt in allen Dingen meine eigene Meinung bilden. Das war, glaube ich, ein ganz normaler Generationenkonflikt. Aber mein Vater war tief betroffen und sagte: ›Und dafür bin ich in die Emigration gegangen, daß jetzt meine Tochter eine Partei wählt, die einen Teil Deutschlands verrät, die also die Ostverträge gemacht hat.‹ So sah er das. Daraufhin habe ich immerhin 30jährige, verheiratete, examinierte Tochter noch in töchterlichem Gehorsam gesagt: Dann wähl' ich eben gar nicht. Und da hat er gesagt: ›Das geht nicht. In einer Demokratie muß man wählen.‹«

Ganz mag man der Prinzessin nicht glauben, daß sie »kein politischer Mensch« sei; nicht zufällig hat sie schließlich ihre beruflichen Tätigkeitsfelder wiederholt im politischen Raum

gesucht. Ende der siebziger Jahre fand sie ihren bislang dauer-
haftesten beruflichen Standort bei den Vergleichenden Gesell-
schaftswissenschaften in einer leitenden Position am Wissen-
schaftszentrum Berlin.

Zehn Jahre zuvor, als ›die Achtundsechziger‹ ihre Eltern über
die Vergangenheit zu befragen begannen, hatte Konstanza Prinzessin zu Löwenstein ihre Magisterarbeit geschrieben:
»Amerikas Deutschlandpläne und die Deutschlandpläne der
sozialdemokratischen Emigranten in den USA 1941-1945«. Sie
konnte dabei auf einen Teil der Schätze zurückgreifen, die ihre
Eltern einst in ausgedienten Munitionskisten von New York
nach Deutschland geschafft hatten. Leicht hätte sie das Thema
zu einer Doktorarbeit erweitern und vertiefen können. Aber sie
wollte damals so rasch wie möglich auf eigenen Füßen stehen.
»Und außerdem«, sagt sie, »interessierte damals, Ende der sechziger Jahre, das Thema ›Exil‹ absolut niemanden.« Das, immerhin, hat sich seither geändert.

# „Alles war hergerichtet wie zu einem Schauprozeß"

Inge Leetz als Publikum im ‚Volksgerichtshof':
Freisler wollte den Tod der Mutter

Dr. med. Inge Leetz,
Berlin, 30. Juni 1995

Johanna Kirchner
mit ihren Töchtern:
Inge (links) und Lotte,
etwa 1926

Inge Kirchner und
Arnold Leetz,
etwa 1930

Letztes Treffen
mit der Mutter im Exil:
Johanna Kirchner (rechts)
und Inge Leetz
1939 in den Vogesen

Als vier Jahrzehnte nach dem gewaltsamen Tod der Johanna Kirchner deren Biographie geschrieben wurde, dienten, das war naheliegend, auch die Erinnerungen der Nachkommen als Quellen. Geduldig ließen sich unter anderem die Töchter befragen; gern erteilten sie Auskunft; bereitwillig zeigten sie Fotos. Die äußeren Fakten, die sie berichteten, deckten sich. Und doch fielen die Berichte über die Mutter höchst unterschiedlich aus – so unterschiedlich wie beide Töchter waren.

Inge, die jüngere, zeigt noch in einem Alter, das Johanna Kirchner nie erreichte, unverkennbare Ähnlichkeiten mit der Mutter. Lotte, die ältere, ähnelte äußerlich dem Vater Karl Kirchner. Dessen etwas rebellisches Naturell und seinen Intellekt hat aber nicht sie, sondern Inge geerbt. »Meine Schwester Lotte war politisch gut informiert, war sehr interessiert«, sagt Inge; »aber sie war ›linientreu‹ in der SPD. Sie war politisch ganz ›brav‹, sogar braver als mein Vater und meine Mutter. Ich war die weniger angepaßte. Für mich kam zum Beispiel nicht in Frage, aus purer Familientradition SPD-Mitglied zu werden.«

Lotte, die inzwischen gestorben ist, verbrachte ihr ganzes Leben in Frankfurt am Main, der Heimatstadt der Großfamilie. Im Bericht über die Mutter beschränkte sie sich im wesentlichen auf die Nennung von Daten und Fakten, wie sie in kleineren biographischen Publikationen über Johanna Kirchner schon in den achtziger Jahren vorlagen. Einige persönliche Erinnerungen an die politischen Aktivitäten der Mutter, an deren Emigration, an heimliche Treffen im Exil ergänzten das zumindest im Frankfurter Raum schon Bekannte.

In Berlin-Kaulsdorf, damals noch DDR, gab auch die jüngere Kirchner-Tochter Inge Auskunft. Sie bestätigte die von der Schwester ›im Westen‹ schon genannten Erinnerungen; aber sie tat mehr. Schmunzelnd, zuweilen in vergnügter Erinnerung lachend, erzählte sie auch von den Vorlieben und von den kleinen Schwächen der Mutter: Wie sehr Johanna Kirchner elegante

Kleidung, ganz besonders Hüte, geschätzt, und welchen Anstoß dieses Faible in ihrer Partei, der Sozialdemokratie der Weimarer Zeit, erregt habe; wie sorglos die Mutter mit Geld umgegangen sei, solange welches vorhanden war; wie wichtig ihr Beziehungen zu Männern gewesen seien und wieviel Pech sie im Leben damit gehabt habe...

So konnte, über die Geschichte der tapferen Regimegegnerin hinaus, das Bild einer sinnenfrohen, den Menschen und dem Leben zugewandten Frau entstehen, für die aktiver Widerstand nichts Heroisches an sich hatte, sondern nicht mehr und nicht weniger bedeutete als das Gebot der Stunde.

Als der Tod Johanna Kirchners schon über ein halbes Jahrhundert zurücklag, erklärte sich deren Tochter Inge bereit, auch über sich selbst zu berichten. So alt sie inzwischen geworden war – niemand hatte sie je nach ihrer Befindlichkeit als Kind einer Widerstandskämpferin, einer Emigrantin, einer Enthaupteten befragt. Und entsprechend schwer tat sich Dr. med. Inge Leetz. Während sie über die Mutter lebhaft, in Bewunderung, manchmal auch in liebevoller Respektlosigkeit hatte sprechen können, berichtete sie über sich selbst in angestrengter Sachlichkeit.»In meiner Generation ist man es nicht gewöhnt, über Gefühle zu reden.«

Inge Leetz ist keine Frau, die durch die Situation der Bedrohung, der Verfolgung unterm Nazi-Regime noch wie ein Kind hätte geprägt werden können; denn 1933 war sie bereits 19 Jahre alt. Aber die politischen Erfahrungen gegen Ende der Weimarer Republik, die Sorge um beide vom Nazi-Regime verfolgten und eingekerkerten Eltern, die Anwesenheit bei den ›Volksgerichtshof‹-Prozessen gegen die Mutter haben bei der damals jungen Frau Eindrücke hinterlassen, die später maßgeblich waren für den eigenen politischen Weg und für die Erziehung ihrer Kinder. Das grauenvolle Ende Johanna Kirchners hat Inge Leetz niemals verwunden. »Das kann man wohl kaum«, sagt sie wortkarg; »ich lebe damit.«

*

Inge und Lotte Kirchner wurden in Frankfurt am Main kurz vor Beginn des Ersten Weltkriegs in eine traditionsreiche SPD-Familie hineingeboren. Statt Märchen hörten die Mädchen spannende Geschichten vom Urgroßvater, der zu den Gründungsdelegierten der deutschen Sozialdemokratie und zu den Verfolgten unterm ›Sozialistengesetz‹ gehört hatte. Ein Großvater engagierte sich besonders in der Gewerkschafts- und in der Arbeitersportbewegung; der Vater, Karl Kirchner, zählte in der Weimarer Zeit zu den bekanntesten Kommunalpolitikern in Frankfurt am Main. »Wenn dort der Name ›Kirchner‹ erwähnt wird, dann denken heute alle an meine Mutter – weil sie hingerichtet worden ist, weil Straßen nach ihr benannt worden sind und weil es eine ›Johanna-Kirchner-Medaille‹ für frühere Widerstandskämpfer gibt. Aber zu Lebzeiten der Eltern kannte man meine Mutter nur in sozialdemokratischen Kreisen, schon weil sie auf dem Parteibüro arbeitete. Das war ganz anders bei meinem Vater; der war auch außerhalb der Stadt und nicht nur unter Sozialdemokraten bekannt. Er war immer Stadtverordneter der SPD, Fraktionsvorsitzender, Mitglied im Provinziallandtag, Herausgeber der ›Sozialdemokratischen Korrespondenz‹, Direktor der Schulkinderspeisung. Er war einfach der bedeutendere in seinem Wirken, auch der geschultere und intelligentere. Mutter dagegen bestand ganz aus Gefühl. Sie war mit Leib und Seele Sozialdemokratin, aber eben ›aus dem Bauch heraus‹ und natürlich aus Tradition.«

Tochter Inge war ganz anders. Grundsätzliches beschloß sie schon als junges Mädchen nichts »aus dem Bauch heraus«. Jedenfalls führten weder Gefühl noch Tradition die damals erst 17jährige zu der Entscheidung, Mitglied der frisch gegründeten linken SPD-Abspaltung SAP zu werden; vielmehr hoffte sie, dort eine kämpferischere politische Gemeinschaft gegen die erstarkenden Nationalsozialisten zu finden, als SPD und Gewerkschaften es waren. Zu dieser Gemeinschaft zählte auch Arnold Leetz, ihr späterer Mann. Nach 1933 saß er drei Jahre als politischer Häftling im Zuchthaus. Sie heirateten wenige Tage nach seiner Entlassung.

Schon zeitig im Frühjahr '33 war Frankfurt am Main ›braun‹ geworden; nur ein Sitz fehlte der NSDAP nach der Kommunalwahl vom 13. März zur absoluten Mehrheit. Die 16 SPD-Parlamentarier wurden aus der Stadtverordnetenversammlung hinausgeprügelt und festgenommen. Es war dies die erste von fünf Verhaftungen, die Inges Vater Karl Kirchner erlitt. »Als die Mutti davon erfuhr, da kam sie ganz aufgeregt angerannt: ›Wir müssen sofort zum Gefängnis! Wir müssen dem Papa 'ne Decke bringen; der friert dort bestimmt.‹ Für mein Verhalten war charakteristisch, daß ich ziemlich schnodderig sagte: ›Das haben wir, also ich und meine Genossen von der SAP, das haben wir euch doch schon lange vorausgesagt, daß das so kommen wird.‹ Also, damit hat man gerechnet; man war ja politisch tätig. Wenn es morgens sehr früh schellte, da hatte man Angst. Ich erinnere mich, einmal schellte es gegen sechs; die Verhaftungen waren oft um diese Zeit. Da bin ich doch sehr erschrocken; es war dann aber ein Onkel von mir. Also, Angst hatte man schon. Es gab einen Verräter in unserem weiteren Kreis; aber der kannte mich nicht. Ich bin nirgendwo belangt worden; ich hatte mehr Glück als Verstand.«

An die zweite Festnahme des Vaters hat Inge Leetz deutliche Erinnerungen. »Da kamen zwei Männer, wie immer früh morgens, fragten: ›Ist Herr Kirchner da?‹ Einen Grund nannten sie nicht. Vielleicht haben sie auch einmal einen Grund genannt. Aber das war ja ganz egal. Es ging ja nur darum, gewisse Leute aus dem politischen Verkehr zu ziehen. Mein Vater wurde eben einfach abgeholt. Er saß beim Frühstück; das durfte er gnädig zu Ende essen. Damals las mein Vater übrigens gerade die Bibel. Er war natürlich Atheist wie wir alle. Aber die Bibel fand er hochinteressant; also die hatte er auf dem Nachttisch liegen gehabt. Und als sie ihn abholten, da sagte er noch: ›Ach, hol' mir doch mal die Bibel; die will ich mitnehmen.‹ Die Männer waren natürlich erstaunt. Das war also die zweite Verhaftung. Ähnlich sind die dritte, vierte, fünfte auch vonstatten gegangen.«

Die Haftzeiten Karl Kirchners dauerten niemals sehr lange. Vielleicht nutzten ihm seine schweren chronischen Krankheiten. Er war ein Häftling, der Umstände machte; er konnte nicht in irgendeine Zelle gesteckt, er mußte im Gefängniskrankenhaus festgehalten werden.»Da wurde er tatsächlich ganz gut versorgt. Aber trotzdem sah er elend aus, blaß und weißhaarig. Und es war für mich ganz erschütternd, ihn in einem gestreiften Kittel, also als Untersuchungshäftling in Gefängniskleidung, zu sehen – diesen Mann, der sonst in Frankfurt bestimmt hat, was geschah, so zu sehen.«

Aber das blieben bei weitem nicht die einzigen Erschütterungen, die die beiden Kirchner-Töchter erlebten.

Im Juni 1933 fuhr ihre Mutter in der für sie typischen spontanen Hilfsbereitschaft nach Genf, um dort während einer Tagung des Internationalen Arbeitsamtes Hilfe für den inhaftierten Carlo Mierendorff zu erwirken. Mierendorff war den Nazis in ganz besonderer Weise verhaßt, seit er sich im Reichstag in brillanten Wortgefechten mit der Goebbelsschen Hetzpropaganda auseinandergesetzt hatte. Aber Hilfe war auch auf ›internationalem Parkett‹ nicht möglich. Noch während Johanna Kirchner unverrichteterdinge zurückreiste, erhielten die Töchter von der Politischen Polizei in Frankfurt einen zuverlässigen Hinweis auf die bevorstehende Verhaftung ihrer Mutter. Robert Ley, der Führer der nationalsozialistischen ›Deutschen Arbeitsfront‹, war als Konferenzteilnehmer in Genf auf die Bemühungen Johanna Kirchners um Mierendorff aufmerksam geworden und hatte das aus seiner Sicht Erforderliche veranlaßt...

»Wir haben dem Mann, der uns die Warnung zukommen ließ, geglaubt. Die Mutti durfte also gar nicht raufkommen in ihre Wohnung. Ich hab' sie vor dem Haus abgefangen. Dann bin ich mit ihr durch die Straßen gelaufen und hab' ihr das erzählt. Sie hatte bestimmt nicht mit so etwas gerechnet. Sie war sehr überrascht – und totunglücklich. Mich hat die Sache sehr erschüttert. Wir waren ratlos. Was sollten wir tun? Sie mußte weggehen. Andererseits – was hatte sie getan? Sich für einen Genossen im Ausland eingesetzt und sich um die Verwaltung der Parteigelder gekümmert. Das war illegal, damals. Aber mein Mann hat wesentlich ›Schlimmeres‹ getan – und nur drei Jahre gekriegt. Jedenfalls haben wir damals ihre Flucht als unvermeidlich angesehen.«

Später quälte Johanna Kirchners Töchter die Frage, ob die Flucht der Mutter ins Exil wirklich nötig gewesen war; ob es die Mutter, wie Tochter Inge burschikos formuliert,»nicht billiger hätte haben können«. Aber nachher ist man immer klüger. »Damals, Juni 33, mußte man annehmen: So schnell geht's nicht mit den Nazis. Man dachte darüber nach: Was machen die Nazis? Was wird kommen? Von Konzentrationslagern wußte man; ein Onkel von mir war damals im KZ. Man konnte also annehmen, daß sie dahin käme. Man hat sich auf alle Fälle gesagt: Es kann sehr, sehr unangenehm werden. Aber man konnte sich damals absolut nicht etwas von dem vorstellen, was dann wirklich passiert ist.«

Johanna Kirchner verließ Deutschland rechtzeitig – und endete doch unterm Fallbeil von Plötzensee. Aber dies geschah nicht, weil sie sich für einen ›Schutzhäftling‹ der Nazis eingesetzt hatte. Es geschah, weil sie sich im Exil – nach den Maßstäben des nationalsozialistischen Regimes – erst wirklich schuldig gemacht hatte: Beteiligung am politischen Kampf im Saargebiet gegen dessen ›Heimkehr ins Reich‹, Engagement in Flüchtlingshilfeorganisationen, Mitarbeit an Informationsdiensten zur Aufklärung über die Zustände in Deutschland, Einsatz für eine ›Volksfront gegen Hitler‹.

Zuerst war sie, wie viele Nazi-Verfolgte, an die Saar gegangen; nach deren Wiedereingliederung ins Deutsche Reich suchte sie im benachbarten Frankreich Zuflucht. Wie Tausende anderer Emigranten wurde sie im Krieg interniert und ins berüchtigte Frauenlager Gurs geschafft. Sie konnte fliehen und irrte in Südfrankreich umher. Ihre Odyssee endete nach zehn Jahren – als sie vom kollaborierenden Vichy-Regime an die Deutschen ausgeliefert wurde.

In einem der Gefängnisse, die Johanna Kirchner auf dem Transport von ›La Santé‹ in Paris nach Berlin-Moabit durchwanderte, konnten die Töchter ihre Mutter besuchen. Erschüttert stellten sie fest, daß aus der vitalen, lebensfrohen und attraktiven 50jährigen der Vorkriegszeit ein erschöpft wirkender, schlagartig gealterter Mensch geworden war,»ein kleines, altes Frauchen, abgemagert, bleich und ganz zusammengeschrumpft«.

Vielleicht war es diese schockierende Veränderung, die Inge die Kraft gab, ihrer Mutter in einer Weise beizustehen, wie es kein anderer Angehöriger tat und wie niemand es von Inge vermutet hätte; denn sie, die jüngere und immer sehr in sich gekehrte der beiden Kirchner-Töchter, hatte in der Familie stets als die schutzbedürftigere gegolten. »Von klein auf hat meine Schwester Lotte sich für mich verantwortlich gefühlt. Sie war immer für mich da. In späteren Briefen der Mutti aus dem Gefängnis, da hat sie an Lotte über mich geschrieben: Sie wisse ja, daß ich die weniger lebenstüchtige sei und weniger anpassungsfähig, und deshalb müsse sie sich um mich kümmern, was sie ja ohnehin immer tat. Dabei war ich damals ja schon weit über 20.«

Es war also die »weniger lebenstüchtige« Inge, die die Mutter in den Haftanstalten besuchte, so oft ihr dies gestattet wurde – als hätte sie die Todesangst um den geliebten Menschen mit Aktionismus vertreiben wollen. Inge war auch bei beiden Prozessen anwesend. »Meine Schwester«, sagt sie, »hätte das gar nicht ausgehalten.« Die überaus große Zahl weiterer naher Angehöriger der Mutter, einschließlich zweier geschiedener Ehemänner, erwähnt sie nicht. Einmal, immerhin, wurde Inge Leetz von ihrer Schwiegermutter begleitet. Das war im Mai 1943, als der erste Prozeß gegen Johanna Kirchner stattfand. Die beiden Frauen stellten die Öffentlichkeit her, denn außer ihnen war kein weiterer Zuhörer anwesend.

Die Verhandlung vor dem Zweiten Senat des ›Volksgerichtshofs‹ fand in überraschend sachlicher Atmosphäre statt. Inge faßte sich ein Herz; sie wandte sich in einer Pause an den Staatsanwalt. »Das war ein sehr junger Mann. Ich erklärte ihm, ich wollte etwas zur Verteidigung meiner Mutter sagen. Er antwortete, er könnte für Hoch- und Landesverrat nur fordern, was ihm vorgeschrieben war; und das war die Todesstrafe. Aber ich konnte dann vor Gericht trotzdem etwas zur Entlastung meiner Mutter vortragen. Zuerst gab es da allerdings eine komische Situation: Der Zuhörerteil des Saals war vom Gericht durch eine Barriere getrennt, so ein Holzgitter. Da war ein Türchen drin; aber ich habe das in der Aufregung nicht entdecken können. Da bin ich also einfach über die Barriere gesprungen; es muß seltsam ausgesehen haben. Dann ging ich vor und sagte, was ich mir zurechtgelegt hatte: ›Meine Mutter ist ein guter, an sich relativ unpolitischer Mensch, und sie läßt sich außerordentlich leicht beeinflussen, insbesondere von Männern.‹ Das war meiner Mutter gegenüber nicht ganz fair; aber ich dachte, das würde das nur aus Männern bestehende Gericht vielleicht beeindrucken. Ich berichtete also, daß sie seit ihrer Scheidung von unserem Vater eine ganze Reihe von Beziehungen zu Männern gehabt hätte, nach und nach. Und diese Männer hätten auch alle politischen Einfluß auf sie ausgeübt, dem sie dann als argloser und gutherziger Mensch erlegen sei. ›Aus ihr selbst‹, so argumentierte ich, ›kommen diese politischen Handlungen nicht.‹ Damit habe ich meiner Mutter Unrecht getan. Aber wirklich gelogen habe ich nicht, denn tendenziell war sie so, wie ich sie beschrieben habe. Aber ich hab' ganz mächtig übertrieben; es blieb mir ja nichts anderes übrig, wenn ich für sie was erreichen wollte. Und anscheinend hat es ja genützt.«

Johanna Kirchner wurde zu zehn Zuchthausjahren verurteilt. »Da sind wir in die Luft gesprungen vor Freude. Wir haben ja gewußt, das der Krieg keine zehn Jahre mehr dauert. Der Krieg hat die Nazi-Zeit sehr abgekürzt. Hätten sie den Krieg nicht angefangen, wären sie noch länger drangeblieben. Also daß die Mutti da noch zwei, vielleicht drei Jahre sitzt, damit haben wir dann gerechnet. Aber das ist ja kein Todesurteil. Nach der Urteilsverkündung saßen wir noch zusammen in ihrer Zelle in Moabit. Ich hatte Schinkenbrötchen mitgebracht; irgendwie hatte ich Schinken organisiert, weil Mutter ihn doch so gern mochte. Und dann saß sie da in der Zelle und aß und aß und jubelte über das Urteil.«

Auch später, im Frauenzuchthaus Cottbus, besuchte Inge Leetz die Mutter. Zu ihrer Freude bemerkte sie, daß es Johanna Kirchner »dort hervorragend ging. Sie war aufgelebt. Da waren Frauen von der ›Roten Kapelle‹, viele intellektuelle Frauen, viele Gleichgesinnte. Mit denen war sie ständig zusammen. Sie hat Handarbeiten gemacht, Gedichte geschrieben und so viele Briefe wie erlaubt waren. Sie war aufgeblüht.«

Im Frühjahr 1944 erfuhr Inge Leetz, daß gegen ihre Mutter noch einmal verhandelt werden sollte; man hatte sie von Cottbus erneut nach Berlin-Moabit geschafft. Das Entsetzen, welches nach dieser Nachricht die Familie ergriff, kann die Tochter, rückblickend, nicht in Worte fassen. Hatte es beim vorangegangenen Verfahren Formfehler gegeben? Waren neue Tatbestände ans Licht gekommen? Hatte jemand aus dem weitläufigen politischen Bekanntenkreis der Mutter ein Interesse an der Sache, womöglich an ihrem Tod? Trotz der eben erst erfolgten Geburt ihres ersten Kindes, trotz der Sorge um den ins Strafbataillon 999 eingezogenen Ehemann, trotz der Beunruhigung über den immer schwerer erkrankenden Vater und trotz ihres erst spät aufgenommenen Medizinstudiums – es war wieder Inge, die sich auf den Weg machte.

Sie hatte das Glück, sich in Berlin über mehrere Tage aufhalten zu können; die Eltern ihres Mannes lebten in der Stadt. Auch wenn sie keine Besuchserlaubnis hatte, ging sie täglich zum Gefängnis. »Man wußte ja nicht einmal, ob Moabit noch steht. Diese Luftangriffe, sie waren entsetzlich. Ich bin in Berlin durch brennende Straßen gerannt. Dann ging ich an der Gefängnispforte vorbei und bat, meiner Mutter auszurichten, daß ich den jüngsten Angriff gut überstanden habe. Schlimm war auch die Ungewißheit, wann der Prozeß denn nun stattfindet. Morgen? In drei Wochen? In ein paar Monaten? Das war schon sehr belastend.«

Am 21. April 1944 lief Inge Leetz wieder einmal durch die Trümmerlandschaft von Berlin; diesmal war ihr Ziel nicht die Haftanstalt in Moabit, sondern der ›Volksgerichtshof‹ in der Bellevuestraße. Die S-Bahn verkehrte unregelmäßig; Zerstörung überall. In drei Tagen würde die Mutter 55 Jahre alt werden. Aber ihr bevorstehender Geburtstag war nicht der Grund für Inges Reise von Frankfurt am Main nach Berlin gewesen. Viel wahrscheinlicher war, daß Johanna Kirchner ihren Geburtstag gar nicht mehr erleben würde. Denn an diesem 21. April 1944 stand sie vor dem sogenannten ›Besonderen Senat‹ des ›Volksgerichts‹. Und Roland Freisler, sein Präsident, wollte das Todesurteil.

Die Öffentlichkeit der Verhandlungen war durch eine beachtliche Zahl von Gymnasiasten der oberen Schulklassen und von herbeigeholten Studenten hergestellt worden; auch Hausfrauen mit mäßig gefüllten Einkaufstaschen zählten zum Publikum. Inge Leetz hatte den Eindruck, daß an diesem Tag dem Publikum Exemplarisches vorgeführt werden sollte:»Alles war hergerichtet wie zu einem Schauprozeß.« Das Gericht befand sich noch nicht im Saal, als Inge ihn betrat. Sie erkundigte sich, welchen Weg die Richter kommen würden; sie wollte Roland Freisler sprechen. Nichts wollte sie unversucht lassen, um die Mutter zu retten, auch wenn der Anwalt sie nicht im Zweifel darüber gelassen hatte, daß die erneute Verhandlung gegen Johanna Kirchner mit einem Todesurteil enden würde. Aber Inge Leetz hatte schon einmal in einer hoffnungslos erschienenen Situation dazu beigetragen, daß ein Urteil gegen die Mutter verhältnismäßig günstig ausgefallen war. Auch jetzt wollte sie alles tun, was möglich erschien. Deshalb ging sie, noch ehe Freisler den Verhandlungssaal betrat, auf ihn zu und sprach ihn an. Aber er wehrte sofort ab.»Nein, nein! Mit Ihnen spreche ich nicht.« Und schon eilte er in den Saal, gefolgt von seinen uniformierten Beisitzenden Richtern.

Es standen an diesem Vormittag beim ›Besonderen Senat‹ ausschließlich Revisionsverhandlungen an, Verhandlungen gegen Menschen, die, wie Johanna Kirchner, vorher bereits rechtskräftig verurteilt worden waren. Seit 1939 konnten der Oberreichsanwalt und der Präsident des ›Volksgerichtshofs‹ ohne Begründung in dieser Weise verfahren und bereits Verurteilten in derselben Sache noch einmal den Prozeß machen. 75mal geschah dies allein im Todesjahr Johanna Kirchners. Die Verhandlungen vor jenem ›Besonderen Senat‹ waren Farcen. Sie dauerten jeweils drei bis fünf Minuten; die Urteile standen vorher fest.

Bevor Johanna Kirchner zur Anklagebank geführt wurde, erlebte ihre Tochter die Revision eines Urteils gegen einen ›Halbjuden‹ aus Wien. Der hatte gehört, wie ein Hitlerjunge ein altes Wiener Arbeiterlied mit neuem Nazi-Text sang, und ihm zugerufen: ›Sogar unsere Lieder habt ihr uns geklaut.‹ Dafür hatte der Mann bereits im Zuchthaus gesessen. Nun wurde er zum Tode verurteilt.

Inge Leetz hatte, wider besseres Wissen, Hoffnungen für die Mutter gehegt; sie schwanden jedoch vollends, als sie Roland Freisler während der ›Verhandlungen‹ beobachtete. Er saß dem ›Besonderen Senat‹ vor, brüllte, gestikulierte, überschüttete jeden der Angeklagten mit übelsten Beschimpfungen. Als Beisitzer fungierten ein Volksgerichtsrat, ein SA-Gruppenführer, ein General und ein Kapitän zur See. »Das war kein Gericht; das waren Marionetten. Die vollzogen bloß, was vorher beschlossen war. Revisionen im Handumdrehen. Todesurteil – aus. Ich hatte damit gerechnet; ich war nicht überrascht. Aber verzweifelt war man doch...«

»Die Verhandlung gegen die Mutti dauerte etwas länger als die vorherigen, vielleicht fünf oder sogar sieben Minuten. Aber sie kam überhaupt nicht zu Wort. Freisler brüllte herum: ›Ich werde Ihren Töchtern zeigen, was sie für eine Mutter haben!‹ Dann schrie er, was später auch in der Urteilsbegründung stand: ›Spionage!‹ ›hochverräterische Propaganda!‹ ›Wühlarbeit gegen das Reich!‹ ›Zersetzungsgift!‹ ›Greuelnachrichten über Deutschland!‹ ›Schimpf und Schande!‹ und dergleichen. Gegen Ende stellte Freisler Mutters ›Abstieg in die vollkommene Ehrlosigkeit‹ fest und erklärte, daß ›das Sauberkeitsbedürfnis des deutschen Volkes‹ ihren Tod verlangt. – Da war man erschüttert, natürlich«, fügt Inge Leetz hinzu, »aber überrascht, wie gesagt, war man nicht.«

Johanna Kirchner wurde gleich abgeführt und wieder nach Moabit gebracht. Die Vollendung ihres 55. Lebensjahres erlebte sie noch. Der Henker ließ sie sieben Wochen warten. In dieser Zeit fuhr ihre Tochter Inge als einzige aus der Familie quer durch das bombenzerstörte Deutschland wieder mehrfach nach Berlin – jedesmal in der peinigenden Ungewißheit, ob sie die Mutter noch lebend antreffen würde; denn der Tag der Vollstreckung wurde den Angehörigen vorher nicht mitgeteilt.

Johanna Kirchner hegte bis zuletzt Hoffnungen auf einen Gnadenerweis oder auf die Intervention irgendeiner Persönlichkeit von Einfluß. Da sie gehört hatte, daß die Schauspielerin

Olga Tschechowa in guten Beziehungen zum Reichspropagandaminister stand, bewog sie ihre Tochter, den Filmstar aufzusuchen und für sie zu bitten. Inge Leetz machte sich keine Illusionen; aber der Mutter zuliebe tat sie auch dies und kundschaftete in Berlin die Wohnung der Tschechowa aus:»Sie war sehr freundlich und hörte mich an; aber sie erklärte, daß sie keinerlei Einfluß mehr hätte, daß sie nicht helfen könnte. Ich erinnere mich, daß ich danach auch noch ins Justizministerium gegangen bin. Man wollte eben einfach nichts unversucht lassen.«

Das Urteil gegen Johanna Kirchner wurde am 9. Juni 1944 in Berlin-Plötzensee durch Enthaupten vollstreckt. Eine amtliche Mitteilung über den Vollzug erhielten die Angehörigen der Hingerichteten niemals. Ein Bekannter meldete sich, nachdem er Einsicht in die Akten der Exekutionsstätte hatte nehmen können; auch der Gefängnispfarrer schrieb.»Und eine Zellengenossin hat uns berichtet, daß die beiden Frauen, also sie selbst und die Mutti, am Vorabend noch Walzer getanzt hätten.«

Der Brief, den Johanna Kirchner an ihre »Herzlieben alle« wenige Stunden vor der Hinrichtung hatte schreiben können, passierte erst drei Tage nach ihrem Tod die Zensurstelle in Berlin-Plötzensee und war auch dann noch lange unterwegs. Die Leiche wurde ihren Töchtern »aus staatspolitischen Gründen« nicht übergeben.

Elf Monate später war der Zweite Weltkrieg zu Ende.

*

Die nächsten Angehörigen der Johanna Kirchner – Geschwister, Töchter, Neffen – waren und blieben ›Linke‹; sie betätigten sich nach Kriegsende sofort wieder politisch, zum Teil in der SPD, zum Teil in der KPD. Ein Neffe, Sozialdemokrat, wurde später Oberbürgermeister von Frankfurt am Main.

Für Inge Leetz kam die SPD wegen deren Versagen am Ende der Weimarer Republik nicht in Frage; sie trat der Kommunistischen Partei bei. Im Jahr des KPD-Verbots in der Bundesrepublik Deutschland war sie von Arnold Leetz schon einige Zeit geschieden. Mit ihren beiden Töchtern ging sie in die DDR.

»Erstens aus politischer Überzeugung, dann aber auch wegen der Tatsache, daß ich für die Kinder und für mich dort eigentlich bessere Chancen gesehen habe. Außerdem wollte ich meinen Facharzt für Sozialhygiene machen; das gab's ja damals gar nicht in der Bundesrepublik.« Anschließend wurde sie gebeten, in der DDR zu bleiben. Man bot der jungen Fachärztin die Stelle eines Amtsarztes und Bezirksrats für Gesundheitswesen in Berlin-Lichtenberg an. »Die Kombination dieser beiden Stellen gab es übrigens in keinem Stadtbezirk in Berlin. Das haben sie dann einer Frau zugetraut und zugemutet, und ich hab' mich da in der ersten Zeit ganz schön kaputt gearbeitet.«

Inge Leetz war schon im Ruhestand, als die deutsche Einheit geschah; und sie schweigt, als verstehe sie nicht, wenn sie nach ihrer Ansicht zu diesem historischen Ereignis befragt wird.

Gelegentlich ist sie politisch noch aktiv – nun, nach SAP-, KPD- und SED-Mitgliedschaft in der PDS. Einmal, um den 50. Jahrestag des Kriegsendes, war sie von der Ortsgruppe ihrer Partei im früheren Ost-Berlin gebeten worden, über den politischen Kampf Johanna Kirchners zu berichten. »Unser Parteilokal liegt in einem von vielen Sozialdemokraten bewohnten Gebiet. Deshalb und weil ich glaube, daß meine Mutter die einzige Sozialdemokratin war, die hingerichtet worden ist, hatte ich mich in der Einladung besonders an SPD-Genossen gewandt. Es ist keiner von ihnen gekommen.«

„Ich habe früh gelernt, daß auch der Tod zum Leben gehört"

Greta Wehner, Tochter
zweier aktiver Widerstandskämpfer

Greta Wehner,
Bonn,
November 1995

Carl Burmester
mit seinen Kindern
Greta (rechts) und Peter,
Anfang der dreißiger Jahre

M anchmal erscheinen nach Zeiten der Entwurzelung vertraute Gegenstände als einzige Konstanten im Leben. Greta Wehner lebt mit solchen Gegenständen; und zu jedem von ihnen weiß sie eine Geschichte. Da sind aus jüngster Vergangenheit zuerst die Fotos von Herbert Wehner – nicht die allseits bekannten glanzvollen Bilder des Pfeife rauchenden, abweisend dreinschauenden SPD-Politikers, sondern solche, die ihn in den Jahren seines langen Sterbens an der Alzheimerschen Krankheit zeigen. Herbert Arm in Arm mit Greta am heimatlichen Dresdner Elbufer; der einst wortgewaltige Herbert Wehner an der Schreibmaschine, deren Mechanik er noch begreift, ohne aber mit Hilfe der Tasten auch Wörter bilden zu können; Herbert am Ende im Rollstuhl, liebevoll eingehüllt in warme Decken und von Greta umsorgt bis zuletzt. Da sind aber auch Gegenstände aus lange zurückliegenden Zeiten – alte, sehr gepflegte Mahagonimöbel, die schon Gretas Großmutter umgeben hatten. Jüngeren Datums ist die winzige Wiege mit dem Himmel aus buntem Baumwollstoff. Behende beugt sich die über 70jährige nieder, zieht eine Puppe daraus hervor, klemmt sie unter den Arm und versetzt die Wiege mit einem sachten Stoß in hektisches Hin- und Herwackeln. »Die hat mein Vater gebaut«, erläutert Greta Wehner und zupft der Puppe die Kleidung zurecht. Der Vater starb 1934. Und im Vorbeigehen mit Blick auf die Schublade eines mächtigen Schrankes folgt die nächste Erinnerung: »Dort, zwischen Strümpfen und anderen Wäschestücken, hatte meine Mutter etwas Geld und unsere Kinderausweise versteckt – für den Fall, daß ich mit meinem kleinen Bruder allein hätte ins Ausland gehen müssen.« Mit dieser Aussicht lebte das Kind Greta, als es elf, zwölf Jahre alt war. Da war der Vater schon zu Tode gekommen, und die Mutter sah einer Strafhaft wegen Hoch- und Landesverrats entgegen.

Greta Wehner hat jedoch nicht den Eindruck, ein irgendwie außergewöhnlich geartetes Kinderleben geführt zu haben. »Für mich sind solche Dinge, als wären sie normal gewesen, alle solche Erlebnisse – Verschwinden, Verhaftung, Sterben, Tod – waren etwas, mit dem man damals leben mußte.« Denn Carl und Lotte Burmester, die Eltern, hatten ihre Kinder Greta und Peter vollständig in ihr Erwachsenenleben einbezogen – einschließlich des politischen Teils dieser Lebenswelt. Die Tochter ist überzeugt davon, daß dies richtig war.»Ich hätte das genauso gemacht. Ich rate allen Eltern: Laßt eure Kinder nicht neben euch herleben, sondern lebt mit den Kindern! Laßt die Kinder mit euch leben in euren Sorgen und in euren Freuden!« Und als erwarte sie eine Bestätigung, schaut sie auf das Foto ›Greta und Herbert am Dresdner Elbufer‹, streift unsichtbaren Staub vom Rahmen und hängt das Bild zurück auf seinen Platz an der Wand.

\*

Das Elbufer, freilich ein weit nördlicher gelegenes, ist auch Greta Wehner heimatlich vertraut. In ihrem Lebenslauf steht zwar als Geburtsort ›Harxbüttel bei Braunschweig‹;»aber gezeugt«, so betont sie gern,»wurde ich in Blankenese«. Das muß Anfang 1924 gewesen sein, denn geboren wurde sie am 31. Oktober jenes Jahres, am Reformationstag. Der spielte allerdings in ihrem kommunistischen Elternhaus keine Rolle.

Während Carl Burmester, der Vater, vor der Geburt seiner Tochter als Schiffszimmermann auf einer Hamburger Werft tätig war, arbeitete Lotte, seine Frau, in ihrem Beruf als gelernte Gärtnerin. Während der Schwangerschaft verlor sie ihre Stellung und mußte sich nach einem Ort und nach Menschen umsehen, die an werdenden Müttern keinen Anstoß nahmen. Sie fand Arbeit bei einer Gruppe junger Intellektueller, die in Harxbüttel eine Art von Kommune bildeten und ihre Auswanderung nach Brasilien vorbereiteten. Lotte brachte den ›Aussteigern‹ Grundkenntnisse in Gartenbau und Landwirtschaft bei; Carl Burmester vermittelte handwerkliche Fähigkeiten.

Die Lebensverhältnisse waren ärmlich. Geld für die Arztbesuche der Schwangeren gaben Genossen; eine Verwandte bezahlte die Hebamme bei Gretas Geburt. »Ich bin fast verhungert, obwohl ich voll gestillt wurde und massenhaft Milch bekam. Aber die Milch war eben nicht kräftig genug, weil die Mutter schon monatelang gehungert hatte.« Die äußeren Lebensumstände blieben bescheiden. Eine Gartenlaube in Hamburg war das erste eigene Quartier der Kleinfamilie im harten Winter 1924/25. »Ich weiß, daß Mutti immer erzählte: ›Ich konnte morgens oft nicht aufstehen, weil ich immer Angst hatte, daß du erfrierst, wenn ich dich nicht unter der Bettdecke wärmen konnte.‹« Die nächsten Wohnungen boten immerhin »eine Wohnküche, ein Zimmer und das Klo auf der halben Etage«.

Greta Burmester wuchs in der Zeit immer größer werdender Arbeitslosigkeit und allgemeiner wirtschaftlicher Not auf. »Ich kann bei beiden Eltern keine echte Berufsarbeit erinnern. Die Mutter hat Zeitungen ausgetragen und irgendwas gearbeitet. Aber in ihrem Beruf gearbeitet haben beide nicht. Mein Vater ist nach meiner Geburt zur See gefahren, weil er in seinem Beruf an Land keine Arbeit mehr bekam. Das muß seine letzte reguläre Arbeit gewesen sein; und das war ja schon ein Ausweichen aus seinem eigentlichen Beruf als Schiffszimmermann. Ich weiß, daß ich mit dem Vater stempeln gefahren bin.«

Trotzdem waren Greta und ihr eineinhalb Jahre jüngerer Bruder Peter als Wunschkinder zur Welt gekommen; das wurde den Kindern erzählt, aber das haben sie auch gespürt. »Man ging liebevoll miteinander um, man war füreinander da. Mein Vater, obwohl er angeblich überhaupt nicht singen konnte, hat uns abends am Bett ein Gutenachtlied gesungen; Väter in meiner Generation haben das höchst selten getan. Außerdem wurden wir sehr selbständig erzogen. Das war die Überzeugung meiner sehr jungen Eltern: Kinder werden nicht geboren, um angebunden zu sein, sondern um freie, selbständige Menschen zu werden. Aber das war nur möglich, weil eben eine sehr starke, auch liebevolle Zuwendung da war. Man war geborgen und konnte deshalb auch selbständig werden. Wir brachten also gute Voraussetzungen mit, um die äußeren Einbrüche in unser familiäres Leben und die politische Bedrohung unverletzt und wach für das Geschehen zu verkraften. Dabei wurde uns übrigens viel zugetraut, in früher Kindheit schon.«

Die Eltern Burmester machten ihre Kinder nicht nur zu Mitwissern, sondern zu Mittätern ihrer antifaschistischen Widerstandsaktivitäten. Greta Wehner findet das bis heute in Ordnung; es gehört zu ihrem Verständnis des Miteinanders innerhalb einer Familie. »Es war '33 in der allerersten Zeit, da wurde uns gesagt: ›Ihr geht jetzt mit eurem leeren Schulranzen da und da hin. Dort bekommt ihr den Ranzen vollgepackt mit Sachen und bringt die da und da hin. Da müßt ihr vor allen Dingen so tun, als ob der Ranzen leicht wäre und nicht so schwer, wie er dann tatsächlich sein wird.‹« Das acht-, neunjährige Mädchen und sein kleiner Bruder arbeiteten also als Kuriere. »Ich wußte doch, daß Leute verschwanden. Ich kann erinnern, daß Hausdurchsuchungen bei uns gewesen und auch unsere Kinderbücher mitgenommen worden waren. Ich weiß auch, daß die Eltern uns ganz ernsthaft gesagt hatten: ›Ihr dürft nie einen Namen nennen, denn dann gefährdet ihr Genossen.‹ Ich meine, dieses gehört zu dem Beteiligtsein an dem, was vor sich geht. Man erlebte als Kind Genossen und war auch an Treffen beteiligt in dem Sinne, daß man dabei war. Aber das durfte nicht weitergesagt werden. Ich fand das völlig normal.«

Es gab für das Kind Greta Burmester keine unauflöslichen Widersprüche zwischen Binnen- und Außenwelt. Über die Binnenwelt mußte geschwiegen werden, und mit der nationalsozialistisch geprägten Außenwelt hatte man möglichst nichts zu tun; das war dem Mädchen einsehbar. Eine Andersartigkeit empfand es dennoch. »Wir hatten kein Geld, aber wir waren reich; wir haben uns nie arm gefühlt. Ich saß schon als kleines Mädchen sonntags morgens und stopfte meine Schlüpfer oder so. Ich war also einfach gekleidet, zwar auch nett gekleidet, aber doch nicht so wie die anderen. Taschengeld hatte ich nicht, weil das nicht drin war. Es gab also viele Punkte, wo wir anders waren. Und von '33 an waren wir absolut anders. Von da an hatte ich, außer in der Schule, überhaupt keine Kontakte mit Gleichaltrigen, so wie man das heute sieht, wie Kinder Freundschaften schließen; das kenne ich nicht. Aber ich hab' mich nie als unnormal empfunden. Ich hab' mein Leben als normal empfunden und das der anderen vielleicht als unnormal.« Carl und Lotte Burmester wurden in der frühen Nazizeit mehrfach festgenommen. Selten wurden die Angehörigen unterrichtet, wenn jemand verschwand; und es war beschwerlich herauszufinden, was mit den Verschwundenen geschehen war. Während einer der frühen Haftzeiten Carl Burmesters ging Lotte Burmester mit den Kindern nahezu täglich zu dem Gefängnis, das sie als Aufenthaltsort ihres Mannes ermittelt hatte. »Dort, dicht am Gefängnis, ›spielten‹ wir mit unserer Mutter ›Wer kommt in meine Arme?‹. Als Antworten riefen wir aber nicht ›ich‹, sondern sehr laut unsere Vornamen. Nach einiger Zeit winkte jemand mit einem Handtuch aus einem der vergitterten Fenster. Wir taten aber, als bedeute uns das nichts. Keiner von uns hatte übrigens erkennen können, ob das tatsächlich unser Vater war; es hätte auch ein anderer Gefangener sein können. Aber der hätte dem Vater sagen können: ›Lotte ist nicht verhaftet; sie war mit den Kindern da.‹ Ich empfand das sowohl als eine persönliche als auch als eine politische Kontaktaufnahme. Und das hat auch wieder etwas mit dem politischen Kampf zu tun, mit dem Klären: Wo ist was, und wie ist was.«

Im Jahr 1934 befanden sich beide Eltern zu gleicher Zeit in Haft. Aber sie hatten vorgesorgt. Da es unter den nahen Angehörigen niemanden gab, der mit den Nazis liebäugelte, war es kein Problem, sie zu bitten, sich notfalls der Kinder anzunehmen. Der kleine Peter hielt sich zeitweilig bei Verwandten in Kassel, Greta bei Angehörigen in Hamburg auf. Außerdem gab es Rosel Görtz, eine Freundin der Eltern. Sie war als Kommunistin jüdischer Herkunft und wegen des politischen Kampfes ihres Mannes selbst in höchstem Maß gefährdet; trotzdem konnte Greta längere Zeit auch bei ihr wohnen. »Aber mein Schulweg«, erzählt sie, »war nun viel weiter. Ich mußte vielleicht anderthalb Stunden dahin laufen. Da hat meine Lehrerin eines Tages gefragt, warum ich immer so müde sei, wenn ich morgens komme. ›Ja‹, hab' ich gesagt, ›ich hab' doch schon so einen langen Weg hinter mir.‹ Daraufhin hat Gretel Martens, das war die Lehrerin, mir von ihrem Geld regelmäßig 'ne Wochenkarte gekauft. Die hat mir dann auch, als ich ihr sagte, Mutti ist wieder da, sie ist aus der Haft entlassen, da hat sie mir Geld gegeben und gesagt: ›Jetzt gehst du und kaufst Butter, Eier und Obst, damit sich deine Mutter wieder erholt.‹ − So hatte ich das Glück, in meiner ›Andersartigkeit‹ nicht nur toleriert, sondern angenommen zu sein.«

Am 17. September 1934 wurde Carl Burmester durch Handlanger der Nazis zu Tode gebracht. Seine Frau Lotte befand sich zu diesem Zeitpunkt in Untersuchungshaft; die Kinder waren einmal wieder bei Verwandten untergebracht. In Begleitung des Großvaters fuhren Greta und Peter einige Tage später zum Friedhof. An einem Hamburger Hochbahnhof trafen sie sich mit ihrer Mutter; sie hatte zur Urnenbeisetzung Hafturlaub erhalten. »Und da habe ich eine sehr deutliche Erinnerung: Wie am Grab die Mutter auf die Urne wies und sagte: ›Nun legt zum Abschied noch mal die Hand drauf.‹ Das war nicht irgendeine Schmuckurne; das war bloß eine Dose. Und ich legte die Hand drauf und sagte: ›Die ist ja gar nicht warm.‹ Das erstaunte mich, weil man doch gesagt hatte, er sei verbrannt worden. Ich muß dann sehr heftig getrauert haben. Ich erinnere, daß meine Mutter später öfter mit uns auf dem Friedhof war und daß sie dann sagte: ›Wenn du so weinst, dann gehe ich nicht mehr hierher mit dir‹ − was Unsinn war, denn es war ja ein Glück, daß ich so stark trauern konnte. Ich hab' ja unheimlich viel gewonnen für mein Leben dadurch; ich hab' ja gelernt, daß auch Tod zum Leben gehört.«

So deutlich die Erinnerung an die Urnenbeisetzung ist, so unscharf ist die Kenntnis über die Situation, in der Greta, die damals noch nicht Zehnjährige, vom Tod des Vaters erfahren hat. Sie ist aber sicher, daß nichts verschleiert, nichts beschönigt wurde. »Für mich war immer selbstverständlich: zu wissen, was gewesen ist. Und ich wußte Bescheid − soweit die, die nicht dabei waren, damals etwas wußten. Ich hab' ja vorher auch schon von so etwas gehört. Ich hab' die Verhaftungen der Eltern erlebt. Die waren nicht ›im Krankenhaus‹ oder ›verreist‹; die waren verhaftet. Ich hab' gewußt, daß Menschen verschwanden und nicht wiederkamen, daß Menschen umgebracht wurden, auch wenn ich jetzt keine Einzelheiten erinnere. Ich halte das aber nicht für eine Verdrängung, sondern ich halte das für ein Akzeptieren der Wirklichkeit und für ein allmähliches Begreifen, was vor sich gegangen ist. Denn das heftige Trauern hatte ja etwas mit Verstehen des Vorgangs zu tun, das heißt: mit Erfassen der Endgültigkeit. Und um das Endgültige zu erfassen, mußte ich ja wissen, was geschehen ist.«

Genau wußte aber niemand außerhalb des Hamburger Stadthauses, was dort an jenem Septembertag 1934 geschehen war. Sicher ist nur: Carl Burmester lag, zu Tode gestürzt, am Boden des hohen Treppenhauses. Hatte man ihn über das Geländer in die Tiefe gestoßen? War es Mord? Wollte man einen Selbstmord vortäuschen? Hatte er sich vielleicht wirklich selbst hinabgestürzt, weil er glaubte, den Verhörmethoden nicht länger standhalten zu können? Fürchtete er, unter Fortsetzung der Folter Namen preiszugeben? Sprang er deshalb in den Tod? Für Greta Wehner »hat der Tod des Vaters immer auf diese Weise bestanden: Das Stadthaus war keine Haftanstalt; das heißt, er kann da nur zum Verhör gewesen sein. Daß er dort also im Verhör war und geschlagen und gefoltert worden ist, dann herabgestürzt ist dort im Treppenhaus – so etwas Ähnliches hatte ich damals gehört. Aber Menschen, die es genau wissen konnten, kannte ich damals nicht.« Von einem solchen Menschen erfuhr sie erst sechs Jahrzehnte nach dem gewaltsamen Tod Carl Burmesters: Eine Hamburger Sozialdemokratin, die in der Nachkriegszeit als junge Frau im Stadthaus tätig war, berichtete Greta Wehner im Sommer 1995 von einem älteren Genossen; der habe ihr mit Blick auf den Tatort erzählt: »Über diese Treppenbrüstung hat die Gestapo Carl Burmester in den Tod gestürzt.«

Greta Wehner ist trotzdem der Überzeugung: »Ich hab' eine glückliche Kindheit gehabt – obwohl alle immer sagen: Welche schreckliche Kindheit hattest du!« Vielleicht liegt das daran, daß es Lotte Burmester als Mutter gelungen ist, für ihre beiden Kinder auch unter widrigsten Umständen eine Atmosphäre froher Geborgenheit zu schaffen. Wie zur Untermauerung der eigenen Einschätzung übersetzt Greta Wehner eine Passage aus dem

Buch einer Schwedin, die die vaterlose Familie im Exil kennenlernte. »Charlotte Burmester hatte mich auf Herbert Wehner aufmerksam gemacht. Daß ich helfen wollte, war selbstverständlich, weil wir innerhalb von Göteborgs Hilfskomitee Frau Burmester als einen ungewöhnlich aufrechten Menschen kannten. Sie und ihre zwei Kinder waren, nachdem ihr Mann von den Nazis brutal ermordet worden war, 1937 nach Göteborg gekommen, wo sie eine leitende Stellung bei den Flüchtlingen hatte, bewundert von einem Teil und umstritten bei anderen. Doch mit dem Hilfskomitee hat sie stets guten Kontakt gehabt. Und trotz ihrer wirtschaftlich immer sehr bedrängten Verhältnisse hat sie für ihre Kinder ein sehr schönes Milieu geschaffen.« Das war Lotte Burmester offenbar auch vor der Emigration gelungen – und sogar, wenn's ans Abschiednehmen von vertrauter Umgebung ging.

Aus den mehrfachen Wohnungsauflösungen, die der Notwendigkeit unterzutauchen oder einem Gefängnisaufenthalt vorangingen, pflegte die Mutter für ihre Kinder ein kleines Fest zu machen. Kurz bevor Lotte Burmester, die als Kurierin wiederholt illegal nach Dänemark gefahren und wegen Hochverrats verurteilt worden war, ihre Strafhaft antreten mußte, hatte sie ihre Wohnung aufgegeben und das Mobiliar bei Verwandten und Bekannten untergestellt. »Als alle Möbel schon weg waren, hat meine Mutter gesagt, wir dürfen uns was zum Essen wünschen. Mein Bruder wollte ein Beefsteak und meine Mutter auch, und ich wollte eine Knackwurst.« Da saßen also die kleine Greta, ihr achtjähriger Bruder und die soeben zu zwei Gefängnisjahren verurteilte Mutter »mit 'ner Bratpfanne und 'nem Kochtopf auf dem Fußboden und aßen. Und meine Mutter sang und wir mit ihr ›Lustig ist das Zigeunerleben‹ und feierten gewissermaßen Abschied.«

Paul Nevermann hatte Lotte Burmester verteidigt, als Ende Dezember 1934 ihr Hochverratsprozeß stattfand. Sie war mit zwei Gefängnisjahren davongekommen und wurde in die Haftanstalt Lübeck-Lauerhof eingeliefert, nachdem sie ihre Wohnung aufgelöst und die Versorgung der Kinder geregelt hatte. Greta Wehner denkt lange nach, ehe sie auf die Frage nach kindlichen Verlustängsten antwortet. »Ich glaube«, weicht sie dann aus, »die Mutter hat viel mehr Angst gehabt als wir: daß sie die Haft nicht überlebt und wir allein sind.« Nach weiterer Rückbesinnung sagt Greta Wehner: »Ich war die ältere und mußte immer erwachsen sein. Ich wirkte in meiner Kindheit und Jugend auch immer viel, viel älter als ich war und wurde dadurch vielleicht überfordert; das kann durchaus sein. Jedenfalls hatte ich lernen müssen, das, was auf einen zukam, zu akzeptieren. Und bei Mutters Strafhaft war ja ein Ziel – zwei Jahre. Bei all den anderen Verhaftungen wußte man ja überhaupt nichts; man wußte unter Umständen nicht einmal, daß verhaftet worden war, sondern da war einer plötzlich weg. Als mein Vater verhaftet worden war – keiner wußte, daß er verhaftet worden war.«

Lotte Burmester saß ihre Strafe nicht vollständig ab. Sie wurde im Gefängnis sehr krank, litt unter starkem Herzasthma und entwickelte aufgrund der Arbeit, die die Häftlinge zu verrichten hatten, schwere allergische Hautreaktionen, die jahrelang nicht ausheilten. Im Spätsommer 1935 wurde sie aus der Haftanstalt in ein Krankenhaus überführt. »Gottseidank, daß sie noch lebt«, bemerkte erleichtert die begleitende Gefängniswärterin, als der Krankentransport die Klinik erreichte. »Es muß wohl«, vermutet Greta Wehner, »im Strafhaftsbereich 1935, was die Haftbedingungen anbelangte, noch mehr oder weniger nach alten Vorschriften gearbeitet worden sein, so daß man offensichtlich sterbenskranke Leute in der Haft nicht einfach unzureichend ärztlich versorgt ließ.« Auch nach dem Klinikaufenthalt befand sich Lotte Burmester in so schlechter Verfassung, daß ihr Arzt Haftunfähigkeit feststellte und einen zweijährigen Aufschub der noch ausstehenden Strafzeit erwirkte. »Und als im Sommer 1937 der Neuantritt der Haft drohte, da ist sie mit uns weg, und zwar aus der Sorge, daß sie eine Haft aus Gesundheitsgründen nicht übersteht und wir dann nicht mehr von ihr auf ihre Weise erzogen werden können.«

Dieses eine Mal sagte Lotte Burmester ihren Kindern nicht die Wahrheit. Es war Sommerferienzeit in jenem Juli 1937; und als die Reise geplant wurde, sprach sie nur von einem Besuch bei den Verwandten in Flensburg mit anschließendem Urlaub in Dänemark. Der Grenzübertritt war nicht ohne Dramatik. »Wir sind mit dem Zug rüber nach Dänemark. Meine Mutter hatte vorher lange versucht, einen Paß zu kriegen; der wurde immer abgelehnt. Und dann hat sie's kurz vor der Flucht, unmittelbar davor eben, wieder versucht; und da bekam sie einen Paß. Sie bemerkte sofort einen Fehler. Der Name in ihrem Paß war Burm*ei*ster, in unseren Kinderausweisen aber richtig Burm*e*ster. Sie sagte zu dem Mann: ›Da ist ein Fehler.‹ Und da hat der Mann sie angeguckt und gesagt: ›Woll'n Sie nun einen Paß, oder woll'n Sie keinen?!‹ Daraufhin ist sie sofort weggegangen.«

Lotte Burmester fürchtete allerdings, daß die Entdeckung der unterschiedlichen Namen in den Ausweisen an der deutsch-dänischen Grenze zu einem Interesse für sie und ihre Kinder führen würde, an dem ihr absolut nicht gelegen sein konnte. Deshalb ersann sie für den Moment der Paßkontrolle ein Ablenkungsmanöver. »Sie hat zu Peter gesagt: ›Ich werd' dir an der Grenze ganz heftig eine runterhauen, und du fängst ein fürchterliches Gebrüll an.‹ Und so geschah das auch. Da haben diese Grenzleute ihr ganz schnell die Ausweise zurückgegeben und gesagt: ›Nun machen Sie bloß, daß Sie wegkommen mit Ihren brüllenden Kindern!‹«

Das war der Weg der Burmesters ins Exil. Erst in Dänemark erfuhr Greta, daß es keine Rückkehr gab.

»Das Nicht-zurück-Können war für mich zu verstehen. Ich hatte mit zwölf Jahren durchaus meine eigenen, wenn man will, politischen Vorstellungen und meine eigenen Entscheidungen. Zum Beispiel erinner' ich, daß meine Mutter einmal gesagt hatte: ›Vielleicht ist es besser, du gehst in den BDM; denn wenn man was bekämpfen will, ist es besser, man ist drinnen.‹ Aber ich weiß genau, daß ich gesagt hab': ›Da geh' ich nicht rein!‹ Also, das Nicht-zurück-Können war für mich zu verstehen. Aber was mich wirklich schmerzte war daß ich mein Pummelchen nicht hatte; das war für mich erstmal das Traurigste. Das Pummelchen war eine Babypuppe, die ich mir sehnlichst gewünscht hatte, und die ich wohl in Zusammenhang mit dem Haftantritt meiner Mutter bekommen hatte, ein an sich unerschwingliches Stück für unsere Finanzen. Also, ehe wir angeblich in die Ferien fuhren, hatte ich überlegt: ›Nimmst du das Pummelchen mit? Nimmst es nicht mit?‹ Und ich dachte: ›Ach, wenn das Pummelchen unterwegs kaputt geht – läßt es lieber da.‹ Und daraus habe ich für meine spätere Arbeit gelernt. Ich hab' gelernt, wie wichtig vermeintlich unwichtige Sachen sind, wenn man als Kind in Not in die Fremde kommt. Als ich als Fürsorgerin arbeitete, da weiß ich, daß Leute geschimpft haben: ›Da sind sie auf der Flucht, die Leute, und nichts Vernünftiges haben sie mitgebracht – aber Spielzeug!‹ Na, ich wußte, wie wichtig Spielzeug war – nicht Spielzeug insgesamt, aber gewisse Dinge, die ein Kind mit Gefühlen verbindet.«

Dänemark, die erste Exilstation, war Gretas Mutter sehr vertraut. Sie war in Flensburg aufgewachsen, und die Geschichte des nur wenig nördlicher gelegenen deutsch-dänischen Grenzgebiets war auch Teil ihrer Familiengeschichte; ein Großvater hatte als Soldat sowohl die deutsche als auch die dänische Uniform tragen müssen. Als Widerstandskämpferin hatte Lotte Burmester allerdings nur noch illegale politische, oft als Ferienaufenthalte getarnte Beziehungen zu dem Nachbarland. Nun hielt sie sich dort als Emigrantin auf – und erhielt keine Arbeitserlaubnis. »Meine Mutter hatte sich aber gesagt: Diese Emigrationszeit ist nicht morgen vorbei. Und wenn wir die Schulzeit beendet haben würden, sollen wir nicht lernen, von Unterstützung zu leben, sondern von der eigenen Hände Arbeit. Ihr war es also wichtig, daß wir irgendwo lebten, wo wir einmal berufstätig, welcher Art auch immer, sein durften.« Deshalb ging die kleine Familie nach Schweden. »Für meine Mutter war das sehr schwer. Ich weiß, daß sie bitterlich geweint hat auf dem Fährschiff von Friderizia nach Göteborg. Solange wir in Dänemark waren, war sie noch irgendwie zu Hause. Aber auf dem Schiff hat sie gesagt: ›Jetzt ist das Wasser zwischen uns.‹ Das hatte für sie etwas Endgültiges. Da hat sie wirklich unhaltbar geweint, ganz lange. Aber für uns Kinder war das in gewissem Sinne auch ein Stück Abenteuer.«

Schon Ende August 1937 traf Greta mit ihrer Mutter in Göteborg ein. Im September folgte der kleine Bruder; das Geld hatte zunächst nur für zwei Personen gereicht. Die Lebensverhältnisse waren und blieben äußerst bescheiden. Anfangs war die Familie bei politischen Freunden untergekommen; dann wurde eine eigene kleine Wohnung bezogen, »ein Zimmer mit Küche und Plumpsklo auf dem Hof«. Möbel wurden zusammengeliehen; die hölzernen schwedischen Würfelzucker-Kisten eigneten sich bestens zum Aufbau von Regalwänden. Einige Gegenstände waren aus Hamburg gekommen; der geräumige Schließkorb steht noch heute in Greta Wehners Haus. Lotte Burmester hatte nämlich schon von Dänemark aus an ihre Mutter geschrieben: Ein schwerer neuerlicher Asthmaanfall mache ihr die rechtzeitige Rückkehr zum Haftantritt unmöglich und erfordere eine Verlängerung des Urlaubs in Dänemark; die Mutter möge Wäsche und warme Kleidung für die Kinder schicken. Im Schließkorb, der dann tatsächlich kam, befanden sich auch ein Fotoalbum und Gretas geliebtes Pummelchen.

Die einzige Beziehung, die Greta vor der Emigration zu ihrem Asylland besaß, bestand in der frischen Erinnerung an eine Lektüre. »Ohne auch nur zu ahnen, daß ich jemals in dieses Land kommen würde, hatte ich im Winter vorher ›Die wunderbare Reise des kleinen Nils Holgersson‹ von Selma Lagerlöf gelesen, auf deutsch natürlich.« Wie ihre Mutter hatten die Burmester-Kinder nicht die geringsten schwedischen Sprachkenntnisse, als ihr Leben in Göteborg begann. Aber sie lernten die Sprache wie von selbst. Was ihnen an Kenntnissen nach einem halben Jahr noch fehlte, erwarben die Kinder im Frühling 1938. Damals litten beide gleichzeitig an Scharlach und befanden sich während der mehrwöchigen strengen Quarantäne in ausschließlich schwedisch sprechender Umgebung. »Ich denke, das hat dazu beigetragen, daß wir schneller gelernt haben. Deshalb rätsele ich heute immer, warum Arbeitsimmigranten, wie wir sie ja hier bei uns haben, warum das oft so furchtbar problematisch ist mit deren Kindern. Wahrscheinlich ist das familiäre Interesse am Erlernen einer Sprache nicht da; anders kann ich mir das nicht erklären. Als wir nach zehn Jahren aus Schweden weggingen, habe ich so schwedisch gesprochen, daß Einheimische nicht merkten, daß ich nicht Schwedin war. Es passierte nur, daß sie manchmal fragten, ob ich aus einer anderen schwedischen Gegend käme als sie selber. Aber Hilfe haben wir damals keine gehabt, um Sprache zu erlernen. Wir sind in die Schule gegangen und mußten sehen, wie wir zurechtkommen.«

Greta und ihr Bruder brachten in Göteborg nur die in Schweden übliche Mindestschulzeit hinter sich, damit sie, wie die Mutter es wünschte, recht bald eigenes Geld verdienen und unabhängig von Unterstützungsleistungen aus dem Gastland werden konnten. Greta besuchte den praktischen Zweig einer Schule, in der Haushalts- und Handarbeitsunterricht im Mittelpunkt standen. Das war zwar nützlich, um später Jobs zu finden, aber insgesamt »ein bißchen wenig«. Sie wechselte auf den theoretischen Zweig, holte zwei Jahre Englisch nach und erhielt zum Schulabschluß sogar eine Auszeichnung. »Also, ich hatte kein wunderbares Zeugnis, aber ausreichend, und hatte wohl den Eindruck gemacht, daß ich was Besonderes geleistet hatte im Verhältnis zu meinen Voraussetzungen.«

Schon vor dem Ende der Schulzeit hatte sie, wenn auch ohne Arbeitserlaubnis, mit erstem selbstverdienten Geld die Haushaltskasse der Familie aufbessern können. In einer Erholungseinrichtung der Arbeiterbewegung betreute sie während der langen schwedischen Sommerferien kleine Kindergruppen. Später nahm sie Jobs als Haushaltshilfe an. »Was anderes fand man kaum. Es gab eben Arbeit nur in Bereichen, in denen Einheimische nicht gern tätig sein wollten. Zum Beispiel arbeitete Mutter nicht bloß in Haushalten, sondern auch in einer Matratzenfabrik. Das war eben das Problem, Ausländer zu sein.«

Greta leistete unter anderem in Göteborgs größter Textilfabrik Schwerarbeit als angelernte Weberin. Sie nahm auch Jobs in Haushalten an und suchte dort immer die Nähe von Kindern. Eine Zeitlang war sie im Wirtschaftsbereich eines jüdischen Kinderheims beschäftigt. »Das hat mich damals ziemlich geschmerzt. Die Kinder waren zum Teil älter als ich und durften noch zur Schule gehen – und ich mußte arbeiten. Das waren völlig elternlose Kinder, die man rausgerettet hatte aus Deutschland und aus Österreich. Später habe ich verstanden, daß gerade für die eine solide schulische Grundausbildung noch viel wichtiger war als für mich.«

»Wenn Kinder lernen wollen, werden sie immer noch lernen können«, hatte Lotte Burmester gesagt, wenn sie Tochter und Sohn in der ersten Phase der Emigration zu einem zügigen Schulabschluß und zu frühem Geldverdienen anhielt. Greta absolvierte noch in Schweden eine Säuglingsschwestern-Ausbildung und arbeitete anschließend am Universitätskrankenhaus Uppsala als Kinderkrankenschwester.

Sie war jedoch noch ein Schulmädchen gewesen, als der Zweite Weltkrieg begann. Greta Wehner hat den Tag »mit Schrecken in Erinnerung«. Sie war vom Unterricht nach Hause gerannt und hatte dort die Mutter nicht angetroffen. Lotte Burmester war oft nicht zu Hause, wenn die Kinder Schulschluß hatten. Aber an diesem Tag hat sich Greta »alles Mögliche an furchtbaren Dingen ausgemalt«. Die Erfahrung der Bedrohungen in Deutschland waren noch lange nicht verwunden. Den Emigranten geschah nichts; aber es gab Hausdurchsuchungen und Beschränkungen der räumlichen Bewegungsfreiheit. Und die Unsicherheit blieb. »Ich habe eine weitere Angst auslösende Erinnerung: Das war im Dezember 1939 um fünf Uhr früh, als es noch stockdunkel war. Da machte es wumm-wumm-wumm an unserer Haustür, und meine Mutter sagte: ›Jetzt sind die Nazis da!‹ Wir wohnten im Parterre mit dem Fenster zur Straße und dem Eingang zum Hof; das war schon unsere vierte Wohnung in Schweden. Meine Mutter sagte: ›Ich geh' hier zum Fenster raus, und ihr sagt, ihr wüßtet nicht, wo ich bin.‹ Aber dann fingen die Leute, die so laut geklopft hatten, dann fingen die an zu singen. Es war das Luzia-Fest, ein schöner schwedischer Brauch; es waren Freunde, die geklopft hatten und sangen, und wir merkten, daß keine Gefahr war. Aber Angst ist immer dagewesen; ohne Angst haben wir sicher nicht gelebt, wenn irgend etwas Besonderes geschah.«

Der Krieg dauerte schon jahrelang, als Lotte Burmester gebeten wurde, sich im Rahmen der Emigrantenhilfe um einen Mann zu kümmern, der in einem schwedischen Lager festsaß. Dieser Mann, so erfuhr Gretas Mutter nach und nach, stammte aus Dresden, war Kommunist gewesen und hatte eine Odyssee durch Belgien und Holland, dann über Prag, Paris und Moskau hinter sich. Nach Stockholm war er gekommen, um herauszufinden, wo es unter den deutschen Exil-Kommunisten in Skandinavien ›undichte Stellen‹ gab. Allerdings hatte man in Schweden diese Nachforschungen als Gefährdung der Freiheit und Neutralität des Landes aufgefaßt; deshalb war der Mann zu einer Haftstrafe verurteilt und nach deren Verbüßung in ein Internierungslager gesteckt worden. Dort, so hieß es, drohe er völlig zu vereinsamen. Lotte Burmester war selbstverständlich bereit, sich um den Internierten zu kümmern.

Sie wußte, daß es sich empfahl, den ersten Kontakt unter fast konspirativen Bedingungen aufzunehmen. Und da sie in ihrer Jugend einmal für einige Zeit in Dresden gewesen war, hatte sie die Idee, dem Mann einen fingierten Liebesbrief zu schreiben, sich dabei auf vorgeblich schöne gemeinsame Zeiten in Dresden zu beziehen und ihrer Freude darüber Ausdruck zu geben, daß man sich nun endlich wiedergefunden habe. Der Adressat des Briefes war Herbert Wehner. Mit Hilfe einflußreicher schwedischer Freunde erwirkte Lotte Burmester bald seinen ersten Hafturlaub, dann die Entlassung aus der Internierung. Aus der erfundenen Liebesbeziehung wurde Ernst. Noch 1944 heirateten Lotte Burmester und Herbert Wehner. Auch Greta, die damals fast 20jährige Tochter, hatte den deutschen Emigranten, der so rasch ihr Stiefvater wurde, sofort gemocht und sich lebhaft für ihn interessiert. Aber Greta hatte eine eigene, sehr wichtige Beziehung zu einem anderen Emigranten. »Daß meine Mutter und Herbert zusammengekommen sind, also auch als Mann und Frau zueinander gefunden haben, hat wahrscheinlich auch mit dieser Bindung zu tun, die ich damals mit Arnošt hatte...«

Andere Beziehungen zu jungen Männern waren vorausgegangen, weitere folgten später. Niemals aber hatten diese Männerbeziehungen mit Gretas Vaterbeziehung zu tun; ihre nahen Freunde stellten weder das Abbild noch das Gegenbild Carl Burmesters dar. Das Kind hatte seinen Verlust ausleben, es hatte »den Vater sehr geliebt und hatte ihn heftig betrauern können«. Zudem hatte Gretas Mutter, anders als viele Witwen von Widerstandskämpfern, Carl Burmester der Tochter gegenüber »nicht auf ein Podest gestellt«. Das junge Mädchen konnte später eigene Männerbeziehungen aufbauen, ohne unbewußt immer den Vater zu suchen. Die wichtigste dieser Beziehungen stellte Arnošt dar. Aber wie manches andere in den privaten Lebensplänen Greta Burmesters wurde auch die Erfüllung der Liebe zu Arnošt einem als bedeutender angesehenen Ziel geopfert – den politischen Erfordernissen.

Arnošt, ein Tscheche jüdischer Herkunft, hatte vor den Deutschen zweimal fliehen müssen; zunächst war er 1939 mit einem Nansen-Paß nach Norwegen gelangt, dann weiter nach Schweden. In der Göteborger Emigranten-Jugendgruppe lernten er und Greta einander kennen. Sie verliebten sich, zogen zusammen und wollten heiraten. »Als ich das meiner Mutter sagte, da hat sie geheult und hat gesagt: ›Was wird dann aus mir?‹« Greta war überrascht. ›Sie war doch eine Mutter, die uns äußerst selbständig erzogen hat; aber sie hat nicht vertragen, als wir wirklich selbständig wurden und unsere eigenen Wege gehen wollten. Früher verstand ich das nicht; heute verstehe ich das so: Sie war keine gesunde Frau und hat als Haftfolgen immer gesundheitliche Probleme gehabt und beibehalten. Und sie war in der Fremde, fast völlig allein. Fast alle Emigranten waren ja Ehepaare; höchstens Männer waren mal allein. Aber ich kannte sonst keine Frau allein und schon gar nicht 'ne Frau mit Kindern. Das heißt also: Für meine Mutter bedeuteten wir als Kinder offenbar soviel Halt in dieser Zeit, soviel Geborgenheit, die wir ihr auch geben konnten, daß sie den Eindruck hatte, völlig entwurzelt zu werden, wenn wir plötzlich eigene Wege gehen.«

Die Begegnung mit Herbert Wehner half Lotte Burmester, die Angst vor Vereinsamung im Exil zu überwinden. Greta und Arnošt erhielten allerdings keine amtliche Genehmigung zur Eheschließung. Sie hofften darauf nach dem 20. Juli 1944 erneut, doch vergebens. »Das war für mich ein sehr persönlicher Tag – nicht nur dieses politische Ereignis. Da hat man gedacht, daß da vielleicht eine Chance ist, sich als Deutsche unter anderen Völkern doch noch sehen lassen zu können und deshalb auch heiraten und zusammen leben zu können.« Doch das erwies sich auch aus anderen Gründen als unmöglich. Arnošt hatte sich, lange ehe er mit Greta Burmester in Göteborg zusammenlebte, zum tschechischen Militär im Exil gemeldet. Im Oktober 1944 gelang ihm die Reise von Schweden nach London.»Und wir haben uns damals in sehr großer Zuneigung und in großem Schmerz getrennt. Es war eine reine, wenn man so will, politisch notwendige Entscheidung: daß man dort, wo man die Möglichkeit hatte, auch was tat.«

Arnošt kämpfte als Soldat gegen Nazi-Deutschland und überlebte. Bis zum Ende des Prager Frühlings blieb Greta Burmester mit ihm in Kontakt, auch wenn im Kalten Krieg an ein Treffen nicht zu denken war. Später bat Herbert Wehner sie, die Verbindung mit Rücksicht auf seine politische Position abzubrechen.»Die Tschechen sind die geschicktesten Geheimdienstleute‹, sagte er, ›und du kannst nicht wissen, wie und auf welche Weise Menschen mißbraucht werden.‹« Greta Burmester beugte sich auch diesem politischen Erfordernis und schrieb 1968 einen letzten Brief an Arnošt. Erst 1994 erfuhr sie, daß er ihn noch erhalten hatte; denn 50 Jahre nach ihrer Trennung im Exil besuchte sie ihn in Prag, das nun keine Hauptstadt im Ostblock mehr war. Der Freund war Naturwissenschaftler geworden und erzählte, daß er noch lange, nachdem er im Herbst 44 Göteborg verlassen hatte, auf ein dauerndes Zusammenleben mit ihr gehofft hätte.»Aber er hat dann gedacht, er würde mich vor dem Haß, den Deutsche in der Tschechoslowakei zu erwarten hätten, nicht ausreichend schützen können.«

Haßgefühle zu entwickeln, war für Greta Wehner schon immer »ein nicht nachvollziehbarer Zustand«. Sie weiß,»daß Menschen schrecklich sein können, unabhängig von den Schrecken der Nazi-Zeit«. Daß es bisher in keiner Gesellschaftsform gelungen ist,»Menschen von ihrem Schrecklich-Sein zu befreien«, stimmt sie unendlich traurig. Aber Haß- und Rachegefühle? Nein. So ging sie, ein Jahr nach Lotte und Herbert Wehner, als 22jährige im Sommer 1947 auch mit guten Gefühlen aus dem Exil in die Stadt zurück, in der ihr Vater 13 Jahre zuvor ums Leben gebracht worden war.

*

Ein eigenständiges berufliches Leben aufzubauen – das war ihr vordringlichstes Ziel. Es sollte, wie schon in Schweden, Arbeit mit Kindern zum Inhalt haben. Mit Kindern hatte sich Greta Burmester schon als sehr junges Mädchen in ihrem Asylland beschäftigt; Kinder hätte sie selbst so gern gehabt. Sie arbeitete nach der Rückkehr in Kindergärten und Kinderheimen; sie besuchte eine Wohlfahrtsschule und wurde examinierte Jugendfürsorgerin; sie erwarb in sehr kurzer Zeit die zusätzlichen Qualifikationen zur Familien- und Gesundheitsfürsorgerin. Aber schon 1953 endete ihre Wunschlaufbahn abrupt. Die Mutter, deren gesundheitliche Verfassung seit der Haftzeit niemals gut gewesen war, erkrankte schwer und blieb leidend. Greta zog zu Herbert und Lotte Wehner nach Bonn. Sie übernahm die Pflege der Mutter; sie übernahm die Haushaltsführung und »wuchs«, wie sie bescheiden sagt, »allmählich auch in die Arbeit von Herbert hinein«. Das geplante Leben für Kinder wurde ein Leben der Fürsorge und des politischen Engagements.

Greta Burmester wurde engste Mitarbeiterin des Bundestagsabgeordneten, des Fraktionsvorsitzenden, des stellvertretenden SPD-Vorsitzenden Wehner. Manchmal wurde in der damaligen Bundeshauptstadt ein wenig gelächelt, wenn sie ihren Stiefvater souverän von Termin zu Termin chauffierte und mit einer gewissen Unerbittlichkeit die Ernährungsgewohnheiten des Zuckerkranken überwachte. Sie hielt die Verbindungen mit den Untergliederungen der Partei und koordinierte den Zeitplan des vielbeschäftigten Politikers; sie kümmerte sich nach dem Mauerbau um die Zusammenführung plötzlich zerrissener Familien und später auch um sogenannte Häftlingsfreikäufe aus der DDR; sie war Wehners Privatsekretärin und baute dessen umfängliches politisches Archiv auf. Aus politischem Interesse und aus Zuneigung zu den beiden Menschen, deren Leben sie seit 1953 teilte, leistete sie dieses außergewöhnliche Maß an vielseitiger Arbeit gern.

Vier Jahre nach dem Tod seiner Frau Lotte heiratete Herbert Wehner im Mai 1983 seine 18 Jahre jüngere Stieftochter Greta; er wollte sie, die an sich selbst immer zuletzt gedacht hatte, später versorgt wissen. Die bundesdeutsche Presse kommentierte diesen nicht ganz alltäglichen Vorgang mit überraschend respektvoller Zurückhaltung.

Als im Januar 1990, kurz vor Vollzug der deutschen Einheit, Herbert Wehners Alzheimer-Leiden endete, beschloß seine damals 65jährige Witwe, noch einmal ein neues Leben zu beginnen. Sie wollte der Sozialdemokratie im sächsischen Heimatland ihres Mannes auf die Beine helfen; denn die Partei, die dort einst ihre Hochburgen hatte, war in einem kümmerlichen Zustand. Greta Wehner war 70 Jahre alt, als sie in Sachsen ihre erste Parteitagsrede hielt. Da kündigte sie, beiläufig, auch ihre Ummeldung als SPD-Mitglied von Bonn-Bad Godesberg nach Dresden-Prohlis an. Inzwischen wohnt sie in Dresden, nicht weit vom Stadtteil Striesen, in dem Wehner aufgewachsen war. Die Bonner Freunde hatten vor dem Umzug Bedenken geäußert. Aber Greta Wehner weiß mit Sicherheit: »Wenn Herbert das noch erlebt hätte und bei guter Gesundheit gewesen wäre, wären wir doch auch sofort hierher gezogen.«

„Man wußte doch schon
als Kind, daß
man Außenseiter ist"

Grete von Loesch: aufgewachsen
mit dem Arbeiterwiderstand

Grete von Loesch,
geb. Hamacher,
im Sommer 1995
in Frankfurt am Main

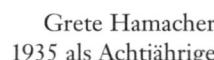
Grete Hamacher
1935 als Achtjährige

„Gretelein"
mit ihrer Mutter
Margarethe Hamacher
1936 in Köln

Grete als
BDM-Mitglied 1941

Hein Hamacher,
der Vater,
kurz nach Ende des
Zweiten Weltkriegs

Die Deutschen – Hitlers willige Vollstrecker? Die Deutschen – ein Volk von Mördern? Grete von Loesch, Tochter des Widerstandskämpfers Hein Hamacher aus Köln, ist weit davon entfernt, sich durch die Behauptungen des Amerikaners Daniel Goldhagen persönlich auch nur angesprochen zu fühlen. Sie findet die in Deutschland 1996 durch sein Buch ausgelöste Diskussion beachtlich, aber:»Goldhagen trifft mich nicht, weil ich immer ein Außenseiter war. Man wußte doch schon als Kind, daß man Außenseiter ist, daß man sich der großen Mehrheit nicht zugehörig fühlte. Die Widerständler – das waren einfach zu wenige. Und weil sie so wenige waren...« Grete von Loesch beendet den Satz nicht.

Sie blättert in bereitgelegten Unterlagen. Neben dem Lebenslauf des Vaters liegt eine handgeschriebene Mitteilung des SPD-Bezirks Obere Rheinprovinz vom Mai 1933. Die Parteiorganisation sei zahlungsunfähig, weil ihre Gelder durch die Nazis konfisziert worden waren; deshalb könne der hauptamtliche Mitarbeiter Hamacher nicht mehr entlohnt und also auch nicht mehr beschäftigt werden. Ein hervorragendes Zeugnis wurde gleich beigefügt. Desweiteren finden sich die Prozeßunterlagen gegen Hein Hamacher und 17 seiner Genossen aus dem Rheinischen. 1936 waren sie vom ›Volksgerichtshof‹, Außenstelle Düsseldorf, ›wegen Vorbereitung zum Hochverrat‹ angeklagt worden.»Wenn heute einer sagt, alle Deutschen seien Mörder, dann hat das nichts mit mir zu tun«, bekräftigt Hein Hamachers Tochter Grete von Loesch.

*

Grete-Christine Hamacher, genannt Gretelein, war sechseinhalb Jahre alt, als der Vater kurz nach dem SPD-Verbot durchs Nazi-Regime im Juni 1933 erstmals verhaftet wurde. An die Situation der Festnahme hat sie kaum Erinnerungen – um so deutlichere an die Rückkunft des Vaters. Mehr als sechs Jahrzehnte später erzählt sie davon, als wär's gestern gewesen.

Sie durfte nicht mitgehen, um den Vater abzuholen. Die Kleine war enttäuscht. Fünf Monate war er nun fort gewesen, und längst hatte sie sich ihre ganz eigenen Gedanken über die geheimnisvolle Reise des Vaters gemacht, von der gelegentlich beschwichtigend gesprochen worden war. Zwar war Hein Hamacher immer viel unterwegs, viel zu viel, wie seine Tochter fand; aber ununterbrochen und monatelang – das war denn doch äußerst ungewöhnlich. Nun sollte er also endlich zurückkommen, und sie durfte nicht einmal mit zum Bahnhof fahren.

Die Mutter sah wunderschön aus, groß und schlank und blond und blauäugig Sie hatte ein schickes neues Kleid angezogen, selbstgeschneidert wie alles, was sie und ihre kleine Tochter trugen. Auch Gretelein war zum Empfang des Vaters ein wenig herausstaffiert worden. Die Mutter war im Nähen eine Künstlerin; niemand sah, daß das Mäntelchen aus einem abgelegten, gewendeten Herrenjackett bestand. Der neue Rock war allerdings etwas kurz geraten; die Mutter liebte modisch-kurze Kleider an der Kleinen. Aber Gretelein wollte lieber aussehen wie alle anderen Mädchen in Köln-Stammheim; und die trugen halbwadenlange Kleider.

Die Mutter zog einen Mantel über und schlang um den Hals einen bunten Schal, der kurz zuvor noch eine alte Sommerbluse gewesen war. »Wenn du möchtest«, sagte sie im Weggehen zu ihrer Tochter, »dann warte an der Straßenbahnhaltestelle auf uns. In einer guten Stunde bin ich bestimmt mit dem Vati da.« Gretelein nickte.

Wenig später nahm das Kind sein neues Mäntelchen, blickte kurz in das winzige Zimmer, das erste, das es ganz für sich hatte, und zog die Tür der kleinen Mansardenwohnung hinter sich zu. Es lief die zwei Treppen hinunter, vorbei an der Wohnung der Wirtsleute im ersten Geschoß und hinein in die parterre gelegene Gastwirtschaft.

Der Gastwirt war ein guter Bekannter der Eltern. Ihm gehörte das Haus, in dem er selbst und in dem die Hamachers wohnten. Die Lage am Rheinufer konnte nicht schöner sein; das

Bootshaus lag in Blickweite, und von weitem sah man den Kölner Dom. Unten in der Gaststube versammelten sich regelmäßig die Freunde vom Arbeitersport. Nun nahmen sie alle regen Anteil an der bevorstehenden Rückkunft ihres Freundes Hein Hamacher. Ein großer Tisch war festlich gedeckt worden, und es wurde extra gut gekocht.

Viel zu früh ging Gretelein zur nahe gelegenen Straßenbahnhaltestelle. Endlich kam die Tram. Die Mutter stieg aus, danach noch ein Mann. Der Mann sah ungepflegt aus, sehr dünn, ärmlich gekleidet; er hatte sich mehrere Tage nicht rasiert und wohl lange nicht mehr gebadet. Das Kind sah erwartungsvoll zur Straßenbahntür. Aber niemand sonst stieg aus. Ängstlich rannte es die wenigen Schritte zur Mutter. Wo war der Vater? War er mit dem angekündigten Zug nicht gekommen? Die Mutter drückte die Kleine an sich, schaute aber zu dem ungepflegten dünnen Mann, der dicht bei ihnen stehengeblieben war. Da nahm der Mann das Kind in die Arme und drückte es ganz fest an sich.»Gretelein, mein kleiner Spatz!« rief er; und in diesem Augenblick erkannte das Mädchen die Stimme seines Vaters.

Die kleine Grete liebte und bewunderte ihren Vater. Zwar war er eigensinnig und oft unnachsichtig; was er einmal beschlossen hatte, konnte niemand ändern. Auch neigte er zu Wutausbrüchen und war nachtragend. Aber er war um vieles klüger als alle erwachsenen Männer, die das Kind aus Freundeskreis und Nachbarschaft kannte. Drei Jahre lang, so hatte die Mutter erzählt, war der Vater früher aufs freigewerkschaftliche Seminar gegangen und hatte dort viele Kenntnisse in wirtschaftlichen Fragen erworben.»Wissen ist Macht«, hieß es in der Familie immer, und deshalb sollte Gretelein später auch aufs Gymnasium gehen.

Der Vater, und das beeindruckte seine Tochter wesentlich mehr, war auch viel mutiger als alle anderen Väter. Jedenfalls kannte die kleine Grete sonst keinen Vater, der kopfüber von einer der Rheinbrücken in den Strom sprang. Als begeisterter Schwimmer wollte er auch noch ein hervorragender Kunstspringer werden; Zehnmetertürme aber gab es weit und breit nicht. Es hieß, die Mutter sei in Ohnmacht gefallen, als sie zum erstenmal gesehen hatte, wie ihr Mann von den Rheinbrücken aus das Kunstspringen trainierte. Bevor Hein Hamacher den Wassersport für sich entdeckt hatte, war er Amateurboxer gewesen; aber das Boxen hatte er zugunsten des Schwimmens, Springens, Ruderns, Paddelns und der ehrenamtlichen Tätigkeit im Vorsitz des Arbeitersportkartells Köln aufgegeben.

Auch sonst war der Vater außergewöhnlich. Zum Beispiel erzählte er seinem Kind manchmal, daß er sich keinen Sohn, sondern ausdrücklich eine Tochter gewünscht hatte. »Eine Tochter muß nicht Soldat werden«, pflegte er zu sagen. Allerdings ging er mit dieser Tochter wie mit einem Jungen um. Die kleine Grete mußte alles können, was sonst nur Jungen schaffen mußten – bei schwerer Gartenarbeit helfen; einen Hühnerstall bauen; bei Reparaturen im Haus, sogar beim Dachdecken zur Hand gehen; das Fahrrad und die Boote flicken. Da gab es oft Konflikte. Und manchmal war Stubenarrest die Folge. Grete hätte in solchen Fällen lieber eine Tracht Prügel erhalten, weil die weniger lange dauerte als Stubenarrest; aber der Vater prügelte niemals. Seine hohen Anforderungen und die gelegentlichen Auseinandersetzungen taten Klein-Gretes Anhänglichkeit erstaunlicherweise keinen Abbruch. Vielleicht lag das ein wenig auch daran, daß sie ihren Vater als einen »ausgesprochen schönen Mann« empfand – seine etwas gedrungene, aber trainierte Figur, seine grünen Augen, seine wohlgeformte Nase und der interessante Mund.

Aber wie sehr hatte er sich verändert, als er nach einem knappen halben Jahr heimkam! Nur wenn er sprach, entdeckte das Mädchen hinter der Stimme und den Gesten den Vater wieder. Doch Hein Hamacher sprach wenig auf dem kurzen Weg von der Straßenbahnhaltestelle zur Wohnung; und so blieb es auch während der ersten Zeit nach seiner Rückkehr.

Das Festessen, das man ihm am Ankunftstag bereitet hatte, vertrug er nicht; schon die Hühnerbrühe, die zur Vorspeise gereicht wurde, gab er von sich. Die Mutter erklärte das mit dem empfindlichen Magen des Vaters und mit ungewohntem Essen während seiner Abwesenheit. Die kleine Grete hegte keinerlei

Zweifel; sie war nun reichlich sechs Jahre alt und nicht gewöhnt, in Frage zu stellen, was die Eltern sagten. Aus diesem Grund erfuhr sie auch erst viel später, wo ihr Vater damals, vom Juni bis November 1933, gewesen war und was ihn so verändert hatte.

Hein Hamacher, Jahrgang 1899, entstammte einer kinderreichen Kölner Arbeiterfamilie. Alle Geschwister erlernten ordentliche Berufe, Jungen wie Mädchen. Nur Hein als Ältester mußte früh zum Familienunterhalt beitragen und wurde deshalb gutverdienender, aber nur angelernter Drahtzieher. Als 18jähriger meldete sich der junge Mann aus rheinischkatholischem Hause im Ersten Weltkrieg freiwillig ›zu den Fahnen‹ – und kehrte als Spartakist zurück. Daß er überhaupt lebend heimkam, ist der Tollkühnheit eines Feldarztes zu danken. Der hatte dem schwer kriegsverletzten Gefreiten Hamacher ein Metallrohr dort eingesetzt, wo zuvor dessen Speiseröhre gewesen war; sie war durchschossen worden und hatte den jungen, zweifach ausgezeichneten Soldaten zum schwer Kriegsbeschädigten gemacht. Der nunmehr Kriegsuntaugliche schloß sich in der Heimat der Kommunistischen Partei an. Deren Dogmatismus ertrug er aber nur wenige Jahre. Er wechselte zur Sozialdemokratie, ohne von seinen prinzipiell linken politischen Positionen abzurücken.

Um diese Zeit, 1925, heiratete Hein Hamacher die fünf Jahre jüngere Margaretha Paffrath. Die Frischvermählten kannten einander von Kindesbeinen an; denn die Familien Hamacher und Paffrath wohnten schon jahrelang im gleichen Haus einer Arbeitersiedlung in Köln-Mülheim. Aber Vater Paffrath, ein praktizierender Katholik und Zentrumsanhänger, war nicht begeistert über die Ehe seiner Tochter mit ›dem Roten‹. Allerdings lernte er die Geradlinigkeit und den Mut seines Schwiegersohnes spätestens in der Zeit der politischen Verfolgung schätzen; er half der jungen Familie, wo er konnte, besonders in den Jahren nach 1933, in denen Hein Hamacher in Haft und die Restfamilie auf sich selbst gestellt war.

Gretelein, wie Hein und Margarethe Hamacher ihr einziges Kind nannten, wurde im Dezember 1926 geboren. Die Mutter hätte gern noch ein Kind gehabt; aber die politische und die wirtschaftliche Situation der zwanziger Jahre ließ es Hein Hamacher verantwortungslos erscheinen, mehr als ein Kind in die Welt zu setzen. Als dieses Kind fünf Jahre alt war, wurde der Vater erstmals arbeitslos. Die Mutter schneiderte nun gegen Entlohnung und verdiente später zusätzlich Geld als Serviererin und Putzfrau.

Die lang andauernde Phase der nächsten Arbeitslosigkeit begann nach der Zerschlagung der demokratischen Parteien durch die Nazis. Und es vergingen nach der Entlassung Hamachers nur wenige Tage, bis er festgenommen wurde. Man warf ihm nichts Bestimmtes vor; es reichte, daß er Mitarbeiter der SPD gewesen war. Niemand erfuhr damals, daß der ehemalige SPD-Sekretär Hamacher rechtzeitig Mitgliederlisten und Parteiprotokolle verbrannt hatte. Andere wichtige Papiere, aber auch Bücher aus Hamachers Privatbesitz, darunter alle bis 1933 erschienenen Werke von Thomas Mann, überstanden die Jahre der NS-Herrschaft, gut versteckt in den Versorgungsleitungen einer städtischen Villa.

Gegenüber dem Töchterchen wurden diese Aktivitäten mit Bedacht nicht einmal angedeutet. Manchmal wunderte sich das Kind in jenen Monaten allerdings über die wiederholte zornige Unduldsamkeit des Vaters. Erst viel später erfuhr es, daß er zutiefst enttäuscht war über die damalige Tatenlosigkeit von Sozialdemokratie, Gewerkschaften und Reichsbanner Schwarz-Rot-Gold, dessen Mitglied er ebenfalls war. Der Revolver, der, wie Gretelein wußte, immer in einer Schublade des Waschtisches lag, blieb jedenfalls unbenutzt.

Nach der Verhaftung schaffte man Hein Hamacher ins Konzentrationslager Esterwegen; dort, im Moor, mußte er Torf stechen. Später brachte man ihn ins Zuchthaus Brandenburg. Das ganze galt als ›Schutzhaft‹; es gab keine Anklage und keinen Prozeß. Gretelein erlebte, daß in dieser Zeit die Mutter für andere Leute noch mehr nähte, noch mehr servierte und noch mehr putzte.»Da kamen auf mich als kleines Mädchen eine Menge Hilfeleistungen im Haushalt zu; das störte mich gewaltig. Aber ich bemühte mich offensichtlich, denn aus allen Gefängnisbriefen zwischen meinen Eltern geht hervor, daß ich ein braves, fleißiges, hilfsbereites, also ein angepaßtes Kind war. Mutter schrieb in diesem Sinn dem Vater, und der lobte mich dafür.«

Nach der Haftentlassung durfte der ›politisch unzuverlässige‹ Hein Hamacher nicht beschäftigt werden; so stand es in seinem Arbeitsbuch. Aber man mußte damals kein ehemaliger KZ-Insasse gewesen sein, um ohne Arbeit und Einkommen dazustehen. Viele Menschen waren arbeitslos, darunter einige Onkels der kleinen Grete und Männer aus der Nachbarschaft. Hier und da fand sich jemand, der dem Vater Schwarzarbeit gab, ein Lokal, für das er die Abrechnungen erledigte, ein Handwerksbetrieb, dem er die Buchhaltung führte. Der Vater war zur Freude seiner kleinen Tochter also öfter zu Hause als sonst – und doch war er häufiger unterwegs als andere arbeitslose Väter. Er hielt nicht nur Kontakt zu den Freunden vom längst verbotenen Arbeitersportbund, sondern auch zu Genossen im Ausland, zu deren Treffen er wiederholt heimlich über die ›grüne Grenze‹ wechselte. Das freilich erfuhr seine kleine Tochter damals nicht und durfte es nicht erfahren.

Auch als Hein Hamacher zum zweitenmal verhaftet wurde, nannte niemand dem Kind einen Grund. Es wußte nur mit Sicherheit: Vater hatte nichts Böses getan; das Ganze mußte ein großer Irrtum sein. Auf der Straße durfte die kleine Grete nur von einer neuerlichen Reise des Vaters sprechen. Aber sie wußte, daß es keine Reise war.

Die Widerstandsgruppe um Hermann Runge war aufgeflogen. Ihre Mitglieder hatten im mittel- und im niederrheinischen Raum gewirkt. Eineinhalb Jahre, von Juli 1935 bis Dezember 1936, saßen die 18 Männer in Untersuchungshaft, ehe ihnen wegen ›Vorbereitung zum Hochverrat‹ der Prozeß gemacht wurde. Und es waren vier Monate vergangen, ehe Hein Hamacher sich erstmals aus dem Gefängnis hatte melden dürfen – vier Monate quälender Ungewißheit für seine Frau und seine kleine Tochter.

Man hatte ihn zunächst in den Kölner Klingelpütz geschafft. Grete war kaum neun Jahre alt, als sie erstmals ein Gefängnis betrat. »Ich seh' das heute noch«, erinnert sie sich. »Ein großer

Saal mit einem riesigen Tisch in der Mitte. Mutter und ich waren von der einen Seite reingeführt worden, der Vater von der anderen, von gegenüber. Wir setzten uns an den riesigen Tisch, konnten uns nur sehen, nicht berühren und mußten sehr laut reden. Hinter unserem Rücken, an der Tür, stand ein Mann. Der sagte nach zehn Minuten, daß wir nun gehen müßten.«

Im ersten Brief, den Hamacher nach diesem Besuch an seine Frau schicken konnte, bat er, die kleine Grete lieber nicht mehr mitzubringen. »Ich meine«, schrieb er, »das beschwert eine Kinderseele unnötigerweise.« Vielleicht sollte die Tochter auch die Folgen der Verhörmethoden nicht wahrnehmen, eingeschlagene Zähne, ein beschädigtes Außenohr, teilweise Gehörlosigkeit.

Der Kontakt zwischen Tochter und Vater beschränkte sich nun auf Briefe. »Wir schrieben ja oft. Immer wenn die Mutter schrieb, schrieb ich auch auf winzigen Briefbögen der ›Kinderpost‹, zu denen winzige Umschläge gehörten. Ich habe diese Briefe gehaßt; es war eine Pflichtübung. Aber weil ich den Vater liebte, habe ich ihm geschrieben. Ich teilte ihm mit, was Wichtiges für mich passiert war – daß ich der Mutter im Garten helfe, daß wir jetzt Erbsen legen, daß die Katze vom Wirt Junge gekriegt hat, daß unsere Hühner frech sind und wie viele Eier sie gelegt haben. Ich seh' mich noch auf dem Sofa in der Wohnküche sitzen und Vati einen Brief schreiben. Die Mutter war dabei und oft die Wirtstochter und auch ein alter Wassersport-Freund. Der kam und setzte sich abends in die Sofaecke, und dann ging er wieder. Anschließend fand meine Mutter ein Viertelpfund Butter oder ein Päckchen Zigaretten. Der war so schüchtern, daß er das der Mutter nicht geben konnte; er ließ es irgendwo liegen. Also, wir alle saßen da und überlegten gemeinsam, was denn nun das Gretelein zu Papier bringt. Es war ja im Grunde nicht viel passiert.« Was sie schrieb, wurde immer beantwortet. Die Rückseite eines jeden Briefes an Margarethe Hamacher war an Gretelein gerichtet. »Du leistest der Mutter sicher immer viel Gesellschaft. Das mußt Du auch, denn sonst läßt sie zuviel den Kopf hängen. Wir zwei wissen schon Bescheid, nicht?«

Ja, die Mutter ließ manchmal den Kopf hängen. Geldsorgen bedrückten sie. Ein Sehfehler des Kindes mußte korrigiert werden. Schließlich fand sich ein Arzt, der für die Operation nichts berechnete; aber die Krankenhauskosten waren für Margarethe Hamacher schwer aufzubringen. Dann die Sorgen um den Mann. Weshalb hielt man ihn so lange fest? Womit quälte man ihn bei den Verhören noch? Würde er überhaupt je freikommen? Wenn er sich wenigstens früher mehr Zeit für sie und das Kind genommen hätte, in den ersten Jahren ihrer Ehe; aber immer hatten die Ehrenämter Vorrang gehabt. Das solle in Zukunft anders werden, versprach Hein in seinen Gefängnisbriefen. Aber Margarethe Hamacher glaubte nicht daran. Die kleine Grete spürte, daß die Mutter immer ein wenig bedrückt war und dabei doch versuchte, ihrer Tochter ein ganz gewöhnliches Kinderleben zu bereiten.

Diese Bemühungen fanden ein jähes Ende, als im April 1936 auch noch die Mutter abgeholt wurde. Der Vater war schon ein Dreivierteljahr in Haft, Klein-Grete reichlich neun Jahre alt. »Ich weiß noch genau, wie das war. Ich kam aus der Schule und in die Wohnung hinein. Und da standen oben in unserer Mansardenwohnung zwei Männer, Polizei oder Gestapo, das weiß ich nicht. Sie trugen schwarze Ledermäntel, und Hüte hatten sie auf. Sie sahen so aus wie die Leute, die schon oft bei uns gewesen waren und bei den vielen Hausdurchsuchungen das Unterste zuoberst gekehrt hatten. Die standen da also mit meiner Mutter, und einer sagte ganz freundlich zu mir: ›Dich haben wir doch unterwegs gesehen; wir hätten dich doch hierhin mitnehmen können.‹ Ich antwortete patzig: ›Ich wär' aber nicht mitgekommen!‹ Da wandten sie sich wieder der Mutter zu. Die wehrte sich: ›Ich kann doch das Kind nicht allein lassen!‹ Das beeindruckte aber nicht. Ich wurde runtergebracht zum Gastwirt – und die Mutter verschwand. Ich weiß nicht mehr, welche Gefühle ich damals hatte. Aber eines weiß ich noch: Beim Gastwirt wurde der kleinen Grete erst mal ein Teller dicker Bohnen vorgesetzt. Ich seh' mich noch heute mit der Gabel in den dicken Bohnen stochern. Der Wirt bestand darauf, daß ich sie esse; er meinte es ja gut. Aber diese Bohnen hab' ich ja überhaupt nicht

runtergebracht. Ich konnte, bis ich erwachsen war, keine dicken
Bohnen mehr sehen; mir wurde dann sofort schlecht. Das muß
mit Mutters Verhaftung zu tun gehabt haben. Ich hatte Angst.
Der Vater war schon so lange weg, und jetzt war auch die Mutti
weg. Das hat mich wahnsinnig belastet. Aber allein und verlassen
war ich nicht. Ich kam zur Großmutter. Und dann war da ja
noch die ganze Riesensippe: Vater hatte sechs Geschwister,
Mutter drei. Und alle kümmerten sich nun um das Kind.«

Margarethe Hamacher sollte Aussagen über die politischen
Freunde ihres Mannes und anderer Männer aus den rheinischen
Widerstandskreisen machen. Sie sollte auch bestätigen, daß für
die Familien von Inhaftierten Geld gesammelt wurde, ja, daß sie
selbst Unterstützungssummen aus Kreisen ihrer Genossen erhalten hatte.

»Natürlich hat Mutter Geld bekommen. Sogar die NS-
Volkswohlfahrt hat uns unterstützt, Briketts und Kartoffeln. Da
war eine Frau, der tat die Mutter leid. Da bekam ich zu Weihnachten einmal einen Mantel, einen besonders schönen. Die
Frau vom Winterhilfswerk sagte, bei uns wisse sie wenigstens,
daß mit solchen Liebesgaben anständig umgegangen werde.
Jeder kannte ja jeden in Stammheim. Und natürlich war in SPD-
Parteikreisen für uns, wie für alle ›Hinterbliebenen‹, gesammelt
worden. Aber Mutter hat bestritten, Geld gekriegt zu haben. Sie
hat das einfach geleugnet; da war sie unglaublich stur. Dann ist
sie im Gefängnis dem Genossen gegenübergestellt worden, der
angegeben hatte, ihr Geld gebracht zu haben. Sie hat dem Mann
schlicht und ergreifend ins Gesicht gelogen. Sie hat das so
handfest bestritten, daß der Mann zum Schluß gesagt hat: ›Ja, ich
hab' das gesammelte Geld für mich verbraucht.‹«

Die kleine Grete blieb nicht lange im unklaren über das
Schicksal ihrer Mutter. Nach vier Tagen war sie wieder da. Aber
was das Kind dann erlebte, wirkte womöglich beängstigender als
die vorangegangene Ungewißheit. »Mutter wurde wahnsinnig
krank. Ich verstand damals nicht, was mit ihr geschah. Das Leben bei uns hing ganz an dieser Frau; wir lebten durch die häufige Abwesenheit des Vaters ja ganz aufeinander bezogen. Nun lag
diese Frau im Bett und konnte nicht mehr aufstehen. Ich sehe sie

immer noch in diesem Bett liegen. Nach zwei Tagen machte sie den Versuch, aufzustehen; sie war doch ein Mensch, der sich immer so rasch wie möglich aufrappeln und seine Pflicht tun wollte. Aber die Mutter konnte nicht stehen. Dann verlor sie ihre Zähne. Es gab keinen organischen Grund. Sie war damals 31 oder 32 Jahre und verlor einfach die Zähne. Der Zahnarzt sagte, es sei eine Nervensache. Für mich war das ein furchtbarer Schock. Ich hatte die Mutter doch immer als eine starke Frau erlebt, die unser Leben organisierte und überall herumrannte, zur Gestapo, zum Ortsgruppenleiter der NSDAP, um den Vater aus dem Gefängnis loszueisen. Nun konnte sie nicht einmal mehr stehen und verlor ihre Zähne.«

Gretelein fehlte in jenem Jahr an 18 Tagen in der Schule, dreimal so oft wie sonst. Und sie bekam das schlechteste Zeugnis ihrer Volksschulzeit.

Dennoch ist sie sich, als Frau im Großmutteralter befragt, eines Leidens durch die politische Verfolgung des Vaters nicht bewußt. Primär waren es die politische Gesinnung und die Prinzipientreue Hein Hamachers, durch die sie sich als Kind von der Mehrheit der Gleichaltrigen ausgeschlossen fühlte. »Natürlich war Vater Freidenker, und ich ging nicht zur Kommunion. Alle anderen taten das. Die hatten ein schönes Fest und kriegten was geschenkt – nur ich nicht. Und in der Schule, wenn die Kinder Religionsunterricht hatten, ging ich mit den beiden einzigen Evangelischen nach Hause. Auch da fühlte ich mich handfest ausgeschlossen. Ich habe unter vielen solcher Sachen nachhaltig gelitten, zum Beispiel auch, als alle Mädchen in den BDM gingen. Man war zehn Jahre alt und kam erst mal zu den Jungmädeln. Ich mußte auch. Ich hätte gern 'ne Uniform gehabt wie die anderen. Alle hatten so schöne blaue Röcke an und 'ne weiße Bluse, dazu hübsche Jacken mit grünen Paspeln, also dieser Volkstums-Look. Aber was mußte ich anziehen? Einen dunkelblauen Faltenrock und 'ne rote Strickjacke – schrecklich. Der Vater hat immer gesagt: ›So ein braunes Jöppchen, das kommt mir nicht ins Haus!‹«

Übrigens langweilte sich Grete bei den Jungmädeln bald; das Singen und Turnen fand sie »öde«. Und auch später, als Jugendliche beim BDM, fiel sie durch häufige Abwesenheit auf. Ihre Entschuldigung, der lange Arbeitstag im Büro und verschiedene Sprachkurse, beeindruckte nicht. Es wurde vielmehr deutlich registriert, daß die Tochter von Hein Hamacher politisch nicht viel ›zuverlässiger‹ zu sein schien als der Vater. Den offiziellen Verweis mußte sie sich persönlich abholen. »Da hatte ich Angst – mit diesem Vater.«

Der war übrigens in dem Prozeß gegen die rheinische Widerstandsgruppe mit einem Freispruch mangels Beweises davongekommen. Nur zwei der 18 damals Angeklagten hatten dieses Glück; die Mehrzahl erhielt Zuchthausstrafen zwischen drei und neun Jahren. Nach 18 Monaten, kurz bevor seine Tochter zehn Jahre alt wurde, war Hein Hamacher wieder zu Hause. Er versuchte, als Hausierer zum Lebensunterhalt beizutragen. Wie zuvor schon seine Frau Margarethe, verkaufte er Kaffee und Tee, Luxuswaren damals, im engeren und weiteren Bekanntenkreis; per Fahrrad fuhr er mit seinem Töchterchen weit ins Bergische, um auch dort Kunden – und nicht nur Kunden – aufzusuchen. Als im Zuge der Kriegsvorbereitungen Arbeitskräfte rar wurden, ließ man Hein Hamacher schließlich zur Erwerbstätigkeit zu; er erhielt einen verantwortungsvollen Posten in den Kölner Ford-Werken.

Dort, in der kaufmännischen Abteilung, fand später auch seine Tochter Arbeit. Zum Gymnasium war sie aus politischen Gründen nicht zugelassen worden; aber sie hatte eine dreijährige Handelsschule absolviert und konnte nun eigenes Geld verdienen. Das war mitten im Krieg, Dezember 1943, und Grete war fast 17.

Seit seinem Freispruch Ende 1936 war Hein Hamacher durch illegale politische Aktivitäten nicht mehr aufgefallen. Aber nach dem 20. Juli 1944 wurde er, wie Tausende anderer ›politisch Unzuverlässiger‹, festgenommen. »Da waren in aller Herrgottsfrühe zwei Männer gekommen, die kamen immer zu zweit, und fragten nach dem Vater. Aber der war schon auf der Arbeit. Ich hab' mich angezogen und bin, so schnell ich konnte, mit dem Fahrrad in den Betrieb gefahren. Der war in Köln-Niehl, rheinaufwärts bis zur Mülheimer Brücke, dann wieder

143

rheinabwärts bis nach Niehl, sehr weit; ich fuhr die Strecke jeden Tag. Ich lief sofort in die Maschinenhalle. Aber als ich kam, wurde er gerade rausgebracht. Er drückte mir irgendeinen Schlüssel in die Hand und sein Notizbuch. Der Mann auf dem Sicherheitsbüro bei Ford meinte, ich wäre ja nicht ganz unschuldig an der Verhaftung meines Vaters; ich hätte es ja mit dem Nationalsozialismus auch nicht so gehabt. Sonst hätte ich ja nicht jedes zweite Mal beim BDM gefehlt und einen Verweis gekriegt. – Also, die wußten im Werk genau Bescheid.«

Grete fand heraus, daß auf dem Kölner Messegelände ein Lager eingerichtet worden war,»Stacheldrahtzaun drum herum und ein Posten davor. Als ich da mit dem Rad ankam, drehte sich der Posten auf dem Absatz um und guckte weg. Einer der Internierten kam von innen an den Zaun und fragte, ob ich jemanden suchte. Als ich den Namen sagte, ging der Mann weg; und es dauerte gar nicht lange, da kam der Vater an den Zaun. Nun wußten wir also, wo er war. Konrad Adenauer war übrigens auch auf der Messe eingesperrt.«

Eine große Zahl von Menschen hinter Stacheldraht zu sehen, schockierte Grete Hamacher nicht.»Daß Leute hinter Gittern saßen – das war seit Kriegsbeginn ein absolut gewohnter Anblick. In einen Tanzsaal in der Nähe unserer Wohnung kamen französische Kriegsgefangene rein. Die kannten mich alle; mit denen hab' ich jeden Tag geredet, und Mutter tauschte bei ihnen Kaffee gegen Nahrungsmittel. An unserer Straßenbahnhaltestelle gab es ein Ukrainer-Lager und auf dem Weg zum Werk in Niehl noch ein Lager für russische Kriegsgefangene. Das war allerdings schrecklich; die Menschen wurden gehalten wie Tiere. Nun, und zwischen all diesen Lagern gab es eben eines, in dem mein Vater war. Der Anblick dieses Lagers ängstigte mich also überhaupt nicht – nur die Vorstellung, daß Vater vielleicht nicht wiederkommt. Aber er kam wieder. Das Personalbüro bei Ford hatte sich ein Bein ausgerissen; sie brauchten ihn. Nach ein paar Wochen wurde das Lager in der Kölner Messe aufgelöst. Aber viele kamen nicht nach Hause; sie wurden abtransportiert – in ein mitteldeutsches KZ.«

Als der Krieg zu Ende ging, war Grete 18 Jahre alt und erlebte in ihrem nächsten Umfeld überraschende Koalitionen. »Ein Onkel, der glühender Nazi war, hatte im Bergischen eine Baracke organisiert. Da zogen wir, der ganze Familienclan, bei Nacht und Nebel hin.« Niemand wollte mehr zum ›Volkssturm‹ eingezogen werden; keiner mochte den Amerikanern bei den Kämpfen ums Rheinufer weiterhin als Zielscheibe dienen. Während in der Baracke alle mit Bangen auf das Kriegsende warteten, blieben Gretes Vater und ihr Onkel nicht untätig. Nachts schlichen sie hinaus zu den nahen Bahngleisen und entfernten die dort von deutschen Soldaten installierten Sprengladungen. Der rote Hein Hamacher und der »glühende Nazi« dachten in überraschender Übereinstimmung pragmatisch. »Sie fanden, es wäre idiotisch, wenn man das alles noch in die Luft jagte, denn später würde man die Bahnlinie doch brauchen.«

Dann kam endlich das Kriegsende, und Grete mußte feststellen: »Von diesem Zeitpunkt an habe ich meinen Vater eigentlich nur noch sporadisch gesehen.« In der Tat. Hein Hamacher schien vergessen zu haben, daß er in Briefen aus den Nazi-Gefängnissen versprochen hatte, sich mehr um Frau und Kind zu kümmern, »wenn das alles vorüber ist«. Er zählte in Köln zu den ›Männern der ersten Stunde‹, wurde noch 1945 Parteisekretär der SPD, gehörte schon im gleichen Jahr der von den Besatzungsbehörden berufenen Stadtvertretung an, wurde anschließend über viele Jahre in den Stadtrat, dann in den Deutschen Bundestag gewählt und war ehrenamtlich in vielen weiteren Gremien tätig, bis er 1974 starb.

*

Grete hatte erlebt, daß Hein Hamacher politisches Engagement zeitlebens wichtiger gewesen war als das Familienleben; seine Frau hatte darunter stärker gelitten als seine Tochter. Diese Tochter hatte durch die politische Überzeugungstreue des Vaters Ausgrenzung, Unsicherheit, Bedrohung, wirtschaftliche Not und Existenzangst über das Maß des damals Alltäglichen hinaus erlebt. Und doch entwickelte sie keine oppositionelle Haltung nach dem Muster ›Generationenkonflikt‹. Sie wurde, im Gegenteil, durch den Vater, dem sie auch äußerlich ähnelt, positiv geprägt; sie trat ganz in seine Fußstapfen.

Grete Hamacher ging 1945, 18jährig, in die SPD, fand mit 19 Arbeit bei der Spitze der wiedererstehenden Gewerkschaften, dann in deren Wirtschaftswissenschaftlichem Institut. Interesse am Inhalt der Arbeit führte sie zur Hochschule für Arbeit, Politik und Wirtschaft nach Wilhelmshaven. Dort erwarb sie die Voraussetzungen zum Studium, das sie in Marburg fortsetzte. So wurde die diplomierte Nationalökonomin zur ersten ›Studierten‹ in der sowohl sozialistisch als auch christlich geprägten Arbeiterfamilie Hamacher/Paffrath. Von ihrer Qualifikation machte Grete allerdings ausschließlich in ehrenamtlicher gesellschaftspolitischer Tätigkeit Gebrauch – als Parteiarbeiterin, Stadtverordnete, Mitglied zahlreicher Kommissionen und Stiftungen. Denn schon vor Abschluß der Diplomarbeit hatte sie einen Kommilitonen geheiratet; und dann waren bald die Kinder gekommen. Hein Hamacher fand es anfangs übrigens etwas schwierig, daß der Auserwählte seines einzigen Kindes ausgerechnet »ein von« war. Aber politisch verstanden sich Hein und sein Schwiegersohn Achim von Loesch gut; und das war nach Ansicht beider das eigentlich Wesentliche.

Als später aus jeweils gegebenen Anlässen an die Zeit der nationalsozialistischen Diktatur erinnert wurde und auch die Kinder erste Fragen stellten, wunderte sich Grete von Loesch zuweilen: »Warum habe ich das damals alles so bruchlos erlebt?« Und ihr fällt immer nur eine Antwort ein: »Weil ich trotz allem alle Zuwendung hatte, die ein Kind braucht.«

## „Es gab für einen jungen Menschen sehr prägende Eindrücke von Gewalt und Vernichtung"

Im Geist des christlichen Widerstandes groß geworden: Marie Theresa Pörzgen

Dr. Marie Theresa Pörzgen, Bonn, Januar 1996

Heinrich Körner,
Foto einer etwa
1942 entstandenen
Porträtzeichnung

Marie Theresa Körner
1943 als etwa Siebzehnjährige

Niemals – wirklich niemals – wollte Marie Theresa Pörzgen etwas mit Politik zu tun haben. Doch dies gelobte sie, als sie noch Marie Theresa Körner hieß, und das ist lange her.

Inzwischen ist sie über 70 und gesellschaftspolitisch stark engagiert; selten hat sie Zeit für anderes. Aber schon früher hatte es sich gefügt, daß ihr Leben alles andere als unpolitisch verlief. Der Mann, den Marie Theresa Körner heiratete, Hermann Pörzgen, war Korrespondent der ›Frankfurter Allgemeinen‹ in Moskau. Dorthin begleitete sie ihn und blieb 18 Jahre, bis zu Pörzgens Tod. Anfangs hatte er journalistische Pionierarbeit geleistet. Der Kalte Krieg bestimmte die politischen, eine an Bescheidenheit kaum zu unterbietende Infrastruktur kennzeichnete die technischen Rahmenbedingungen. Die einzige Mitarbeiterin des ›FAZ‹-Mannes in Moskau war seine Frau.

Sie war eine gute Mitarbeiterin, denn sie besaß profunde Kenntnisse, besonders solche über den real existierenden Sozialismus. Ihre Berufstätigkeit nach Studium und Doktorarbeit hatte, allen ursprünglichen Plänen zum Trotz, bei der Bundeszentrale für Heimatdienst in Bonn begonnen, der späteren Bundeszentrale für politische Bildung. Durch die Herausgabe von Publikationen und die Veranstaltung von Seminaren trug sie dazu bei, daß Aufmerksamkeit fand, was die (West-)Deutschen kollektiv zu vergessen trachteten: den politischen Widerstand gegen das Nazi-Regime und den Holocaust, den damals in Deutschland noch niemand so nannte.

Als um die Mitte der fünfziger Jahre im Wirtschaftswunderland die Auseinandersetzung mit dem Kommunismus immer aggressiver geführt wurde, suchte sie Autoren und Referenten, die zu diesem Thema Fundiertes zu sagen hatten. So begegnete sie Dr. Hermann Pörzgen, dem Journalisten und späten Rußland-Heimkehrer, der seine elfjährige Kriegsgefangenschaft ertragen hatte, weil er sie als Teil des Abtragens deutscher Schuld begriff.

Die Entscheidung füreinander war für Marie Theresa und Hermann Pörzgen »eine Sache von zwei Tagen«. Sie war auch eine Entscheidung für weitere Arbeit in der Politik – und damit das exakte Gegenteil dessen, was die junge Frau einst vom Leben gewollt hatte.

»Nie wieder Politik!« hatte Marie Theresa, knapp 19jährig, gesagt, als der Krieg zu Ende ging. »Ich war entschlossen, mich nur noch mit schönen Dingen zu beschäftigen; das war ein ganz starkes Gefühl, ein ganz starker Wille. Deswegen habe ich Literatur studiert und Kunstgeschichte und Philosophie. Und weil ich immer theaterbegeistert gewesen war und als Kind schon Stücke geschrieben und gespielt hatte, habe ich neben dem Studium eine Schauspielausbildung gemacht und bei Gründgens abgeschlossen. Das gehörte auch zu dieser Negation alles Politischen.«

Der Grund dafür waren nicht nur überstandene Nazi-Zeit und Krieg; es war der gewaltsame Tod ihres Vaters Heinrich Körner in den allerletzten Tagen des Zweiten Weltkriegs. »Zwar habe ich«, sagt die Tochter, »das politische Engagement meines Vaters immer bejaht – aber dieser Tod, im Grunde wollte ich den gar nicht akzeptieren. Da bin ich zusammengebrochen, wirklich, und habe gedacht: So etwas mache ich nie! Ich wollte mich nur noch mit schönen Dingen beschäftigen – Theater, die ganze verboten gewesene Literatur; das war eine direkte Reaktion auf den Tod meines Vaters.« Dieser Tod ereignete sich unter Umständen, die nicht anders als tragisch bezeichnet werden können.

*

Marie Theresa war nicht ganz sieben Jahre alt gewesen, als die Nationalsozialisten im Mai 1933 die Gewerkschaften zerschlugen und ihren Vater erstmals ›in Schutzhaft‹ nahmen.

Heinrich Körner entstammte einer katholischen Arbeiterfamilie in Essen. Nach dem frühen Tod seiner Eltern sollte er, so verlangten es Verwandte, als ›Ungelernter‹ seinen Lebensunterhalt bestreiten. Aber der 13jährige war damals schon bildungshungrig und zielstrebig; er bestand darauf, eine Lehre zu absolvieren. Bei Krupp, wo auch sein Vater gearbeitet hatte, wurde er Werkzeugmacher.

Noch ehe er ausgelernt hatte, schloß er sich der Kolping-Bewegung an, wenig später dem katholischen Gesellenverein und dem christlichen Metallarbeiterverband. Nach dem Ersten Weltkrieg heimgekehrt aus japanischer Kriegsgefangenschaft, widmete sich Körner verstärkt der politischen Bildungsarbeit innerhalb der christlichen Arbeiterbewegung. Dabei stand er in engem Kontakt mit bedeutenden Vertretern des politischen Katholizismus der Weimarer Zeit, darunter Andreas Hermes und Adam Stegerwald. Zusammen mit Jakob Kaiser war Körner von 1926 bis 1933 Geschäftsführer der Christlichen Gewerkschaften Westdeutschlands und gleichzeitig Zentrums-Abgeordneter im Provinziallandtag.

Dies war das geistig-politische Milieu, in dem die drei Kinder der Körners aufwuchsen. Heinrich Körner hatte sich zuvor in Bonn niedergelassen, dort Therese Dierichswerler geheiratet und, gemeinsam mit einem Freund, ein Doppelhaus an jener Straße gebaut, die Jahrzehnte später die Hauptzufahrt ins Regierungsviertel der langjährigen provisorischen Bundeshauptstadt bildete und deshalb ›Diplomatenrennbahn‹ genannt wurde. Diese Straße war aber noch schmal und ruhig und gesäumt von gediegenen Vorgärten, als Marie Theresa, die älteste Körner-Tochter, dort im Sommer 1926 zur Welt kam.

Die Erinnerungen an die Situationen der Verhaftungen des Vaters, einmal 1933 und zweimal 1944, verschwimmen, wenn Marie Theresa Pörzgen nach über fünf und sechs Jahrzehnten daran denkt.»Ich weiß nur mit Sicherheit: Es wurde nichts vertuscht; meine Mutter hat offen mit mir darüber gesprochen. Abgeholt wurde er von zu Hause. Es waren immer zwei Männer, die kamen. Man wußte dann Bescheid, diese Männer mit den Stiefeln; da wußte man, was das bedeutet. Wir haben dem Vater, meiner Erinnerung nach, jedesmal vom Erkerfenster aus nachgeschaut.«

Kindheitserinnerungen: Der ausgeprägte Familiensinn des Vaters, der als Kind Familie kaum erlebt hatte; die besondere Liebe Heinrich Körners zu seinen Töchtern; Sonntagswanderungen im Siebengebirge, Ermutigung zu sportlicher Betätigung, zum Musizieren, zu fremdsprachlicher Bildung; der Besuch des Lyzeums, dessen Nazi-Direktor seine schützende Hand über die Tochter des Nazi-Gegners Körner hielt; das Verschwinden einer jüdischen Klassenkameradin; Berichte des Vaters über einen Freund, der unter Gestapo-Folter Namen nannte; »die brennende Synagoge, dieses Dunkel und dann dieses Licht und das Schreien der Menschen und dann die Stille und das Brennen, und niemand löschte«; nachbarschaftliche Besuche bei dem renommierten Literatur- und Geisteswissenschaftler Oskar Walzel, der völlig isoliert lebte, weil er eine Trennung von seiner jüdischen Frau verweigerte und deshalb seines Lehrstuhls beraubt wurde. »Nur der Elisabeth-Pfarrer, meine Mutter und ich besuchten ihn regelmäßig. Später ging ich oft allein zu ihm. Da gab es unendlich viele Bücher! Und Frau Walzel hat mit mir Gedichte gelesen; durch sie habe ich Rilke kennengelernt, und ihr verdanke ich die Liebe zur Literatur.« Als Marie Theresa 1944 das Abitur machte, schenkte ihr Frau Walzel ein silbernes Kettchen. Noch im selben Jahr wurde die Ehefrau des Wissenschaftlers deportiert; sie kam niemals wieder. »Das sind zum Teil Erinnerungsfetzen, zum Teil aber auch Eindrücke, die man sozusagen noch malen kann. Auf jeden Fall gab es für einen jungen Menschen, der ich ja damals war, sehr prägende Eindrücke von Gewalt und Vernichtung.«

In unmittelbarer Nachbarschaft erlebte Marie Theresa im Kriegsjahr '44 auch Gewalt und Vernichtung ganz direkter Art. Bomben zerstörten Teile ihrer Heimatstadt; Brandbomben setzten geräumige Wohnhäuser in ihrer Straße in Flammen. »Ich habe da geholfen, Leute aus den brennenden Häusern rauszuholen. Mein Helfenwollen war sehr ausgeprägt – wie man als junger Mensch so ist. Und ich erinnere mich genau, daß ich einen jungen Offizier angeschrien habe, der da mit Soldaten marschierte, ohne zu helfen. Den habe ich angeschrien: Er müsse die Truppe dorthin bringen, wo die Menschen im Feuerkessel säßen. Ich erinnere mich genau, daß der das dann auch gemacht hat.«

Zusammen mit den Soldaten stürzte sich die kaum 18jährige dann erneut in die Flammen, um zu retten, wer und was zu retten war. Eine Grundangst spürten Widerständler und ihre Angehörigen im Alltag unterm Hakenkreuz zwar immer; aber in extremer Gefahr kannte Marie Theresa keine Furcht. »Das gehört zu den Seltsamkeiten meiner Person: daß ich in solchen Situationen keine Angst habe, sondern irgendwie abgehoben bin.«

Als die Körners während des Krieges vorübergehend in einen ländlichen Vorort Bonns gezogen waren, um mit Hilfe eines dort vorhandenen großen Gartens ›Selbstversorger‹ sein zu können, erlebten sie ein weiteres Bombardement. »Ein Luftangriff auf ein Dorf ist etwas anderes als auf eine Stadt, weil auf dem Lande die Tiere dazukommen. Das kleine Häuschen, wo wir im Kartoffelkeller saßen, das blieb stehen; nur eine Wand rückte ein bißchen weg. Aber gegenüber waren die Menschen tot. Viele unserer Kinder-Freunde kamen damals um. Und wer noch lebte, den habe ich, mit einem französischen Kriegsgefangenen, versucht rauszuholen. Wir haben mit den bloßen Händen die Erde aufgemacht und versucht zu graben. Aber die Menschen waren eingeklemmt. Auch das habe ich ganz ohne Angst gemacht. Da war nur dieser Wille: stark zu sein und zu helfen. Und so war es bei allen Angriffen: Die Familie, als mein Vater nicht mehr da war, klammerte sich an mich; das galt für meine Mutter, für die ich als älteste auch Ansprechpartnerin war, und für meine beiden Schwestern. Ich habe gestanden, und die anderen haben sich an mich gehalten. Ich habe ihnen die Angst genommen; ich habe ihnen Schutz gegeben. Das sagt man furchtbar ungern über sich selbst. Aber so war es.«

Das unerschrockene Zupacken der jungen Marie Theresa hatte Folgen, die die Tochter eines nach dem 20. Juli 1944 erneut verhafteten Widerstandskämpfers kaum hatte erwarten können. »Ich wurde eines Tages zur NSDAP-Ortsgruppe zitiert. Meine Mutter ist furchtbar erschrocken und war voller Sorge und dachte: Jetzt holen sie auch das Kind. Ich kam da also an, und zu meiner Überraschung haben sie mir feierlich, mit einer großen Ansprache, das Kriegsverdienstkreuz 2. Klasse mit

Schwertern überreicht. Später erfuhr ich, daß Nachbarn, die dabei gewesen waren, als ich die Leute aus den brennenden Häusern geholt hatte, eine Eingabe gemacht haben. Da bekam ich also diese, aus damaliger Sicht, große Auszeichnung. Einen Augenblick dachte ich darüber nach, ob ich ihnen die vor die Füße schmeiße. Aber mein Rollenspiel war doch sehr gut entwickelt, muß ich sagen. Ich nahm nämlich dieses Verdienstkreuz an und marschierte damit sofort zum Gestapoquartier. Denen erzählte ich dann, daß ich da gerade diese große Auszeichnung erhalten hätte, und das würde ich furchtbar gern meinem Vater mitteilen, der allerdings im Gefängnis säße.«

Die ausgezeichnete Marie Theresa, 18 Jahre jung, erhielt die Besuchserlaubnis sofort; sie sollte den kurz vorher zum drittenmal inhaftierten Vater schon am folgenden Tag sehen dürfen. »Aber als ich am nächsten Morgen ankam, da war er schon ganz früh weggebracht worden; da hatte seine Reise begonnen nach Fürstenberg bei Ravensbrück. Und ich habe ihn nie mehr gesehen.«

Die erste Antwort, die Marie Theresa Pörzgen auf Fragen nach der Beziehung zu Heinrich Körner gibt, erfolgt spontan und mit Bestimmtheit: »Ich hab' meinen Vater als einen Helden angesehen.« Sie hatte eine starke und positive Beziehung zu ihm und bezeichnet sich als »typisches Vater-Kind«. »Er war für mich die wichtigste Person.« Diese Person setzte, unbewußt, Maßstäbe und machte die Tochter zu einem ernsthaften und auch anspruchsvollen Menschen. »Ich habe mir manchmal gewünscht, die Dinge etwas leichter nehmen zu können. Aber die Tatsache, daß existenzielle Fragen einen so geprägt haben, schafft Schwierigkeiten, anders zu leben. Zum Beispiel versuche ich immer, nicht hochmütig zu sein, nicht intolerant. Aber das wird schwieriger, wenn man älter wird.«

Sie war auch nicht mehr die jüngste, als sie sich entschloß, Hermann Pörzgen zu heiraten; sie war 33 Jahre alt. Natürlich hatte die außergewöhnlich hübsche und kluge Marie Theresa vorher Männerbeziehungen gehabt. »Aber auch da gab es Schwierigkeiten, ganz große Schwierigkeiten: Ich habe sie alle an meinem Vater gemessen.« In Hermann Pörzgen aber entdeckte sie einen Mann, »der von einem ganz besonderen Ethos getragen war. Da berührten sich dann diese beiden Menschen, mein Mann und mein Vater. Deswegen war es auch eine sehr glückliche Ehe und eine sehr schöne Partnerschaft. Ich war 50, als mein Mann starb – aber es könnte niemals jemand folgen; das würde gar nicht gehen.«

Der Vater blieb Vorbild und unangefochtene moralische Instanz. Daß er 1933 als hauptberuflicher Gewerkschafter seiner Tätigkeit beraubt wurde, daß er anschließend arbeitslos war, daß er sich als Handels- und Versicherungsvertreter durchschlagen mußte, daß er mehrfach ›abgeholt‹ wurde, gehörte aus der Sicht des Kindes zu den Opfern, die man zu bringen hatte. Niemals kam die älteste Körner-Tochter in der Kindheit und niemals kommt sie heute auf den Gedanken, dem Vater vorzuwerfen, daß er die Familie gefährdet und es überdies riskiert hatte, seine Kinder halbverwaist zurückzulassen. »Es war für die Freiheit. Dieses Gefühl, daß man für die Freiheit vieles auf sich nehmen muß, das war bei mir sehr früh und sehr stark. Ich fand in Ordnung, was mein Vater tat. Als mir das bewußt wurde, da war ich ungefähr zehn und dachte: Ich hätte das genauso gemacht.«

Was da »gemacht« wurde, wußte das kleine Mädchen im einzelnen nicht. Es hatte auch kaum Vorstellungen von den Widerstandsaktivitäten, dessen eines Zentrum Körners Inkassobüro in der Kölner Altstadt war. Aber das Kind wußte, daß geschwiegen werden mußte »über alles, was zu Hause vorging«. Und es wußte, daß die Namen der vertrauten Besucher des Vaters außerhalb des Elternhauses nie genannt werden durften – Andreas Hermes, Karl Arnold, Willi Elfes, Johannes Albers, Jakob Kaiser.

Auch aus dem Blickwinkel des Vaters scheint die älteste Tochter eine Sonderrolle unter seinen Kindern eingenommen zu haben. Marie Theresa, die bereits während der Haftzeiten Körners zur Vertrauten der Mutter geworden war, wurde auch durch den Vater stärker als die jüngeren Schwestern informiert. Als nach dem 20. Juli 1944 die meisten ›politisch Verdächtigen‹ aus dem Rheinland festgenommen und auf das Kölner Messegelände gesperrt wurden, mußten einem Freund des Vaters dringend Medikamente gebracht und zugesteckt werden.»Da wurde ich dann als Bote, sozusagen, eingesetzt. Durch einen Drahtzaun hab' ich die Medikamente übergeben. Mit so etwas wurden meine Schwestern nicht befaßt.« Heinrich Körner war damals übrigens nicht auf das Kölner Messegelände, sondern in das Gestapo-Gefängnis gebracht worden.»Der damalige Gestapo-Chef in Köln hatte irgendwie eine Beziehung zu meinem Vater aufgebaut, weil der seine Freunde nicht verriet; das fand der Gestapo-Mann eigentlich sehr heldenhaft. Als dann diese große Unruhe im Westen entstand, nach der Invasion der Alliierten in Frankreich, da hat der meinen Vater freigelassen. Ich erinnere mich daran deshalb so gut, weil nach dieser Erzählung mein Vater gesagt hat: ›Und trotzdem muß er hängen!‹«

Heinrich Körner hatte keine Gelegenheit mitzuerleben, was nach Kriegsende mit den Handlangern des Regimes geschah – und was eben nicht geschah.

Kaum nach der Verhaftungswelle im Spätsommer '44 freigelassen, wurde er im November schon wieder festgenommen. Der Zug in Richtung Ravensbrück stoppte wegen eines Luftangriffs bei Gießen. Auf dem Gleis gegenüber hielt aus diesem Grund auch ein Zug, der Soldaten von der Ostfront in Richtung Westen brachte. Unter den Männern in jenem Zug entdeckte Körner seinen Freund Deutz aus dem gemeinsam erbauten und bewohnten Haus in Bonn. Die beiden konnten miteinander sprechen. So erfuhr die Familie in Bonn, daß Heinrich Körner ›auf Transport‹ in Richtung Osten war.

Marie Theresa, die gerade in dieser Situation ihrer Mutter gern beigestanden hätte, wurde fast gleichzeitig als sogenannte Studienhelferin zur Arbeit in einem Kriegsblindenhaus dienstverpflichtet; es war in einem Sanatorium in Bad Salzschlirf eingerichtet worden.»Da war es friedlich und schön und sehr katholisch.« Das Haus war auch Schule und bot den kriegsversehrten Soldaten die Möglichkeit, das Abitur nachzuholen. Marie Theresa empfand die Tätigkeit nicht als anstrengend; sie mußte den plötzlich Erblindeten»die Augen ersetzen«. Als vorteilhaft erwies sich auch, daß der Briefverkehr mit dem Vater in Fürstenberg von Salzschlirf aus wesentlich besser als von Bonn aus funktionierte; der Rhein, auf dessen westlicher Seite ihre Heimatstadt liegt, wurde im Kriegswinter 1944/45 immer häufiger zur unüberwindlichen Grenze, auch für die Post.»Aber von Salzschlirf aus hat der Vater alle Briefe und Karten erhalten. Ich habe sie später wiederbekommen. Er trug sie in seiner Brusttasche – von Kugeln durchlöchert.«

Daß Marie Theresa Tochter eines entschiedenen Widerstandskämpfers war, dessen politische Ansichten sie teilte, behielt sie selbstverständlich für sich. Sie hat, im Gegenteil, mit Hilfe ihrer Tapferkeitsauszeichnung »ein Erscheinungsbild geboten, das nicht der Wirklichkeit entsprach«. In dem Blindenhaus, in dem sich auch mehrere SS-Offiziere befanden, versäumte Marie Theresa nämlich nie, ihr Kriegsverdienstkreuz zu tragen; das war ihre Mimikry. »Das war ein Kriegsorden, kein Naziorden. Aber die Wirkung auf andere war wohl, daß sie annahmen, eine glühende Anhängerin des Nationalsozialismus vor sich zu haben, nur weil ich diese Ordensspange trug.«

Ein halbes Jahrhundert danach mußte Marie Theresa Pörzgen wiederholt an diese Situation zurückdenken: Das Bild, welches Menschen in einem totalitären Staat bieten, muß nicht zwingend der Wirklichkeit entsprechen; es kann auch ein Bild der äußeren Anpassung, ein Bild der Tarnung sein. »Ganz seltsam ist das, wenn man in einer Diktatur aufwächst: Wieviel ganz selbstverständlich geschieht, ohne daß man darüber Überlegungen anstellt. Die stellt man dann später an: Wie ist das eigentlich gekommen, was hat es für Gründe gegeben, sich so und nicht anders zu verhalten? Man kann diese Frage nicht beantworten.«

Als Marie Theresa Pörzgen Ende der fünfziger Jahre mit ihrem Mann nach Moskau ging, entdeckte sie bald, daß es ihr leichter fiel als allen anderen, das abgeschottete Leben von Bewohnern aus dem Westen zu ertragen. »Viele haben unter diesem Ghettodasein sehr gelitten; nirgendwo offen sprechen zu können, hat ihnen sehr zugesetzt, den Diplomaten und den Journalisten. Vor allen Dingen wurden viele Ehefrauen damit nicht fertig. Ich aber hab' dieses Empfinden überhaupt nicht gehabt. So zu leben, war mir ganz vertraut. Ich fiel wieder in das Verhalten meiner Kindheit zurück. Es hat mir also in der Sowjetunion ungeheuer geholfen, als Kind in der Nazi-Zeit aufgewachsen zu sein. Es hat mir auch geholfen, ganz schnell sehr guten Kontakt und gute Gespräche mit Menschen zu finden, die wir später ›Dissidenten‹ nannten.«

Die gleiche Beobachtung an sich selbst machte Marie Theresa Pörzgen, als sie sich nach dem Untergang der DDR in den neu hinzugekommenen Bundesländern an Arbeitsgruppen und Diskussionsrunden beteiligte, die der Aufarbeitung der DDR-Geschichte dienen sollten. »Ich hatte keine Schwierigkeiten, mit den Menschen dort umzugehen; ich konnte das am besten. Man ist geprägt von vergleichbaren Lebensumständen in der Kindheit und Jugend; dadurch hat man einfach eine andere Sensibilität. Man kann nachempfinden, was die Menschen über ihre Nöte sagen; und sie fühlen sich verstanden. Das spielt sich alles im Unbewußten ab; aber man verliert die eigene Prägung nie.«

Das gilt auch für die erworbene Sensibilität in anderer Richtung. »Bei neuen Bekannten merke ich sofort, wenn der Gesprächspartner auch ein Kind des Widerstandes ist – selbst wenn das Thema gar nicht angesprochen wird. Das ist mir immer wieder passiert. Man strahlt etwas aus, das Gegenüber strahlt etwas aus; und dann weiß man Bescheid.«

Für die direkt von Verfolgung Bedrohten hatte Marie Theresa schon als junges Mädchen einen Blick entwickelt. Mit ihm erkannte sie zum Beispiel sofort die große Gefahr, in der sich Jakob Kaiser bei ihrer letzten Begegnung während des Krieges befand. »Unmittelbar nach dem 20. Juli 1944, am 21. oder 22., schellte es an unserer Haustür. Die Tür hatte ein kleines Fenster, und wir hatten die Angewohnheit, immer, wenn es schellte, erst das Fensterchen zu öffnen. Das tat ich an dem Tag. Und da sah ich das Gesicht von Jakob Kaiser. Das hat sich mir unauslöschlich eingeprägt: Es war ein Gesicht voller Angst, das Gesicht eines gejagten, eines gehetzten Menschen.« Marie Theresa ließ ihn sofort ein. Kaiser war von Berlin nach Bonn gekommen, um mitzuteilen, daß er im Schwarzwald bei einem Freund untertauchen wolle. Doch Heinrich Körner gab ihm den dringenden Rat, nach Berlin zurückzufahren. »Wir hatten doch selbst schon die Erfahrung gemacht, daß man sich in der Großstadt viel leichter verstecken kann.« Tatsächlich fuhr Jakob Kaiser zurück. Er verbrachte die nächsten Monate in einem Keller in Babelsberg. Erst als der Kampf um Berlin beendet war und das Deutsche Reich bedingungslos kapituliert hatte, wagte er sich aus seinem Versteck hervor.

Für den ›Tag danach‹ hatten sich die Freunde aus der christlichen Gewerkschaftsbewegung in Berlin verabredet. Sie wollten so früh wie möglich an der Schaffung des neuen Staatswesens mitwirken. Aber auf Heinrich Körner wartete Jakob Kaiser am vereinbarten Ort vergebens.

Körner war am 6. April 1945 in einem der letzten Prozesse des ›Volksgerichtshofs‹ zu vier Zuchthausjahren verurteilt und ins Gefängnis Plötzensee gebracht worden. Knapp drei Wochen danach wurden die Häftlinge von Soldaten der Roten Armee befreit. Zusammen mit dem ebenfalls inhaftierten und befreiten Johannes Albers verließ Körner Plötzensee, nachdem sich beide Freunde aus den Gefängnisvorräten noch mit Brot versorgt hatten. Soldaten drangen ins Gefängnis ein, Häftlinge rannten hinaus; sie wußten nicht, was draußen vorging. Zwischen den Trümmern der Stadt waren Barrikaden errichtet worden; der Kampf um Berlin war in jenen letzten April-Tagen noch nicht beendet. In dieser Situation haben sich die beiden Männer aus den Augen verloren. Johannes Albers kam allein in Bonn an und berichtete von den Ereignissen. Täglich erwartete man auch die Ankunft Körners. Aber er kam nicht.

Jakob Kaiser und Andreas Hermes stellten unmittelbar nach Kriegsende in Berlin mühselige Nachforschungen an. Schließlich brachten sie in Erfahrung, daß ihr Freund Körner nach seiner Befreiung aus Plötzensee bei den Straßenkämpfen um Berlin in SS-Barrikaden geraten und durch mehrere Schüsse aufs schwerste verletzt worden war. »Es war der 25. oder 26. April; da gibt es eben keine wirkliche dokumentarische Gewißheit«, stellt Marie Theresa Pörzgen fest. »Ich kann also nur sagen: frei und tot.«

Kaiser und Hermes ermittelten außerdem, daß Heinrich Körner sterbend noch in ein Krankenhaus im Wedding gebracht worden war. Sie sprachen mit der Aufnahmeschwester. Die hatte sich den Fall gemerkt, weil er von ungewöhnlicher Tragik war: Der politische Häftling rennt durch die geöffneten Gefängnistüren in die Freiheit – und stirbt durch die Kugeln des letzten deutschen militärischen Aufgebots.

Viele Menschen starben damals in den Straßen Berlins, und viele von ihnen wurden in jenes Krankenhaus im Wedding gebracht. Die Toten begrub man einstweilen im Hof der Klinik. Einige Monate später wurden sie umgebettet. Während zahlreiche nicht identifizierte Leichen in einem Massengrab beigesetzt wurden, brachten für manche der identifizierten Toten die Hinterbliebenen notdürftig gezimmerte Särge herbei. Eine Mutter hatte ihrem Sohn einen Sarg schreinern lassen, dem der frühere Kleiderschrank deutlich anzusehen war. Versehentlich wurden in diesem Provisorium die sterblichen Überreste Heinrich Körners bestattet; das Grab wurde mit dem Namen jenes jungen Mannes gekennzeichnet, für den der Sarg eigentlich gedacht gewesen war. Auch diesen Tatbestand notierte die Schwester des Krankenhauses im Wedding. Jakob Kaiser und Andreas Hermes rieten der Witwe Körner, die Dinge ruhen zu lassen, wie sie nun einmal waren. »Aber das wollte meine Mutter nicht; sie hatte schon so vieles geopfert. Und da wurde es dann meine Aufgabe, den Namen meines Vaters auf dieses Grab zu setzen.«

Noch später als ihre Mutter und die beiden Schwestern hatte Marie Theresa Körner von den Ereignissen erfahren. Ihre Tätigkeit am Blindenhaus für Wehrmachtssoldaten und SS-Offiziere hatte nach Kriegsende zu ihrer Internierung geführt; die Ordensspange war in diesem Fall alles andere als hilfreich gewesen. Erst im Juni 1945, kurz vor Vollendung ihres 19. Lebensjahres, wurde Marie Theresa durch Vermittlung von Geistlichen, darunter der Bischof von Fulda, aus der Internierung entlassen. »Ich war kein tapferes Mädchen, als mich die Nachricht vom Tod meines Vaters erreichte. Ich war wie erstarrt. Die

Hoffnung war immer groß gewesen, die Angst auch. Aber diese Gewißheit war eine schreckliche Erfahrung.«

Zwei schwarze GIs der amerikanischen Besatzungsbehörde fuhren Marie Theresa Körner im Frühsommer 1945 mit einem Kurierfahrzeug aus der Internierung durch das verwüstete Land und über den Rhein in ihre Heimatstadt Bonn.

Wieder war sie es, das zwar erst 19jährige, aber älteste Kind Körners, das die Aufgabe übernehmen mußte, nach Berlin zu reisen, dort das Grab des Vaters zu finden und es mit seinem Namen zu versehen. »Das war dann meine erste Begegnung mit Berlin; deshalb habe ich eine besondere Beziehung zu dieser Stadt. Dort bin ich den Stätten nachgegangen, von denen Hermes und Kaiser berichtet hatten, Lehrter Straße, Plötzensee. Das war da natürlich noch nicht Gedenkstätte, sondern ein verrotteter Platz, die Wand übersät mit Einschlägen der Kugeln von all diesen Erschießungen.« Marie Theresa ging auch zu der Mutter jenes gefallenen jungen Mannes, in dessen Sarg Heinrich Körner bestattet worden war. Sie klärte die Frau über die Verwechslung auf und vermochte ihr zum Trost nicht einmal den Platz auf dem Friedhof zu nennen, an dem sie um ihren Sohn trauern konnte.

Dann fand Marie Theresa einen Schreiner und gab ein Kreuz für das Grab ihres Vaters in Auftrag. »Am nächsten oder übernächsten Morgen habe ich das um fünf Uhr früh abgeholt und bin mit dem schweren Kreuz auf der Schulter durch den zerstörten Wedding, durch diese Bombenstadt, zum Friedhof gegangen und hab' das Kreuz dort eingesetzt. Das Gespräch mit der armen Frau, die für ihren Sohn umsonst einen Sarg hatte bauen lassen, das habe ich vergessen; da erinnere ich mich an keine Einzelheiten. Aber noch heute sehe ich mich mit diesem Kreuz auf der Schulter durch die Trümmer Berlins gehen.«

*

Nach dem Schock über den Tod des Vaters erlebte Marie Theresa die Situation »als, wie man im Christlichen sagt, Gottes Fügung, Gottes Wille. Außerdem war die Familie insgesamt getragen von der Gewißheit, daß das Ziel, für welches er gestorben war, erreicht worden ist. Es war ganz wichtig, daß das, wofür er gekämpft hat, dann auch kam – Kriegsende, Freiheit, Wiederaufbau, und zwar nach den Vorstellungen, für die er und seine Freunde gestorben sind. Der Anfang der CDU, der SPD, auch des DGB war getragen von dem Vermächtnis dieser Männer. Das zu erleben, war ganz wichtig für unsere Familie.«

Das Vermächtnis des Vaters – im Sinne direkten aktiven politischen Engagements – aber wollte dessen älteste Tochter nicht weitertragen. Das tat ihre Mutter. Die Witwe Heinrich Körners war einst Lehrerin geworden, hatte ihren Beruf aber nicht ausüben können, weil die aus dem Ersten Weltkrieg heimkehrenden Kollegen damals bevorzugt eingestellt wurden. Nun, nach dem Zweiten Weltkrieg, ging Therese Körner in den Schuldienst, um für sich und ihre drei Töchter zu sorgen. Sie ging aber auch in die Politik. Von den Besatzungsbehörden wurde die Mitgründerin der örtlichen CDU 1946 in den ersten Bonner Stadtrat berufen, dem sie, später demokratisch gewählt, 19 Jahre lang angehörte.

Therese Körner, Marie Theresas Mutter, überlebte ihren Mann um ein halbes Jahrhundert. Wenn die Lokalpresse über sie aus Anlaß von Auszeichnungen und Ehrungen berichtete, wurde manchmal ein tiefer Griff ins Bildarchiv getan. Zu sehen war dann nicht nur ein aktuelles Porträt der Kommunalpolitikerin, sondern auch ein Zeitungsfoto aus den späten vierziger Jahren. Da sind, wohlwollend lächelnd, viele Männer zu sehen. Sie umstehen eine Frau in Hut und Mantel, die energisch einen Spatenstich tut: Die Stadträtin Therese Körner gibt das Signal für den Bau einer von Max Taut konzipierten zweckmäßigschlichten, aber hochmodernen Neubausiedlung – Symbol für den Wiederaufbau im damals eben zur provisorischen Bundeshauptstadt erklärten Bonn. Das ganze Ensemble steht inzwischen unter Denkmalschutz. Eine Heinrich-Körner-Straße gibt es dort schon seit dem Sommer 1949.

„Da verlor das kleine Mädchen die eigene Spur aus den Augen"

# „Da verlor das kleine Mädchen die eigene Spur aus den Augen"

Das Lebensthema der Renate Martin:
die Ideale des Vaters und
die späte Verarbeitung seines Todes

Renate
Martin-Reichwein,
München,
September 1995

Adolf Reichwein

Adolf Reichwein
mit seinen beiden
älteren Kindern
Renate und Roland,
1942

Viele Jahre nach dem gewaltsamen Tod Adolf Reichweins wurde eine seiner Töchter gebeten, einen Vortrag über den Vater zu halten. Die Aussicht versetzte Renate Martin in Panik. Nur einmal hatte sie einem Radioreporter gegenüber Auskunft gegeben; das war um den zehnten Jahrestag des 20. Juli 1944 gewesen und lag schon ein halbes Menschenleben lang zurück. Danach hatte sie sich über den Vater nie öffentlich geäußert. Zwar wäre unter den vier Reichwein-Kindern Renate Martin als ältestes auch das kompetenteste, denn sie besitzt die deutlichsten eigenen Erinnerungen an den Vater; aber sie ist eine äußerst zurückhaltende Frau, eine, die von sich sagt, sie »trete eben nicht gern in die erste Reihe«. Das überläßt sie, wenn es um das Thema ›Widerstand‹ geht, gern ihrer Mutter, der hochbetagten Witwe Reichweins, und ihrer jüngsten Schwester. Sie selbst, Renate Martin-Reichwein, die ihrem Ehenamen spät den Vaternamen hinzugefügt hat, engagiert sich lieber im 1982 gegründeten Adolf-Reichwein-Verein, der das geistige, das pädagogische Erbe Reichweins erforschen, bewahren und weitertragen will.

Diesmal aber, um den 50. Jahrestag des 20. Juli 1944, wollte sich Renate Martin dem Widerstands-Thema nicht erneut entziehen. »Mein Vater – das ist doch mein Lebensthema! Aber ich hatte praktisch noch nie die Dinge aus mir rausgelotet, so daß man sie anderen mitteilen kann.« Wochenlang grübelte sie der Frage nach, was es über einen Mann zu sagen gibt, dessen Leben hinreichend dokumentiert ist. Eine beachtliche Zahl größerer und kleinerer Publikationen ist schließlich jedem verfügbar, der sich über den Reformpädagogen, über das Mitglied des Kreisauer Kreises, über den verratenen und hingerichteten Widerstandskämpfer Adolf Reichwein informieren möchte. Zudem gibt es aus dessen eigener Feder nicht nur Schriften zu pädagogischen Themen, sondern auch aufschlußreiche Aufzeichnungen über seinen politischen Entwicklungsweg.

Das alles wollte Renate Martin nicht zusammenfassend wiederholen. Sie beschloß schließlich, nicht in erster Linie über den Vater zu sprechen, sondern über ihre sehr persönlichen Erinnerungen an diesen außergewöhnlichen Menschen – und damit auch über sich selbst. Das war ungewöhnlich für eine Frau, die behauptet, sich stets »lieber im Hintergrund« aufzuhalten. Aber Renate Martin empfindet es »als ein schwerwiegendes Versäumnis, daß seit dem Kriegsende in unserem Land Kinder kaum je dazu befragt wurden, welche seelischen Beschädigungen sie als möglicherweise lebenslange Folgen davontrugen durch die Ermordung ihrer Väter oder Mütter unter der Willkürherrschaft einer Diktatur«. Damit widerspricht sie entschieden einer Mutmaßung auch Freya von Moltkes, nach der die Ereignisse jener Zeit an den Kindern der damals aktiv Beteiligten vollkommen vorübergegangen seien. »Aber so war es eben nicht.« Und mit dieser Feststellung begann Renate Martin ihren Vortrag.

*

Schon ihr Geburtsort, ein kleines Dorf in Brandenburg, stand im Zusammenhang mit den Folgen der ethischen und politischen Überzeugung des Vaters. Als leidenschaftlicher Pädagoge hatte er sich in der Weimarer Zeit besonders für den Aufbau des Volkshochschulwesens und für die Lehrerbildung eingesetzt; nach einer Tätigkeit im preußischen Kultusministerium war Reichwein zuletzt Professor für Geschichte und Staatsbürgerkunde an der 1930 eröffneten Pädagogischen Akademie in Halle an der Saale gewesen. Schon im April 1933 wurde er aus politischen Gründen entlassen und die als ›Rote Akademie‹ apostrophierte Anstalt geschlossen. Ein Exil kam für Reichwein nicht in Frage. Als Ort der ›inneren Emigration‹ wählte er die einklassige Volksschule in Tiefensee, einer winzigen brandenburgischen Ortschaft. Hier wurde Renate Reichwein im Februar 1934 geboren; und hier verbrachte sie ihre ersten Kinderjahre, die auch ihre glücklichsten waren.

Als faszinierend empfand das kleine Mädchen die dörfliche Umgebung, die es schon früh und völlig angstfrei erkunden konnte. Das Kind genoß auch die dauernde Nähe des Vaters, dessen Lebens- und Arbeitswelt eins waren. »Das Schulhaus – wir lebten ja alle dort. Aber ich habe keine Erinnerung an die Welt der Mutter und der Geschwister, nur Erinnerungen an die Arbeits- und Lebensräume des Vaters, also das Schulzimmer und sein Arbeitszimmer.«

Reichwein machte aus der einklassigen Dorfschule trotz Bespitzelung durch die örtlichen Nazis eine reformpädagogische Mustereinrichtung, die noch heute beispielgebend ist. Wie nachhaltig er mit seiner liebevollen, ganzheitlichen Erziehung gewirkt hat, erfuhr seine älteste Tochter, als sie Mitte der neunziger Jahre das Dörfchen Tiefensee erstmals besuchte. »Da waren noch Schülerinnen meines Vaters; und die kamen auf mich zu, als wär's gestern gewesen. Sie fingen an zu erzählen, wie es damals war, wie der Vater nach meiner Geburt so eine Art Anschauungsunterricht gemacht hat, indem er die Mädchen mich, das Baby, in seiner Entwicklung miterleben ließ. Was ihnen besonders in Erinnerung geblieben war, das war seine Freude an dem Wachsen dieses Kindes.« Mit seiner Hingabe an die pädagogische Aufgabe scheint Reichwein nicht nur seine Schüler, sondern auch erwachsene Freunde und Gesprächspartner in den Bann gezogen zu haben. »Es strahlte gleichsam ein inneres Feuer von ihm aus«, schrieb Susanne Suhr über ihn.

Reichweins erstes Kind wurde längst vor Beginn seiner Schulpflicht einbezogen in die Gesellschaft von Schülerinnen und Schülern des Vaters. Anschauungsunterricht in der Natur, ein gemeinsam gebautes Bienen- und Gewächshaus im Schulgarten, die Beobachtung des Sternenhimmels, die Entdeckung aller Arten von Wiesenblumen, Bäumen und Vögeln, das Basteln von Blockflöten aus Sonnenblumenstielen und dann das Musizieren – das war die frühe Kindheit der kleinen Renate Reichwein.

Die Idylle des Lebens in Tiefensee ging 1939 zu Ende. Adolf und Rosemarie Reichwein glaubten, dorthin gehen zu müssen, wo sie den politischen Entwicklungen näher waren; deshalb hatte Reichwein das Angebot einer Stellung als Pädagoge am Staatlichen Volkskundemuseum in Berlin angenommen. Sie bot verhältnismäßig gute, nämlich unverfänglich erscheinende Möglichkeiten des Aufbaus und der Pflege von Kontakten mit Frauen und Männern aus der politischen Opposition.

Für Reichweins ältestes, damals fünfjähriges Kind bedeutete der Umzug vom Dorf in die Großstadt allerdings den ersten schmerzhaften Einschnitt in seinem Leben. »Was bisher überschaubar war, wurde unübersehbar; die Dorfstraße verzweigte sich in viele Nebenstraßen. Die Welt des Vaters war nun ganz fern und ins Unbekannte entrückt. Er ging seiner Arbeit ›in der Stadt‹ nach, und ich hatte keine Ahnung, was und wo das war.«

Viel später erst erfuhr Renate Martin Einzelheiten über die engagierte museumspädagogische Arbeit, die ihr Vater geleistet hatte. Auch dauerte es Jahrzehnte, ehe ihr Details über die Aktivitäten bekannt wurden, die sonst noch von dem Museum ausgingen: Es war im Prinzessinnenpalais Unter den Linden untergebracht, und Reichweins Büro als Leiter der Abteilung ›Schule und Museum‹ wurde zum Treffpunkt einer Gruppe oppositionell denkender Menschen, die später als ›Kreisauer Kreis‹ bekannt wurde. Und wenn die politischen Freunde, wie Carlo Mierendorff und Theodor Haubach, nicht ins Museum kamen, so waren sie doch innerhalb Berlins auf unverfänglichere Weise erreichbar als vom Dörfchen Tiefensee aus. Besonders die Kontakte zu Helmuth James Graf von Moltke, mit dem sich Reichwein schon in den zwanziger Jahren angefreundet hatte, wurden nach dem Umzug in die Hauptstadt intensiviert. Weitere Verbindungen mit dem politischen Widerstand knüpfte Reichwein während seiner zahlreichen Vortragsreisen als Museumspädagoge.

Die Kinder – bis 1941 hatte Renate Reichwein drei jüngere Geschwister bekommen – schienen von all dem auch dann nichts zu bemerken, wenn politische Freunde die Reichweins zu Hause besuchten. Mierendorff, zum Beispiel, ist Renate »einzig in Erinnerung geblieben durch sein heiteres und uns Kindern liebenswürdig zugewandtes Wesen, und weil er mit seinen großen Ohren wackeln konnte, wenn wir ihm den Finger auf die

Stirn drückten«. Reichwein legte größten Wert darauf, die Kinder in völliger Unkenntnis über seine wahre politische Einstellung zu lassen. Eine der wenigen Ausnahmen, derer sich Renate Martin entsinnt, wird von ihr als »Ausrutscher« beschrieben.

»Ich erinnere mich gut, daß der Vater eines Abends nach einer Ausstellungseröffnung im Museum nach Hause kam und spürbar angewidert davon erzählte, daß Göring ihm seine ›wabbeligweiche‹ Hand gegeben habe. Das war im Beisein des Kindes ziemlich unvorsichtig, wohl aber insofern ungefährlich, als wir von Elternseite her ganz unbehelligt in unserer kleinen ›Schüler-Nazi-Welt‹ belassen wurden. Der Vater verhielt sich also durchaus kindgerecht: Wir sollten nicht in Zwiespalt geraten zwischen Innen- und Außenleben. Das ging so weit, daß er tolerierte, wenn mein kleiner Bruder seine Hitler-Fahne schwenkte und sie unbedingt an den Giebel des Ferienhäuschens auf Hiddensee stecken wollte; das hat man dann zugelassen. Meine Mutter konnte diese Praxis, wie ich später erfuhr, weniger gut akzeptieren. Aber Vater hielt das ganz gut aus und beruhigte sie in solchen Situationen mit Bemerkungen wie: ›Laß die Kinder mal; die werden eines Tages begreifen.‹«

Zur »kleinen Schüler-Nazi-Welt« zählte für Renate Reichwein auch der auf dem Schulhof widerspruchslos vollführte ›Führergruß‹ während der Ansprachen des Schulleiters zu jedem Wochenbeginn. Das fand sie zwar überaus lästig, fühlte sich allerdings entschädigt durch die andauernde und liebevolle Zuwendung ihrer ersten Volksschullehrerin; die nämlich verwöhnte sie mit Kosenamen, während sich Renate in der Geschwisterreihe zu Hause inzwischen nur noch als »die Große« erlebte, die »immer vernünftig sein mußte«. Besonders glücklich war Renate, als sie sich dieser Lehrerin einmal als geübte Blockflötenspielerin und Teil des Familien-Quartetts präsentieren durfte; die Reichweins hatten die Dame zu einem ihrer Hauskonzerte eingeladen. »Daß sie Nationalsozialistin war, spielte in diesem Zusammenhang offenbar keine Rolle – oder es war eine Schutzmaßnahme.« Schutzfunktion hatte auch der noch gegen Kriegsende von Renate geforderte Beitritt zu den ›Deutschen Jungmädels‹. Renate fühlte sich dort ausgesprochen unwohl;

aber oppositionell glaubt sie nur gewesen zu sein, weil sie
»einfach kein Gruppenmensch« ist.

Das stellte Renate Reichwein nicht nur bei der Hitler-Jugend
fest, sondern auch durch die verschiedenen Ortswechsel, zu
denen die Familie während des Krieges genötigt war. Als die
Wohnung in Berlin durch Bomben zerstört war, zogen die
Reichweins, mit Ausnahme des Vaters, auf das Moltke-Gut in
Kreisau, und Schweidnitz, die nächst gelegene größere Stadt,
wurde Renates neuer Schulort. Zuweilen lebte sie auch bei den
Großeltern in Göttingen. »Überall, wo wir uns aufhielten oder
wohin wir Kinder jeweils verteilt wurden, ging ich in die Schule,
in Berlin und auf Hiddensee, in Schlesien und in Göttingen.
Was auch geschah – Schule mußte sein.« Und immer mußte sich
das Kind, das sich anderen nicht leicht anschloß, in einer neuen
Umgebung zurechtfinden.

In Göttingen immerhin, dem Wohnort der Großeltern, hatte
das Mädchen schon Freunde. Es war noch Sommerferienzeit, als
Renate dort im Juli 1944 einen Brief der Mutter erhielt: Der
Vater habe einen plötzlichen Anfall von Gelenkrheumatismus
erlitten, schrieb Rosemarie Reichwein ihrer ältesten Tochter;
deshalb sei ein Treffen in absehbarer Zeit nicht möglich. Daß
Adolf Reichwein, und unmittelbar danach Julius Leber, am 4.
Juli verhaftet worden war, wurde den Kindern gegenüber ver-
heimlicht, auch dann noch, als »später die Mutter und ich doch
so viel zusammen zu tun hatten, bis hin zum stundenlangen gemeinsamen Stricken von Pullovern für die kleineren Geschwister zum Winter 1945. Aber ich habe niemals danach gefragt,
warum sie sich als Notlüge ausgerechnet den Gelenkrheumatismus ausgedacht hatte, eine Krankheit, an der man nicht
stirbt.«

Am 20. Oktober 1944 wurde Adolf Reichwein hingerichtet,
kurz nach Vollendung seines 46. Lebensjahres. »Ich war also bei
den Großeltern. Sie lebten in einer sehr schönen alten Straße in
Göttingen. Ich kam aus der Schule. Es war ein wunderbarer
Oktobertag. Ich liebe diese klaren, farbigen Tage im Oktober.
Ich fühlte mich sehr glücklich; ich war wirklich rundum zufrie-
den mit mir, mit der Welt, mit allem. Da kam ich also nach

Hause, und die Großmutter machte mir die Tür auf und konnte gar nicht anders, als mir schon an der Tür zu sagen, was los war: Der Vater ist tot. Da brach die Schönheit dieses Tages ab. Da war etwas passiert, das hat mich jahrzehntelang gewürgt. Und es gab dann noch die nachfolgende Situation: Man saß zusammen am Mittagstisch, ich an einem runden Tisch zwischen den beiden Großeltern. Mir gegenüber über einem Ofen hing ein auf Goldgrund gemaltes Christusantlitz, sehr stark verrußt vom Ofen; aber es hing da, und mein Blick fiel darauf. Ich hab' furchtbar geweint. Und da hat mein Großvater etwas gesagt, was ich auch ein Leben lang nicht vergessen habe. Er sagte plötzlich: ›Bei Tisch wird nicht geweint!‹ Und das fuhr wie ein Stock in meinen Rücken – und ich darf mich nicht mehr rühren. Und das hat angehalten, das hat sehr lange angehalten.«

Wenig später kam Rosemarie Reichwein, die Mutter, nach Göttingen. »Es gab da eine Nacht, in der wir zusammengelegen haben, wenig geschlafen, wenn überhaupt. In der Nacht hat sie mir die Wahrheit gesagt: daß der Vater nicht an irgendeiner Krankheit gestorben ist. Und das empfand ich wohl, bei allem Kummer, als sehr verbindend zwischen meiner Mutter und mir: daß ich in dieser Nacht, in der ich von ihr die Wahrheit hörte, zur Vertrauten gemacht wurde. Ich blieb nicht das Kind, das nicht weinen durfte, sondern ich wurde Mitwisserin. Und das habe ich sehr ernst genommen. Das hab' ich so ernst genommen, daß ich eine Beziehung, die sich in Göttingen zu einer Mitschülerin ergeben hatte, deren Vater aktiver Major im Dienste Hitlers war, eine Familie, in der ich häufig verkehrte, daß ich diese Beziehung sofort abbrach.«

Von nun an entwickelte Renate Reichwein, das älteste Kind einer vaterlosen Familie, eine Ernsthaftigkeit, die sie »wirklich in so eine Art Korsett gesperrt« und niemals wieder verlassen hat. Ihre Augen lächeln bis heute nicht, wenn der Gesichtsausdruck einmal heiter ist. Als ihre spät geschlossene Ehe scheiterte, äußerte, wie zum Trost, eine Freundin: Aber wenigstens hat er dich ab und zu zum Lachen gebracht. »Es gibt da ein altes Foto«, erinnert sich Renate Martin; »an das Foto muß ich oft denken: Da stehe ich so schräg angelehnt an meinen Vater. Und dieser Vater ist mir damals einfach weggebrochen.«

Die dramatischen Eindrücke und Ereignisse des folgenden Jahres reichten dem zehn-, dann elfjährigen Kind nicht, um abzulenken vom Schmerz des Verlustes; sie reichten für die Dauer einiger Kinderjahre nicht einmal, um den Verlust überhaupt als Realität hinzunehmen.

Zu Weihnachten 1944 holte Rosemarie Reichwein ihre Älteste nach Kreisau zurück. Ostern 45 treckten sie alle von Schlesien ins Riesengebirge, ein Planwagen voller Gepäck, ein weiterer voller Grundnahrungsmittel, dazu eine Anzahl von Hühnern. In der altmodischen Kutsche aus der Remise des Schlosses saßen die vier Reichwein-Kinder und die beiden Moltke-Söhne; durch die Hinrichtung ihres Vaters, Helmuth James Graf von Moltke, waren auch sie zu Halbwaisen geworden. Es war eine Fluchtgeschichte wie Millionen anderer – zwei Frauen mit vielen Kindern. Und doch war es eine andere Fluchtgeschichte; denn die Väter dieser sechs Kinder waren keine gefallenen Soldaten, sie waren Gegner des Regimes und Gegner dieses Krieges gewesen – und nun auf besonders grausame Weise zu deren Opfern geworden.

Freya von Moltke begleitete den Flüchtlingszug, fuhr dann aber nach Kreisau zurück. Renate vergaß vorübergehend alle Sorge um Tante Freya und alle Ängste aus Ungewißheit über die Zukunft, als die beiden Teilfamilien am Fluchtort angelangt waren, den die Mutter vorher erkundet hatte. »Es war ein wunderschöner Frühling da oben im Riesengebirge mit Hunderten von Märzenbechern am Bach. Also ich konnte und wollte immer auch das Positive sehen, vielleicht mich daran klammern. Wenn ich später hörte, wie Flucht auch sein konnte, da dachte ich immer: Das war bei uns ja eine Oase des Friedens und der Schönheit.« Zu den schönen Fluchterinnerungen zählte auch ein holzgeschnitzter Vogel mit Flügeln, fein wie Filigran. Er saß auf einem Holzstapel im Wald; dort hatten die Kinder auf ihrem Schulweg täglich wortlos etwas Eßbares für die polnischen Zwangsarbeiter deponiert. »Eines Tages waren die Leute nicht mehr da – aber diese herrliche Schnitzarbeit.«

Es gibt aus jenen Wochen vor und nach dem Kriegsende jedoch auch andere Erinnerungen, Erinnerungen an Auflösungserscheinungen, an marodierende Soldaten, an Verbrechen. Ein Ereignis, das sich dem damals elfjährigen Mädchen unauslöschlich eingeprägt hat, begann mit einem harmlosen Waldspaziergang zur Nachbarbaude; dort sollte Renate Milch holen. Die Bewohner waren überaus hilfsbereite Riesengebirgsbauern; sie hatten schon im zeitigen Frühling ihr einsam gelegenes Sommerhaus auf einer entfernten Waldlichtung bezogen und den Flüchtlingen aus Kreisau ihr Winterhaus überlassen. »Ich ging also völlig furchtlos durch den Wald zu der nächsten Lichtung, wo dieses Sommerhaus der Leute stand. Ich hatte schon von weitem, ohne daß mich das irritiert hätte, den angeketteten Hund bellen hören, und die Kühe brüllten. Es war also eigentlich schon von außen zu hören, daß da irgendwas nicht in Ordnung war; aber es fehlte mir jegliche Vorstellung, was der Grund sein könnte. Und da komme ich eben in das Haus rein und finde sie alle tot vor – die ganze Familie ermordet. Da bin ich durch den Wald zurückgerannt, mutterseelenallein in dieser Einsamkeit mit diesen Wahnsinnsbildern vor Augen, Bilder, die mich nie mehr loslassen werden.«

Bald darauf – der Krieg war inzwischen zu Ende – treckten die Flüchtlinge zurück nach Kreisau. Sie blieben dort bis zum Spätsommer 1945 und halfen noch mit bei der Ernte. Russen verwalteten das Moltke-Gut und teilten den Bewohnern tägliche Lebensmittelrationen als Arbeitslohn zu. Die Reichweins wohnten jetzt nicht mehr im Schloß, sondern im etwas abgelegenen ›Berghaus‹, in dem der Kreisauer Kreis sich so oft versammelt hatte. Als dort Mutter Reichwein einem bewaffneten Überfall durch polnische Soldaten nur durch einen Sprung aus dem Fenster entging, war dies der Auslöser, nun auch die schlesische Zuflucht zu verlassen und nach Berlin zurückzukehren.

In dieser Situation, so beurteilt es Renate Martin rückschauend, ist ihr bewußt geworden, wie sehr sie die Einstellung des Vaters teilte. Der hatte drei Jahre zuvor auf dem Bahnhof Alexanderplatz in Berlin ein damals 14jähriges ukrainisches Mädchen vor weiterer Zwangsarbeit bewahrt, indem er es als jüngste aus einer Gruppe deportierter Frauen auswählte und nach Hause brachte – offiziell als Hausmädchen, tatsächlich aber, damit dieses Kind, wenigstens dieses eine, gerettet wurde und unter Kindern groß werden konnte. Vera war verstört und sprach kein Wort. Aber Renate, die damals acht Jahre zählte, brachte dem ukrainischen Mädchen die fremde Sprache bei, und mit der Zeit lebte es sich ein, wurde Mutter Reichwein tatsächlich eine unentbehrliche Stütze und begleitete die Familie überallhin. Doch in Kreisau wurde Vera zurückgelassen. Sie wollte es so; sie hatte sich, so wurde es Renate gegenüber begründet, in einen Wlassow-Soldaten verliebt. »Ich habe mit meiner Mutter darüber gestritten, damals und später noch. Ich fühlte mich Vera sehr verbunden und habe mir heftige Vorwürfe gemacht: Wie konnte man diese junge Frau, dieses 17jährige Mädchen, wie konnte man sie all den Kriegs- und Nachkriegswirren überlassen! Und wenn wir jetzt so darüber sprechen, da wird mir klar, daß ich auch an das Anliegen meines Vaters denke, als er dieses Kind aussuchte. Ich denke, daß ich mich sehr stark mit seiner Begründung identifiziere: ›Hier ist ein Kind, das soll unter Kindern weiterleben können; das kann man nicht sich selbst überlassen.‹ Das habe ich stark verinnerlicht, und ich fühlte mich deshalb mitbeteiligt, mitschuldig, als wir Vera in Kreisau zurückließen.«

Anders aber verhielt es sich mit gewissen Gegenständen, die niemals und nirgendwo zurückgelassen wurden. »Was hatte die Mutter bei ihrer Flucht aus Kreisau im Gepäck? Ihre eigenen Tagebücher, über Jahre täglich geführt, außerdem je ein Exemplar der Bücher meines Vaters, die Fotoalben, für jedes Kind eines, und das Tagebuch dazu, für jedes Kind eines. Das war das Hauptgepäck. Und für mich dann die Geige. Kein Spielzeug.«

Die Geige – sie steht noch heute in Renate Martins Münchner Wohnung. Es war der Vater gewesen, der gewünscht hatte, seine Älteste möge einmal besser Violine spielen als er selbst. »Er hatte da ja ein Quartett heranwachsen gesehen, hatte aber trotzdem ganz gut gespürt, daß es bei uns vier Kindern möglicherweise auch unterschiedliche Veranlagungen geben könnte. Aber die Instrumente hatte er in seiner Vorstellung schon auf die Säuglinge verteilt – für mich eben die Geige. Ich habe dann als Kind Unterricht bekommen, und die Geige mußte immer mit. Meine Mutter hat nach dem Tod des Vaters alles, was zwischen den Eltern noch angesprochen worden war, ganz strikt eingehalten. Das heißt, alles was noch vom Vater her vorgegeben worden war, wurde also auch gemacht, ganz starr fast. Und sie hat weniger darauf geachtet, was die Kinder nach all den Einbrüchen, die sie erlebt hatten, wirklich selber wollten.«

Renate war musikalisch begabt; nach dem Krieg wurde das Violinenspiel durch Klavier- und Gesangsunterricht ergänzt. Plötzlich bekam sie beim Geigespielen Probleme mit dem Handgelenk. Es mußte operiert werden; es wurde zeitweilig steif und machte die geplante Violin-Solistenausbildung unmöglich. Sie hätte sich auf die Gesangsausbildung konzentrieren können, aber sie tat es nicht. »In späteren Jahren habe ich mich gefragt: ›Was ist eigentlich bei dir vorgegangen, daß du dich so auf die Geige ver*steift* hast?‹ Und ich glaube, das hat auch wieder mit dem Vater zu tun, der so gern wollte, daß ich mal richtig gut lerne, was er doch nur nebenher getan hat.« Den Unterricht hatte sie übrigens bei einem ehemaligen Nazi-Musiker von den Berliner Philharmonikern erhalten; der hatte der Tochter des toten Widerstandskämpfers kostenlose Stunden gegeben.

Wie dieser Mann Kenntnis vom Schicksal der Familie Reichwein erhalten hatte, weiß Renate Martin nicht. Sie weiß nur, daß von sich aus die Reichwein-Hinterbliebenen ihr Schicksal nicht nach außen getragen haben – im Gegenteil.

Beispiele aus der Kindheit der Ältesten: 1946 reiste Mutter Reichwein mit den vier Kindern nach Schweden; dort hatte sie einst ihre krankengymnastische Ausbildung absolviert, und dort wollte sie ihre lange nicht angewandten Kenntnisse auffrischen, um sich und den Kindern eine Existenzgrundlage zu schaffen. Während der Fahrt durch Dänemark wurden Renate, Roland, Kathrin und Sabine ermahnt, kein deutsches Wort zu sprechen: Dänische Mitreisende hätten die Familie ja für Nazi-Anhänger halten können. Und erst als Renate aus der schwedischen Schule, an der sie kurz nach der Ankunft angemeldet worden war, weinend nach Hause kam, weil sie von einer Lehrerin, »einer ausgeprägten Deutschen-Hasserin«, offen angefeindet worden war, suchte Rosemarie Reichwein diese Frau auf und informierte sie über den politischen Standort der Familie. Daß dies so spät geschah, daß Renate, unbeabsichtigt, einer solchen Situation ausgesetzt worden war, mag verwundern. Aber bei den Reichweins war es eben so, »daß wir – das glaube ich sagen zu können – das Besondere unseres Schicksals außerhalb der Familie in gar keiner Situation je zum Ausdruck gebracht haben. Wir haben uns in die Kette derer eingegliedert, die ja auch ihre Väter verloren hatten. Und das war kein Einzelschicksal.«

Im übrigen verkehrte die Familie damals überwiegend mit ähnlich Betroffenen, mit Hinterbliebenen alter politischer und persönlicher Freunde. Man tat sich nicht bewußt zusammen gegen den ›Rest der Welt‹; aber man verstand sich in seinem Schmerz wortlos. Und erst als man feststellte, daß im Nachkriegsdeutschland kaum jemand Interesse für die Familien der Widerständler zeigte, engagierten sich die älteren Hinterbliebenen bei der Gründung verschiedener Verfolgtenvereinigungen und Opferhilfswerken. Da blieben sie, wie Renate Martin es nennt, »in gewisser Weise wieder Insider«.

Innerhalb der »Insider«-Familien aber herrschte ein klares Bewußtsein von der Besonderheit ihrer Schicksale. »Meine Mutter hat mit der Erinnerung an den Vater auch was zelebriert«, meint deren älteste Tochter rückblickend. »Das führte auf der einen Seite zu einem starken Zusammenhalt der Familie, besonders unter den Geschwistern. Wir haben uns nicht gestritten, wir haben uns nicht geprügelt; wir sind überhaupt nicht tätlich miteinander umgegangen, wenn uns mal etwas nicht paßte. Wir haben uns alle sehr angepaßt und zusammengefügt; der Verlust des Vaters verband uns alle.« Und doch waren sie Individuen, die verschieden auf diesen Verlust reagierten. Renate wurde zu einem in sich gekehrten Kind. »Wenn ich irgendwo entlang ging, schaute ich immer zu Boden. Da kam mal ein alter Mann auf mich zu und sagte: ›Kind, heb' doch mal den Kopf! Die Welt ist doch schön!‹ Da erst wurde mir bewußt, daß ich den Blick immer gesenkt hielt. Ich war eben ganz konzentriert auf meinen Schmerz und wollte die Welt um mich nicht wahrnehmen.«

Die Trauerarbeit dauerte lange. Renate Reichwein lebte im Alter von zehn, elf, zwölf Jahren förmlich auf zwei Ebenen; sie wußte, daß der Vater tot war, aber Herz und Seele konnten das nicht annehmen. Renate hatte Phantasien, genährt durch ein Büchlein, dessen Autor Adolf Reichwein war, der ›Hungermarsch durch Lappland‹.»Ich hatte es 1943 zum erstenmal gelesen. Da geht es im wesentlichen darum, daß er mit einer Lehrlings- und Arbeitergruppe nach Kompaß durch Lappland wandert, eine höchst aufregende, spannende Geschichte, denn die Gruppe verirrt sich, und die Rucksäcke sind leer. Und dann kommt dieser furchtbare Marsch, bis sie Rettung finden. Und der Eindruck dieser Geschichte, in der es um Bewährung, um Durchhaltenkönnen geht, der hat bei mir wohl das Gefühl ausgelöst: Der Vater kann gar nicht umgebracht worden sein; der ist denen entkommen, und er hat sich auf eine Insel gerettet. Und dieses Inseldasein meines Vaters, das habe ich mir ganz realistisch gedacht. Es war ja soviel passiert, das Kriegsende, die unmittelbare Nachkriegszeit, die Flucht. Man muß außerdem wohl noch in einem kindlichen Alter sein, um solche Hoffnungen zu hegen, mit solchen Phantasien umzugehen. Ich dachte immer: Der wartet nur den Zeitpunkt ab, wo es günstig ist zurückzukehren.«

Die Phantasien vom Inseldasein des Vaters verflüchtigten sich erst nach etwa zwei Jahren. Es war ein Traum, der dem Mädchen alle Hoffnung nahm. Fünf Jahrzehnte später erzählt Renate Martin diesen Traum, als habe ihr Unterbewußtsein ihn gestern erlebt.»Ich befinde mich regungslos in der Mitte quer zu einem langen Gang; der ist völlig ausgeweißt. Und in der Mitte hängt eine nackte Birne von der Decke; die wirft so ein kaltes Licht in diesen Gang. Da öffnet sich die Tür von der einen Seite, und mein Vater kommt, so wie ich ihn erinnere, diesen Gang herunter. Ich sehe seine Bleichheit; er war ja am Ende doch sehr ausgemergelt, durch die Kriegsumstände enorm verbraucht. Und er geht nicht auf mich zu, sondern an mir vorbei. Und er geht durch die Tür am anderen Ende des Ganges wieder raus; die Tür schließt sich hinter ihm. Er hat mich gar nicht angesehen, und ich bleibe allein. – Damit habe ich die Endgültigkeit begriffen, aber auch dieses Eingeengt-Sein, dieses Nicht-mehr-raus-Können aus der Situation.«

Sie blieb befangen in der Situation – und versuchte immer, ihr zu entkommen. Sie besuchte verschiedene Schulen und ließ sich »die verliebten Schwärmereien junger Männer gern gefallen – früher und zahlreicher als in der Generation üblich. Mein Äußeres kam mir dabei reichhaltig entgegen, so zierlich, zerbrechlich und hübsch wie ich war. Ich war 15, als die Familie glaubte, nun käme ich auf die schiefe Bahn. Ich hatte mir eben erlaubt, meiner Wege zu gehen; das genügte schon für so einen Verdacht. Aber ich hatte es bloß satt, daß dieser Vater mir immer wie ein Monument vorgeführt wird, dieses Sich-immer-an-seinem-Vorbild-orientieren-Müssen. Das schafft kein Mensch; deshalb brach ich aus.«

Dem Abitur an der Odenwaldschule schloß sich an der FU Berlin ein Studium der Germanistik, Musikwissenschaften und Publizistik an, denn Lehrerin, wie man ihr nahegelegt hatte, wollte Renate Reichwein nicht werden, »schon um nicht immer mit dem Vater, diesem hervorragenden Pädagogen, konfrontiert zu werden«. Das Studium brach sie nach zwei Semestern zugunsten einer Bibliothekarsausbildung ab. Eine leitende berufliche Position, die sie schon wenige Jahre nach dem Examen erreicht hatte, gab sie »aus familiären Gründen« auf. Sie hatte mit Ende 20 einen früheren Mitschüler geheiratet – den Mann, der es vermocht hatte, sie zum Lachen zu bringen. »Aber die Ehe war eigentlich unglücklich angelegt, weil das Bild, das in meiner Vorstellung lebte und wo doch immer irgendwo der Vater im Hintergrund stand, natürlich eine totale Überforderung dieses Menschen war.« Die Ehe scheiterte, wurde aber erst nach 25 Jahren aufgelöst, als Sohn und Tochter dem Kindesalter längst entwachsen waren.

In diese Zeit, als Renate Martin schon Mitte 40 war, fiel der zweite, direkt auf den Vater bezogene und lebhaft im Gedächtnis gebliebene Traum. »Ich gehe mit meinem Bruder zu einem Vortrag in einen intensiv geistigen Raum, so wie die Paulskirche. Da wird mein Vater zu einem Vortrag erwartet. Meinen Bruder hab' ich dann völlig aus den Augen verloren; das andere ist plötzlich wichtiger. Ich gehe also in den Raum rein und überlege mir sehr genau, wo ich mich plaziere. Und ich plaziere mich seitlich, quer zum Rednerpult, in der ersten Reihe. Ich will den Vater im Blick haben; aber ich will auch gesehen werden. Das erste, was auffällig ist: daß er gealtert ist, daß er, am Stock gehend, sozusagen gebrechlich geworden, zu diesem Vortrag ans Podium geht. Dabei dreht er sich noch mal um und blickt ins Seitenschiff und, denke ich, erkennt mich. Er kommt auf mich zu. Aber er begrüßt nicht mich, sondern eine Frau neben mir. Ich hab' mich natürlich furchtbar aufgeregt, daß nicht ich es war, sondern die andere, wer immer das gewesen sein könnte – vielleicht auch ich selbst. In diesem Moment stehe ich jedenfalls auf und gehe auf ihn zu und sage: ›Vater, ich bin deine Tochter‹. – Das war sicher der Anfang eines Prozesses, der Anfang dieses Sich-ernst-Nehmens und dabei auch die Veränderungen zu akzeptieren: das Bild des Vaters nicht mehr unverändert stehenlassen – und sich selbst auf den Weg machen.«

*

50 Jahre nach dem 20. Juli 1944 saß in Freiburg eine Gruppe junger Leute zusammen. Eine Studentin aus dem Kreis las einen Brief vor. Es war der letzte Brief, den Adolf Reichwein seiner ältesten Tochter geschrieben hatte – vier Tage bevor er am 20. Oktober 1944 in Berlin-Plötzensee an einem Strick zu Tode gebracht wurde. Renate Martin, die inzwischen 60jährige Frau, saß mitten in der Gesprächsrunde und hörte die vorgelesenen Zeilen, die sie längst auswendig kannte. Der Brief des Vaters ist gefüllt mit liebevollen Ratschlägen und Ermahnungen: Aufmerksamkeit und Hilfsbereitschaft für Mitmenschen zu entwikkeln, das Geigenspiel fleißig zu betreiben, die Schule und sportliche Betätigung nicht zu vernachlässigen; denn das gäbe »Festigkeit und Vertrauen in Dein Können. Und wo dieses Vertrauen ist, entwickelt sich auch das Können...«

Renate Reichwein war zehneinhalb Jahre alt, als sie diesen Brief erhielt. Er war für sie »lebensprägend und verpflichtend«. Doch hat sie jahrzehntelang die mahnenden, die an Selbstverantwortung appellierenden Aspekte des Briefes immer ernster genommen als die dort auch enthaltene Ermutigung zur Entwicklung von Vertrauen in die eigene Befähigung. »Und da, als ich nicht selbst, sondern jemand anderes anderen diesen Brief vorlas, war ich plötzlich tief gerührt, voller nachfragendem Staunen und voller Dankbarkeit: Wieviel Zuwendung und Zeit er mir ganz persönlich gewidmet hat in den letzten gezählten Stunden vor seinem qualvollen Tod. Er hat sich ganz dem Kind gewidmet und mit keinem auch nur andeutenden Wort zu erkennen gegeben, welchem eigenen Leiden er ausgeliefert war. Das hat nichts mehr mit Selbstdisziplin oder Pflichterfüllung zu tun, sondern mit Selbstüberwindung durch Liebesfähigkeit und Zuwendung.« Dies hatte die kleine Adressatin des Briefes früher aber nicht verstehen können. »Und in all den Jahren«, sagt Renate Martin, »verlor das kleine Mädchen, das, wie der Vater schrieb, ›weiß was es will und gerade seinen Weg geht‹, seine eigene Spur aus den Augen.«

Es dauerte Jahrzehnte, bis Renate Martin die »eigene Spur« wiederfand. Sie entdeckte sie im Werk Adolf Reichweins, der ihr »Lebensthema« blieb. Aber sie benötigte keine Abkehr vom Vater; denn irgendwann hatte sie die innere Freiheit gewonnen, die nötig ist, um sich nicht aus Schmerz, sondern aus eigenem frohen Antrieb mit dem Vater zu beschäftigen. Seither arbeitet sie intensiv im Vorstand des Adolf-Reichwein-Vereins, der die fortschrittliche und deshalb immer noch aktuelle Gedankenwelt des bedeutenden Pädagogen für die Gegenwart nutzbar machen will.

# „Mutter war Partisan der Roten Armee"

Janina Blankenfelds Kindheit
in vier Ländern Europas

Janina Blankenfeld,
Berlin, Sommer 1996

Die Mutter: Ursula Beurton
(„Sonja") und ihr Mann Len,
England 1942

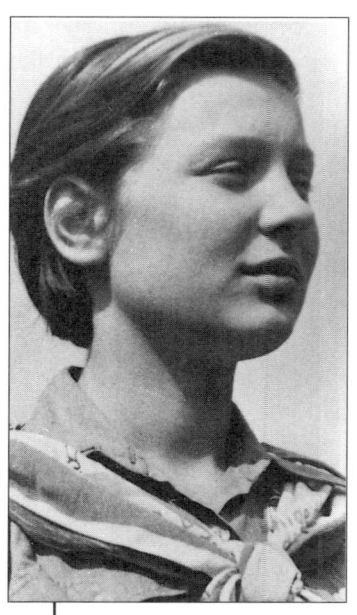

Janina, 9 Jahre alt,
England 1945

Janina,
Berlin/DDR 1951

Ursula Beurton (2. v. l.) und ihre Kinder,
(v. l. n. r.) Micha, Peter und Janina, England 1945

E igentlich hatte sie nie die Absicht gehabt, als Autorin in die Fußstapfen ihrer Mutter zu treten. Die hatte seit Mitte der fünfziger Jahre unter dem Pseudonym Ruth Werner Romane, Erzählungen und auch Kinderbücher veröffentlicht und war in der DDR eine sehr populäre Schriftstellerin geworden. Ihr autobiographisches Buch ›Sonjas Rapport‹ wirkte darüber hinaus als politische Sensation. In diesem ›Rapport‹ spielen auch die ungewöhnlich verlaufenen Lebenswege ihrer drei Kinder eine Rolle. So kam es, daß eines dieser Kinder aufgefordert wurde, selbst ein autobiographisches Buch zu schreiben; es sollte sich an sehr junge Leser richten. 1985 veröffentlichte Janina Blankenfeld ein schmales Bändchen über die eigene Kindheit. Und so beginnt dieses Buch:

»Acht Stunden, bevor meine Mutter am 27. April 1936 ihr zweites Kind zur Welt brachte, saß sie spätabends bei verdecktem Licht an ihrem illegalen Sender und funkte. Am Tage, als sie aus der Klinik zurückkehrte, funkte sie wieder.

In dieser Nacht begann ihr im Geheimcode verschlüsseltes Telegramm mit dem Satz: ›Entschuldigt Verzögerung, habe Tochter geboren.‹ Diese Tochter bin ich.

Mutter war Kommunist und Partisan der Roten Armee, ein heimlicher Soldat ohne Uniform. Ihre Deckname war ›Sonja‹, ihre Waffe der selbstgebaute Sender. Als Kundschafter für die Sowjetunion funkte sie wichtige Meldungen nach Moskau, die einen Krieg mit dem einzigen sozialistischen Land, das es damals gab, verhindern sollten. Sie hatte strengste Schweigepflicht auch den nächsten Freunden, Verwandten und den eigenen Kindern gegenüber.

Deshalb konnte ich nicht wissen, warum mein Leben so merkwürdig verlief, warum sich meine Kindheit in mehreren Ländern abspielte, warum ich drei Sprachen hintereinander lernen, so oft die Schule wechseln und so viele Trennungen von meinen Eltern erleben mußte. Ich erfuhr die Gründe, wie viele andere Menschen auch, erst vierzig Jahre später.«

Schon vorher freilich wußte das Kind: Die Mutter ist Kommunistin, die Mutter ist Antifaschistin; die Mutter trat an verschiedenen, zum Teil weit entfernten Orten der Welt für ihre politische Überzeugung ein und damit nach 1933 auch entschieden gegen den Nationalsozialismus in ihrer deutschen Heimat. Daß die Mutter Jüdin ist, wußte das Mädchen ebenfalls; aber dieser Tatbestand spielte in seiner späteren Heimat, der DDR, eine untergeordnete Rolle.

Janina Blankenfeld hatte eine Ehe hinter sich, sie zog ihre Tochter Marina allein groß, sie arbeitete schon lange als Lehrerin und war schließlich fast 40 Jahre alt, als sie erfuhr, wofür ihre Mutter zweimal mit dem Rotbannerorden ausgezeichnet worden war – und warum sie jahrzehntelang geschwiegen hatte.

*

Janinas Mutter war 1907 als Ursula Kuczynski in eine deutschjüdische Gelehrtenfamilie hineingeboren worden und mit fünf Geschwistern in einer hübschen Villa in Berlin-Schlachtensee aufgewachsen. Schon während ihrer Buchhändlerlehre war sie dem Kommunistischen Jugendverband, bald darauf der KPD beigetreten. Ihr ausgeprägtes politisches Engagement führte zur Kündigung ihrer Anstellung bei einem angesehenen Berliner Verlag, dadurch allerdings auch zu einer Arbeit, die die Jung-Kommunistin weit mehr befriedigte. Im Auftrag der KPD gründete und leitete Ursula Kuczynski die ›Marxistische Arbeiterbibliothek‹ in Berlin. Als sich ihrem Jugendfreund und ersten Ehemann 1930 beruflich die Möglichkeit bot, nach China zu gehen, ging sie mit ihm. Neugier auf die Welt und die Hoffnung, die chinesischen Genossen in ihrem Freiheitskampf unterstützen zu können, beflügelten sie.

In Shanghai führte sie nach außen das bürgerliche Leben der Gattin eines im Öffentlichen Dienst beschäftigten ausländischen Architekten; gleichzeitig aber suchte und fand sie Kontakte zu chinesischen und zu europäischen, auch zu deutschen, Kommunisten. Auf diese Weise lernte sie 1931 den später legendären Spion Richard Sorge kennen. Sie schätzte ihn sofort – wie nahe-

185

zu alle Frauen und Männer, die dem überaus gebildeten, charmanten und ein wenig draufgängerischen Mann begegnet waren. Durch Sorge wurde sie nach und nach herangeführt an die illegale politische Arbeit, wie sie sich das schon lange gewünscht hatte. Aber sprechen durfte sie darüber auch Jahrzehnte später nicht. Erst als der ›Gentleman-Spion‹ Objekt sowohl von ernstzunehmenden, als auch von reißerischen Publikationen und Filmen geworden war, glaubte auch sie, ihr Schweigen brechen zu können.

1977 veröffentlichte Ruth Werner in der DDR ›Sonjas Rapport‹ – »ein Stück Literatur, das ohne Erfindung auskommt«, wie der Schriftsteller-Kollege Hermann Kant in einer Buchbesprechung schrieb, gleichzeitig »ein aufreizend stocknüchterner Bericht, eine Lebensübersicht von enervierender Zurückhaltung«. Über diese Wertung kann man streiten. Zumindest dort, wo Ruth Werner in ihrem autobiographischen Buch nahestehende Menschen, insbesondere ihre Kinder, erwähnt, wirkt sie weder »stocknüchtern« noch »enervierend zurückhaltend«.

In Shanghai war 1931 ihr Sohn Michael geboren worden. »Ich war in jeden Atemzug meines Sohnes verliebt und fest entschlossen, noch mehr Kinder zu haben, obwohl ich nicht glaubte, daß meine Ehe die bestehenden Konflikte überdauern würde.« Die Konflikte entzündeten sich an den Gefahren, die sie sich selbst, aber eben auch Mann und Kind durch ihr illegales politisches Engagement zumutete. Sie wurden nicht entschärft durch lange Trennungsphasen während mehrerer Schulungen in Moskau und anschließender Kundschafter-Einsätze (wie Kommunisten die Spionage aus politischer Überzeugung bezeichnen). Sonja – den Decknamen hatte Richard Sorge für sie gewählt – war zur Funkerin ausgebildet worden und Offizier der Roten Armee, wenn auch ohne Uniform. Einer ihrer ersten wichtigen Aufträge führte sie in die Mandschurei. Sie befand sich in Begleitung eines deutschen Genossen, der bereits längere Erfahrungen besaß. Sein Deckname war Ernst. Er wurde der Vater ihres zweiten Kindes, der Tochter Janina.

»Eigentlich«, so schreibt Janina Blankenfeld in ihrem Kinderbuch, »eigentlich war ich schon vor der Geburt ein internationales Kind. Mutter war Deutsche, aber auch eine Zeitlang Engländerin; entstanden war ich in China, geboren bin ich in Warschau, drei Jahre bevor Hitler den Zweiten Weltkrieg begann.«

Sonja war nach Europa geschickt worden, nachdem ab Mitte der dreißiger Jahre die Aufrüstung Deutschlands durch das Nazi-Regime offenkundig geworden war. Ihr Engagement für den Kommunismus wurde nun sehr direkt auch ein Engagement gegen den deutschen Nationalsozialismus. Sie befand sich bei einem Einsatz in Polen, als ihre Niederkunft bevorstand. Die Tochter erfuhr erst Jahrzehnte später, daß die Mutter ihre Schwangerschaft, solange dies eben möglich war, geheimgehalten hatte. »Sie wußte, die Partei würde verlangen, daß sie eine Unterbrechung macht. Sie hat es mit Absicht solange verschwiegen, bis man das von ihr nicht mehr verlangen konnte. Und auch mein Vater und ihr erster Mann haben mit ihr gesprochen und gesagt, ob eine Unterbrechung nicht vernünftiger wäre in ihrer Situation. Aber sie hat gesagt, nein, sie will dieses Kind.« So kam im Frühling 1936 Janina auf die Welt; gewöhnlich wird sie Nina gerufen und in besonders guten Stunden Nuschka.

Nachdem 1977 die deutsche und 1991 auch die englische Ausgabe von ›Sonjas Rapport‹ erschienen war, hatte Ruth Werner eine Anzahl sehr kritischer Briefe erhalten. Sie stammten überwiegend von Frauen, die der Autorin Verantwortungslosigkeit vorwarfen: Als Frau, die 20 Jahre lang ein Doppelleben geführt hatte, die als kommunistische Kundschafterin, als antifaschistische Kämpferin und als Jüdin in Europa immer in höchster Gefahr gewesen war, hätte sie keine Kinder in die Welt setzen dürfen. Ihre Tochter sieht das anders: »Mutter konnte sich eben ein Leben ohne Kinder nicht vorstellen.« Und Janina Blankenfeld – über 60 Jahre alt während der Arbeit an diesem Buch, groß, schlank, lebhaft und mit jugendlich wirkender Gestik sprechend – strahlt, wenn sie von ihrer Kindheit mit dieser Mutter erzählt.

Niemals war sie, die Tochter, auf die Idee gekommen, ihrer Mutter vorzuwerfen, Kinder in eine höchst ungewisse Zeit und Zukunft hineingeboren zu haben. »Nein«, sagt sie, »nie – trotz der Trennungen, trotz der Unterbringung in Kinderheimen, trotz des Hin und Her in vielen Ländern, trotz der neuen Sprachen, trotz der neuen Schulen. Denn wenn wir zusammen waren, und das war eben doch die meiste Zeit, dann war da soviel Wärme, soviel Herzlichkeit und Liebe; es war solch eine geborgene Atmosphäre! Und ich habe auch nie erlebt, daß Mutti uns gegenüber laut war oder daß sie nervös war. Sie hatte da eine ungeheure Kondition, auch körperlich, uns nicht zu zeigen, wie belastet sie war.« Für äußere Notlagen hatte die Mutter vorgesorgt. Kaum war das Töchterchen Janina geboren, da wurde ihr fünf Jahre alter Halbbruder Michael in der Säuglingspflege angeleitet. »Er lernte, wie man ein Baby richtig hält, wie man es füttert und wickelt. Es hätte ja sein können, daß sie inhaftiert wird. Da hätte mein Bruder mich die ersten 24 Stunden über die Runden gebracht. Und immer hatten die Verwandten auch die Adresse, und immer war soviel Geld auf dem Konto, daß eine Überfahrt für uns hätte bezahlt werden können.«

Die liebevolle Beziehung innerhalb der Familie ist nicht nur durch die Schilderungen der Tochter, sie ist auch durch zahllose Fotos belegt. Janinas Mutter war eine ausgezeichnete Fotografin; sie knipste keine Amateurbildchen, sondern sie fertigte professionell wirkende Aufnahmen an. In Shanghai hatte sie eine Leica gekauft, die sie überallhin begleitete und die noch heute existiert. Mit kritischem Blick dokumentierte sie Land und Leute und das Elend am Rande der großen Städte. Sie fotografierte die vielen Häuser, die sie bewohnt hatte; sie machte hervorragende Innenaufnahmen und zauberhafte Kinderporträts, darunter auch von Töchterchen Nina: Das Baby, umsorgt vom älteren Bruder; das rundliche Kleinkind mit überraschend aufmerksamem Blick; das kleine Mädchen mit großen Augen und aschblondem Kurzhaarschnitt; später die glückliche Elfjährige mit den endlich gestatteten, hochgesteckten Zöpfen, von einem Schleifchen gekrönt; und schließlich das junge Mädchen, stolz im Hemd der Jungen Pioniere. Nina war daran gewöhnt, fotografiert zu werden; sie gab sich wie sie war, fröhlich oder skeptisch, trotzig oder traurig. Oft blickte sie auch unverwandt in Mutters Kamera.

Als das Kind zwei Jahre alt war, erhielt seine Mutter den Auftrag, Polen zu verlassen und von der Schweiz aus sehr direkt gegen Nazi-Deutschland zu arbeiten. In diese Zeit fallen die ersten eigenen Erinnerungen des kleinen Mädchens: ein Bauernhaus, auf zweitausend Metern Höhe, der Blick auf ewiges Eis und unten im Tal der Genfer See, schneebedeckte Gipfel und Hänge im Winter, narzissenüberflutete Almen im Frühling, ringsum das dumpf-freundliche Geläut der Kuhglocken, eine Idylle, die sich für Sonjas Aktivitäten ebenso gut eignete, wie sie den Kindern guttat. »Micha hatte mit sieben Jahren bereits Shanghai, Peking, Mukden, Warschau, Danzig, Zakopane, die Tschechoslowakei und England zum Wohnort gehabt und im Laufe dieser Zeit Deutsch, Englisch, Chinesisch und Polnisch gelernt,« schreibt Ruth Werner in ›Sonjas Rapport‹. Wenn sie ihren Kindern das Umherziehen schon nicht ersparen konnte, so war sie doch sehr bestrebt, »auch in der Schweiz ein gutes Zuhause für sie zu schaffen«.

Ernst, Janinas Vater, ging nicht mit; ihm waren aus Moskau andere Aufgaben übertragen worden. Es kränkte das Mädchen später, daß sein leiblicher Vater das Töchterchen nur einmal, als es drei Jahre alt war, gesehen hatte. Aber Nina erhielt bald einen anderen Vater, wie er liebevoller nicht hätte sein können.

Sonja richtete das Bauernhaus in den Schweizer Bergen nicht nur als hübsches Heim für sich und die Kinder ein; sie installierte, nun schon sehr routiniert, auch eine versteckte Funkstation. Außerdem sollte sie eine Gruppe von Antifaschisten aufbauen und zu Funkern ausbilden, die zum Einsatz nach Deutschland geschickt werden konnten. Sie suchte diese Menschen unter Interbrigadisten, die sich im Spanischen Bürgerkrieg als zuverlässige Genossen und Kämpfer bewährt hatten. Len Beurton, ein damals erst 25jähriger Engländer, war einer von ihnen.

Als im September 1939 der Zweite Weltkrieg begann und die Lage für die kommunistische deutsche Jüdin mit falschem honduranischen Paß in der Schweiz prekär zu werden drohte, stimmte Len einer Heirat zu. Gedacht war an eine Scheinehe; sie sollte Sonja lediglich zur britischen Staatsbürgerschaft und damit zu mehr Sicherheit verhelfen. Aber Sonja liebte diesen ernsten jungen Mann, der ohne Familie groß geworden und schon als Junge ganz auf sich selbst gestellt gewesen war. Und auch Len liebte sie. Bereits das früheste illegale Treffen in der Schweiz hatte bei ihm, wie er sich ausdrückte,»die sonst nur in Romanen vorkommende Liebe auf den ersten Blick« ausgelöst. Das aber sagte er seiner Frau erst, nachdem sie schon einige Jahrzehnte Ursula Beurton hieß.

Len zog in das Haus in den Bergen über Genf, an seiner und Sonjas Arbeit änderte sich dadurch nichts. Nina war glücklich. Sie war vier Jahre alt und hatte endlich einen Vater. Er kümmerte sich liebevoll um sie und ihren Halbbruder; er konnte herrlich spielen und toben. Nur manchmal wurde er von seltsamen Verstimmungen heimgesucht, als wage er nicht, einem Glück zu trauen, nach dem er sich als Kind vergebens gesehnt hatte. – Die erste Trennung der Familie erfolgte bereits im Jahr der Eheschließung.

Sonja hatte den Auftrag erhalten, nach England zu gehen. Es war auch sonst angezeigt, die Schweiz zu verlassen; denn die anhängliche, aber sehr alte Kinderfrau hatte, offenbar im Zustand zunehmender geistiger Verwirrung, im Dorf über Sonjas illegale Aktivitäten geplaudert. England war für Sonja nicht nur als Heimat ihres Mannes ein angenehmes Ziel. Ihre gesamte Herkunftsfamilie, Eltern und alle Geschwister, hatte sich dorthin vor der Judenverfolgung der Nazis gerettet. England aber war weit entfernt im Kriegsjahr 1940. Der Luftraum war gesperrt; es mußte zu Land und zu Wasser gereist werden, durch Frankreich und Spanien nach Lissabon, dann weiter zu Schiff. Len, der Interbrigadist von der ersten bis zur letzten Stunde, erhielt für Franco-Spanien zunächst kein Transitvisum. Sonja reiste mit den Kindern allein – ein dramatisches Unternehmen mit vollkommen ungewisser Zukunft.

Das tagelange Reisen in ungeheizten Bussen und Bahnen hat Janina Blankenfeld niemals vergessen. Nach mehreren jeweils stundenlangen Grenzkontrollen im naßkalten Dezemberwind kam sie mit Mutter und Bruder, alle drei erschöpft und krank, am Heiligen Abend in Lissabon an. Im Bus waren sie aus Geldmangel 18 Stunden lang auf nur zwei Plätzen gereist. In den völlig überfüllten Zug hatten sie sich unerlaubt gedrängt, weil bei weiterem Warten ihre Visa abgelaufen wären. Fremde Schlafwagenreisende versteckten die Kinder unter ihren Bettdecken, während sich die Mutter woanders im Zug verborgen hielt. Auf die Passage von Lissabon nach Liverpool mußten sie fast einen Monat warten. Die Dampferfahrt führte über den Umweg Gibraltar und war kein Vergnügen. Drei Wochen saß man bei völliger Dunkelheit in stickigen Kajüten; die Bullaugen mußten verriegelt bleiben, die Kabinen waren verdunkelt. Der Krieg war allgegenwärtig.

Der Anfang in England war schwer. London war wegen der deutschen Luftangriffe zum Teil evakuiert; Ninas Großeltern, Robert René Kuczynski und seine Frau Berta, waren bei Freunden in Oxford untergekommen. In ihrer Nähe suchte Ursula Beurton ein Quartier; aber man riß sich nicht gerade um die Unterbringung einer alleinstehenden Frau mit zwei deutsch sprechenden Kindern. Schon die kleine Nina spürte die Abneigung, wie ihre Mutter später berichtete. »Die beiden ersten Sätze, die sie, vier Jahre alt, in der fremden Sprache und in der fremden Umgebung lernte, waren ›stop it‹ und ›go away‹ – ›laß das‹ und ›geh weg‹.« Ursula Beurton fand schließlich ein möbliertes Zimmer, in dem allerdings Kinder unerwünscht waren. Sie gab Sohn und Tochter vorübergehend in ein Heim. Das erschien dem kleinen Mädchen unbegreiflich; es äußerte sein Unverständnis und seine Trauer durch Aufsässigkeit. Die Mutter schrieb damals an Len, ihren Mann: »Micha fühlt sich wohl. Nina hat jedoch ihre Fröhlichkeit verloren und fügt ihren eigenen Ungezogenheiten noch all die der anderen Kinder hinzu. Ich wünschte, ich hätte sie bei mir.«

Janina Blankenfeld nimmt an, daß sie spätestens damals in England jene Verlustängste entwickelt hat, die sie niemals hat ganz überwinden können. »Wir waren ja in der Schweiz schon einmal in einem Kinderheim gewesen; das zweite Mal war eben England. Und diese Trennung von meiner Mutter ist mir viel, viel bewußter. Es war furchtbar. Ich habe jeden Abend geweint, und der Micha, der ja dabei war, der versuchte, mich zu trösten, obwohl er selber gar nicht wußte, wie. Aber dieses Gefühl, daß die Mutti, mit der ich vorher eben ständig zusammen war, dieses Gefühl, daß sie einfach nicht mehr da ist, von heute auf morgen, das hat mir viel Unsicherheit gegeben. Später, da war ich ja schon 14, da kamen wir wieder in ein Heim, und ich konnte wieder die Sprache nicht. Da kam die Mutti uns jeden Sonnabend oder Sonntag besuchen. Aber ich konnte mich gar nicht freuen. Da habe ich dann nur die Stunden gezählt und an die nächste Trennung gedacht. Es war furchtbar. Wir hatten eine ganz starke Bindung. Und ich glaube, diese Bindung ist noch viel enger geworden, weil man eben öfter voneinander getrennt war. Wenn wir immer an einem Ort gelebt hätten und nicht diesen Wechsel von Ländern und Sprachen und auch verschiedenen Kinderheimen gehabt hätten, dann wäre das vielleicht nicht so gewesen. Wir hatten doch ein sehr unruhiges Leben, und zumindest Mutter wußte ja nie mit Sicherheit, ob sie uns wiedersehen würde. Etwas von dieser Angst vor Trennungen ist bis heute geblieben. Wenn ich irgendwohin fahre und wir uns verabschieden, dann ist es so, daß wir uns beide noch umdrehen und lange einander zuwinken. Man sieht sich ja wieder. Und trotzdem dieses Angstgefühl, diese Unsicherheit – manchmal denke ich heute, daß das noch aus dieser Zeit, damals, her ist. Und dann die Bombenangriffe. Da war meine größte Angst: daß Mutti eher stirbt als ich; das war meine größte Angst als Kind: daß ich alleine übrigbleibe und sie eher geht. Sie hat mir dann versprechen müssen, daß sie erst sterben würde, wenn ich erwachsen sei. Aber diese Angst, verlassen zu werden, auch später zum Beispiel vom Partner verlassen zu werden, die ist geblieben – auch wenn man die natürlich als älterer Mensch anders verarbeitet.«

Ab Sommer 1942 schien das Leben, trotz des Krieges, in alltäglicheren Bahnen zu verlaufen. Len Beurton war endlich in seine Heimat England gelangt; und nach der Schlacht bei Stalingrad glaubten er und seine Frau es verantworten zu können, sich ihren Herzenswunsch nach einem gemeinsamen Kind zu erfüllen. Peter, Ninas zweiter Halbbruder, kam im Herbst 1943 zur Welt. Sie hatte sich, wie die meisten kleinen Mädchen, auf das Baby gefreut; aber wie tief enttäuscht war sie, als nun nicht mehr sie, sondern das zarte Brüderchen im Zentrum der mütterlichen Aufmerksamkeit stand. Nina begehrte, nun ebenfalls mit der Flasche ernährt zu werden; sie begann, auf allen Vieren zu krabbeln und fiel zurück in die Babysprache – typische Symptome von Eifersucht auf ein Neugeborenes in der Familie. Bei dem siebenjährigen, noch nirgendwo verwurzelten Mädchen zeigten sie sich, wenn auch vorübergehend, in ungewöhnlich ausgeprägter Weise. Das Leben hatte ihm zu viele Veränderungen in zu kurzer Zeit zugemutet.

Vielleicht versuchte Nina deshalb unbewußt, sich der neuen Umgebung rasch und vollständig anzupassen. Sie lernte die fremde Sprache schnell, und bald hatte sie auch Freundinnen. Mit Stolz trug sie die Schuluniform; es schmerzte sie nur, daß sie stets getragene, niemals neue Kleidung erhielt, und auch zur Teilnahme an Klassenfahrten reichte das Familienbudget nicht. Len, der Vater, war Soldat und arbeitete später gegen geringen Lohn in einer Aluminiumfabrik; Sonjas Agentenlohn traf nicht immer zuverlässig ein, und hoch war er ohnehin nicht. Doch von diesem Lebensbereich der Mutter wußte das Kind nichts.

»Mein Leben war das eines englischen Schulkindes. Politische Erziehung in der Schule fand in England eigentlich nicht statt. Ich kann mich erinnern, daß einmal in der Schule über die Schlacht von Stalingrad gesprochen wurde, einmal nur. Und einmal nur haben wir Kinder Geld gesammelt für die Soldaten, und wir haben dann Strümpfe gestrickt für die Rotarmisten, wußten damals aber gar nicht, daß sie keine Strümpfe, sondern Fußlappen in den Stiefeln tragen. Es gab also absolut keine politische Erziehung in der Schule, und Mutter hat auch bewußt keine politischen Gespräche mit uns geführt; das war nur gut für ihre Arbeit. Wir haben also, möchte ich sagen, ganz naiv in England gelebt. Unser Schwarm war unsere Prinzessin Elisabeth; die war die Hauptbeschäftigung all der Mädels. Wir haben riesige Alben von ihr angefertigt mit Fotos und mit Zeitungsausschnitten.« Ninas Lieblingsbücher waren damals ›Black Beauty‹ und ›National Velvet‹, ihr größter Traum, ein Pferd zu besitzen. Da war sie sich mit allen ihren englischen Freundinnen einig. Am liebsten hätte sie auch, wie viele von ihnen, Mary geheißen.

Sie verabscheute ihren schönen polnischen Vornamen und verargte es ihrer Mutter, die eigentlich allen drei Kindern internationale Namen hatte geben wollen, daß ausgerechnet bei ihr, Janina, eine Ausnahme gemacht worden war. Es gab für das Mädchen mit dem ausgeprägten Wunsch nach Anpassung und Akzeptanz in der englischen Umgebung auch andere Kümmernisse. Einmal wurde Nina als »dirty german jew« beschimpft. Sie wußte nicht, was das bedeuten sollte; sie hörte aber unmißverständlich Feindseligkeit heraus und fragte ihre Mutter.»Die sagte, ich könne stolz darauf sein, eine Jüdin zu sein. Aber das hat mir überhaupt nicht geholfen.« Es störte das Kind auch heftig, daß seine Mutter »irgendwie anders« war als alle erwachsenen Engländerinnen. Nina fand, die Mutter habe »das Aussehen und das Temperament einer Zigeunerin«, dunkelhaarig, fast schwarzäugig, immer lebhaft in den Bewegungen, fröhlich und darüber hinaus zuweilen geradezu kindlich verspielt – also durchaus nicht britisch. Auch durch ihre Kleidungsgewohnheiten hob sie sich von anderen ab; zum Beispiel trug sie zum Verdruß der Tochter nie einen Hut, wie es alle englischen Mütter taten. Und manchmal sprach Ursula Beurton deutsch, was das Töchterchen ebenfalls genierte. Zudem war Ninas Mutter die einzige im Ort, die nach Kriegsende deutsche Gefangene zum Tee einlud.»Es war üblich im Dorf, daß man Soldaten aus dem Gefangenenlager zur Gartenarbeit bestellte. Aber Mutti unterhielt sich lange mit ihnen und lud sie sogar zum Weihnachtsfest ein, zwei 18-, 19jährige Kriegsgefangene. Und meine Mitschüler fragten dann: ›Stimmt das, daß deine Mutter Deutsche eingeladen hat?!‹ Das war für mich eine Qual.«

Die Familie lebte immer in der Nähe von Oxford, zuletzt und längere Zeit in einem abgelegenen, uralten Farmhaus in Great Rollright; der dem Dorf zunächst gelegene größere Ort ist Chipping Norton. Dort ging Nina in die Schule, im Sommer per Fahrrad, im Winter mit dem Schulbus. Dort, am nordöstlichen Rand der lieblichen Cotwolds, entwickelte sie die Liebe zur Natur.

Sie war 13 Jahre alt und eine richtige kleine Engländerin geworden, als der nächste Bruch in ihrem Leben erfolgte.

Sonja hatte schon sehr lange Zeit keine Funkverbindung mehr mit Moskau gehabt; und monatelang war sie vergebens die vielen Kilometer zum toten Briefkasten geradelt. Schließlich hinterlegte sie dort die verschlüsselte Frage, ob sie in die Heimat zurückkehren dürfe. Nach weiteren Monaten fand sie eine Antwort vor:»An Sonja: Kehre in die Deutsche Demokratische Republik zurück.«

Len, der Vater, blieb zurück. Er mußte die Folgen eines Unfalls auskurieren; und außerdem war ungewiß, ob sich für ihn in der DDR sinnvolle politische und berufliche Betätigungsmöglichkeiten finden würden. Auch Micha, der große Bruder, blieb zurück. Er hatte ein Studium aufgenommen und zunächst keine Reisepapiere erhalten. Penny, die Katze, mußte ebenfalls zurückbleiben – und fast alle Spielsachen. Nein, Nina sah nicht ein, daß sie sich von ihnen trennen und überdies ihr Dorf, die Schule, die Freundinnen verlassen sollte. Eine gewisse Vorfreude auf das Neue keimte erst auf, als die Segeltuchsäcke gepackt waren. Aus Ninas Gepäck guckte der Kopf eines Teddybären hervor. Und unter den wenigen Büchern, die sie mitnehmen durfte, waren ›Black Beauty‹ und ›National Velvet‹.

Berlin, Ost mehr als West, war 1950 noch eine Trümmerlandschaft. Es war ein eisiger Märzabend, an dem sie landeten. Niemand holte sie ab. Die Mutter setzte ihre Kinder auf einen Reisesack und suchte eine Unterkunft. Das Zimmer war durchdringend kalt; die Wirtin konnte es nur alle drei Tage mit ein paar Kohlen heizen. Dann die ersten Spaziergänge durch Ost-Berlin.»Ich erinnere mich noch genau, wie mich die vielen Ruinen erschreckten. Alles war so schwarz und traurig und noch schlimmer als in London... Die Leute guckten uns an, weil wir anders angezogen waren und anders sprachen. Ich haßte sie dafür. Man muß das meinem Gesicht angesehen haben. Ich weiß, einmal sah Mutti mich an; sie war ganz entsetzt und sagte: ›Nina, du darfst nicht so gucken.‹ Das war wohl meine innere Zerrissenheit: daß ich die unbewußt auf andere Menschen übertragen habe. Ich fürchtete mich auch davor, daß mich jemand anspricht und ich nicht antworten könnte.«

Nina, anpassungsbestrebt, wie sie in England gewesen war, hatte die deutsche Sprache vollständig vergessen. Was sie sonst bewegte, konnte sie damals nicht benennen. Es war mehr als die Sehnsucht nach den englischen Freundinnen und den grünen Hügeln der Cotswolds; es war eine Identitätskrise. Schon in England hatte das kleine Mädchen die Frage bewegt, ob es Deutsche oder Engländerin sei; es hatte sich pragmatisch für England entschieden. Nun, fast 14 Jahre alt, stellte sie sich die Frage erneut; und solange sie Heimweh nach England hatte, fand Nina keine Antwort. Sie wußte nur: Deutschland, die Heimat der Mutter, war schrecklich – kalt, kaputt und fremd.

Vorübergehend wurde sie wieder in ein Heim gegeben. Von dort aus besuchte sie die Schule. »Das war eine Baracke mitten im Wald. Ich konnte dem Unterricht überhaupt nicht folgen; ich verstand ja kein Wort. Ein Lehrer konnte Englisch. Er wollte mir einen Gefallen tun und versuchte immer, mit mir Englisch zu sprechen. Aber sein Englisch war furchtbar, und dafür habe ich ihn regelrecht gehaßt. Er hat nie erfahren, wie er mich mit seinem furchtbaren Englisch gequält hat. ›Mutti‹, sagte ich jedesmal, wenn sie am Wochenende kam, ›ich ertrag' es nicht mehr; ich verstehe nichts, ich sitze nur rum und gucke raus und beobachte die Eichhörnchen und die Bäume und denke an England und daß ich wieder in meine alte Schule möchte.‹ ›Nina, du mußt es durchhalten‹, sagte sie, ›und glaub mir: Wenn du jeden Tag den Klang hörst, lernst du irgendwann die Sprache.‹« Doch noch viel später, als sie die Aufbauschule besuchte und längst alles verstand, hatte sie Probleme mit der Sprache – und mit dem Selbstbewußtsein. »Ich wußte viel, aber ich konnte es nicht sagen. Ich habe dann manchmal auch falsche Ausdrücke gebraucht, und alle lachten, wenn auch nicht böse. Aber das war für mich furchtbar.«

Im Heim, vorher, hatte man viel Rücksicht auf die beiden entwurzelten Kinder aus England genommen. Als Nina dort 14 Jahre alt wurde, richteten ihr die Leitung und die kleinen Bewohner einen Geburtstag aus, wie sie nie einen schöneren erlebt hat. »Da wurde ich reingerufen, und alle Kinder standen im Spalier aufgebaut und sangen Lieder. Dann wurde ich zum Geburtstagstisch geführt, und da stand ein Nähkästchen mit Etagen zum Aufklappen. So etwas gibt es nur in Deutschland, hat mir Mutti nachher gesagt. Jedes Kind gab mir irgend etwas für den Nähkasten, Stickgarn, ein paar Nadeln. Das Schönste war aber ein frischgebackenes Weißbrot mit einer blauen Schleife drum; das war besser als die schönste Torte. Wir verabscheuten nämlich das Schwarzbrot in Deutschland; so etwas kannten wir ja gar nicht. Und nun also dieses Weißbrot, das hat mich so gerührt. Und als ich Mutti das erzählte, da hatte sie Tränen in den Augen.«

Nach und nach erst gewann Ninas Leben ein gewisses Maß an Alltäglichkeit. Verbunden war dies mit Len Beurtons Übersiedlung in die DDR; und auch Micha, der für das Mädchen so wichtige große Bruder, kam nach Berlin und blieb. Die Mutter, damals bereits in ihrem Wunschberuf als Journalistin im Amt für Information tätig, hatte für die ganze Familie eine schöne Wohnung am Treptower Park gefunden. Der Heimaufenthalt ihrer beiden jüngeren Kinder war beendet.

Zum Heimischwerden hatte bei Nina ganz wesentlich das internationale Deutschlandtreffen der FDJ beigetragen, das sie im Frühsommer 1950 zum erstenmal erlebte. »Diese Massen an Menschen, diese Auftritte, diese Lieder, diese ungeheure Gemeinschaft und diese Begeisterung inmitten dieser Trümmerstadt – das hat mich tief beeindruckt und bewegt. Mich hat auch die ›Internationale‹ so bewegt, dieses Lied. Alle standen auf, faßten sich an den Händen und sangen gemeinsam. Ich begriff die Worte noch nicht; aber ich fand es unwahrscheinlich, wie diese Melodie durch die Ruinen hallte. Das war das erstemal, wo ich an meine Freundin Sylvia in England nicht schrieb, wie es der Prinzessin Elisabeth ginge; sondern ich schrieb über dieses Deutschlandtreffen, und wie es mich begeistert hat. Mutter fand den Brief so schön und gab ihn der ›Jungen Welt‹. Und die hat ihn dann abgedruckt.«

\*

Diesem ersten Gemeinschaftserlebnis folgten viele weitere. Sie halfen dem jungen Mädchen, seinen Standort zu finden – in der DDR und in einem Kommunismus, wie ihn Mutter und Vater vorlebten.

Die Familie gehörte zu der Gruppe höchst geachteter DDR-Bürger, zur Gruppe der aktiv gewesenen Antifaschisten. Sie verkörperten die wichtigste ethische Legitimation des Staatswesens DDR; sie waren lebendiges Beispiel für die angestrebte ›antifaschistisch-demokratische Ordnung‹, die nach marxistischer Auffassung in der DDR dem ›Aufbau des Sozialismus‹ notwendig vorangehen mußte.

Antifa-Familien genossen Vorzugsbehandlung; Straßen, Plätze, Schulen wurden nach ihnen benannt. Janina Blankenfeld stand dieser Entwicklung schon zu Zeiten ihrer Berufstätigkeit als Lehrerin nicht unkritisch gegenüber. »Ich finde zwar, man kann gar nicht übertreiben, wenn man Menschen ehrt und achtet, die für dieses Ziel gelitten haben; aber hätte man Veranstaltungen über Antifaschismus klüger gestaltet und vielleicht nicht so oft, dann wäre das bei den Schülern besser angekommen. Es war doch bei ihnen ein Sättigungsgefühl da; es wurde monoton. Und dann, nicht am Anfang, aber in den letzten 20 Jahren, haben die Lehrer krampfhaft nach neuem Material gesucht, nach Namen von Widerstandskämpfern, um jedes Jahr die Feierlichkeit zu gestalten oder einen Namen für eine neue Schule zu finden. Das wurde eben oft überzogen.« Trotzdem wehrt sich Janina Blankenfeld entschieden dagegen, daß heute aus dem Westen des vereinten Landes mit Blick auf die frühere DDR häufig das Wort vom »verordneten Antifaschismus« zu hören ist. »Ein antifaschistisches Bewußtsein hatte sich wirklich entwickelt, wenn auch etwas einseitig.«

Stolz, einer Familie von kommunistischen Nazi-Gegnern zu entstammen, empfand Janina Blankenfeld als Jugendliche »eigentlich nicht«; sie war in dieses Umfeld hineingeboren worden und nahm ihre Herkunft als gegeben hin. Stolz entwickelte sie erst viele Jahre später, als die Lebensbeschreibung ihrer Mutter, der Agentin Sonja, erschienen war und als ihr eigenes autobiographisches Kinderbuch veröffentlicht wurde. Da hat sie in Kinderbibliotheken aus ihrem Leben erzählt und in vielen Vorträgen über die Mutter berichtet. »Mutters Buch über ihr Leben als Antifaschistin ist ja deshalb bei den Menschen so gut angekommen, weil es sehr persönlich geschrieben ist und weil sie zum Beispiel eine der ersten war, die über die Stalin-Zeit schrieb, und weil sie Fehler zeigte, über die in den meisten Leitartikeln des ›Neuen Deutschland‹ nichts zu lesen war. Die Menschen lechzten ja nach mehr Offenheit. Und auf Veranstaltungen mit Schülern, mit Kindern, habe ich über meine Kindheit in England gesprochen und das Eingewöhnen in der DDR. Da habe ich dann auch mal angesprochen, was mir hier gar nicht gefallen hat. Und da muß ich sagen, da war ich stolz.«

War sie also schließlich in der DDR heimisch geworden? – Statt einer Antwort erzählt Janina Blankenfeld unvermittelt von ihrer ersten Reise nach England.

Es waren mehr als drei Jahrzehnte seit ihrer Übersiedlung in die DDR vergangen, als sie Anfang der achtziger Jahre erstmals die Gegend ihrer Kindheit besuchte, die Cotswolds, das Städtchen Chipping Norton und das Dorf Great Rollright. Sie wanderte in dem Haus umher, in dem sie früher gelebt hatte; sie übernachtete in der kleinen Dorfschule; sie besuchte den alten Friedhof, auf dem die Großeltern begraben sind. Sie war entzückt und innerlich aufgewühlt. Wenn sie nachts endlich Schlaf fand, träumte sie lebhaft und in englischer Sprache. »Wie wunderbar das alles ist, das war mir als Kind nicht so bewußt. Und auch die Mentalität der Menschen; die ist eben ganz anders als deutsch.« Dann lächelt Janina Blankenfeld und gesteht: »Früher hatte ich es immer so kitschig gefunden, wenn jemand nach vielen Jahren seine ehemalige Heimat besuchte, und wenn dann erzählt wurde, wie sehr sie geweint haben, als sie ihr altes Haus wiedersahen, das Stückchen Land, ihren Garten. Aber bei meinem ersten Besuch in England, nach so vielen Jahren, da ist es mir eben ganz genauso ergangen.«

## „Es war mir sehr recht, daß er zu denen gehörte, die nicht mitgemacht haben"

Barbara Gehrts, ein Kind
aus dem Kreis der 'Roten Kapelle'

Dr. Barbara Gehrts,
Februar 1997

Erika und Erwin Gehrts
mit den Kindern
Hans-Erwin (links)
und Barbara, Berlin 1932

Erwin Gehrts mit
einer Frau Erika,
sowie den Kindern
Hans-Erwin und Barbara,
Berlin 1941

Die unterschiedliche Nutzung des einstigen Reichsluftfahrtministeriums in Berlin beschreibt anschaulich ein Stück deutscher Geschichte im 20. Jahrhundert: Hermann Göring, einer der wichtigsten Helfer Hitlers bei der ›Machtergreifung‹ und wenig später Oberbefehlshaber der Luftwaffe, hatte das repräsentative Bauwerk 1935 errichten lassen. In überraschend gutem Zustand überdauerte dieses Zeugnis früher nationalsozialistischer Architektur die Bombardierungen der Reichshauptstadt im Zweiten Weltkrieg; nach 1945 bot sich eine Weiterverwendung an. Da das Gebäude im sowjetisch besetzten Sektor Berlins lag, der späteren Hauptstadt der DDR, wurde es von der SED-Administration als ›Haus der Ministerien‹ verwendet – bis die DDR unterging. Ehe anschließend im vereinten Deutschland der Bundesminister der Finanzen das ehemalige Luftfahrtministerium beanspruchte, fand dort von 1991 bis 1996 die Treuhandanstalt Unterkunft.

In dieser Zeit wurde in der Haupteingangshalle des Gebäudes eine Ausstellung gezeigt, die Bezug nahm auf Menschen, welche am gleichen Ort zur Nazi-Zeit gearbeitet hatten: Erwin Gehrts, zuletzt Oberst der Luftwaffe, und der Oberleutnant der Luftwaffe, Harro Schulze-Boysen. Beide Männer zählten zu jenen Widerstandskreisen, die von der Gestapo unter dem Begriff ›Rote Kapelle‹ zusammengefaßt worden waren.

Der 50. Jahrestag der Hinrichtung von Erwin Gehrts war im Februar 1993 zum Anlaß für die Eröffnung der Ausstellung genommen worden. Für Gehrts' Tochter Barbara war dies eine der ersten Wiederbegegnungen mit dem Gebäude, dessen Äußeres und Inneres ihr fotografisches Gedächtnis in manchen Details aus Kindertagen gespeichert hatte. Barbara Gehrts beteiligte sich gern an einer Initiative, die dazu beitrug, die Wahrheit über die ›Rote Kapelle‹ öffentlich zu machen. Der Berliner ›Tagesspiegel‹ schrieb damals, es gehe um nicht mehr und nicht weniger als »um die Überlieferung und ihre Ehrenhaftigkeit: aus welchen Quellen sie sich speist«.

Aus der Sicht der Nationalsozialisten stellte die ›Rote Kapelle‹ eine besonders gefährliche Organisation dar, weil sie in keines ihrer Bilder von ideologisch festgefügten Widerstandsgruppen paßte. Ihre Mitglieder vertraten unterschiedliche politische Richtungen, hatten verschiedene religiöse Bindungen, entstammten allen sozialen Schichten und waren keiner bestimmten Altersgruppe zuzuordnen. Auffallend war zudem, daß in der ›Roten Kapelle‹ mehr Frauen mitarbeiteten als in irgendeiner anderen Widerstandsorganisation. Es schien den NS-Behörden daher am einfachsten und propagandistisch am vorteilhaftesten zu sein, die ›Rote Kapelle‹ aufgrund ihrer tatsächlich vorhandenen Kontakte nach Moskau als pures Instrument des Bolschewismus zu diskreditieren.

Paradoxerweise übernahmen später sowohl die DDR als auch die Bundesrepublik diese Deutung nur zu gern: Während des Kalten Krieges stilisierte die DDR die ›Rote Kapelle‹ zu einem Kundschafter-Vorposten im Kampf des Großen Bruders SU für den Frieden; die Bundesrepublik machte aus der Organisation einen sowjetisch gesteuerten Spionagering, dessen verwerfliches Tun den Antikommunismus der Adenauer-Ära zusätzlich zu rechtfertigen schien Tatsächlich aber paßte die heterogene Gruppe aus Christen und Marxisten, Arbeitern und Intellektuellen, Künstlern und Militärs in keines der Heldenbilder vom Widerstand – ›Weiße Rose‹ und ›20. Juli‹ im Westen, kommunistisch begründeter Antifaschismus im Osten des geteilten Landes. – Welche Seite hätte den im norddeutschen Protestantismus verwurzelten Luftwaffenoberst Erwin Gehrts guten Gewissens für sich beanspruchen dürfen?

*

Erwin Gehrts, der sich selbst als »konservativ-revolutionär« beschrieb, war Lehrer gewesen, studierter Literatur- und Naturwissenschaftler und mehrfach ausgezeichneter Flieger im Ersten Weltkrieg. Danach begann er eine journalistische Laufbahn als Redakteur, dann Chefredakteur von lokalen und regionalen Tageszeitungen im Ruhrgebiet, im Rheinischen, schließlich in Berlin. Diese Karriere endete, als die Nazis im Sommer 1933 durch Verbot der Berliner ›Täglichen Rundschau‹ deren Konkurs bewirkten. Versuche, seine berufliche Tätigkeit bei anderen Zeitungen oder als freier Journalist fortzusetzen, glückten Gehrts nicht; in der gleichgeschalteten Presse hatte ein Mann wie er keine Chance. Da kam das überraschende Angebot eines Vorgesetzten aus dem Ersten Weltkrieg gerade recht; er verschaffte Erwin Gehrts 1935 die Möglichkeit, im Bereich der Luftaufklärung, später auch in der Vorschriften- und Lehrmittelabteilung des Reichsluftfahrtministeriums zu arbeiten. Dort war damals auch der um fast 20 Jahre jüngere Harro Schulze-Boysen tätig, den Gehrts bereits kennengelernt hatte, ehe er Anfang der dreißiger Jahre nach Berlin gezogen war.

Erwin Gehrts hatte ein Haus in Lichtenrade gefunden; dort, weit ab vom Zentrum der Stadt, verbrachte Barbara glückliche Kinderjahre, in deren Mittelpunkt der Vater stand. Er war außerordentlich temperamentvoll, sehr spontan und ungewöhnlich offen, wenn es um die Mitteilung von Meinungen ging.»Im Reichsluftfahrtministerium wurde er ›der Kleine Krach‹ genannt; das war sein Spitzname. ›Klein‹, weil er sicher nur einsachtundsechzig oder einssiebzig groß war, und ›Krach‹, weil er sehr unverblümt immer sagte, was er dachte. Er konnte, freundlich lachend, verbal Spitzen verteilen.« Die Mutter war eine ruhige, mütterliche Frau, vielleicht ein wenig naiv und wegen des Vaters Spontaneität oft ängstlich besorgt,»daß er sich mit seiner spitzen Zunge und mit seinem Temperament mal irgendwo in irgendwelche Nesseln setzen könnte. Als Ehemann war er, rein vom Temperament her, sicher kein einfacher Partner.« Erwin Gehrts stand zu seiner Neigung, sich spontan und unverblümt zu äußern. In den Verfügungen, die er zur Gedenkfeier aus Anlaß seines bevorstehenden Todes traf, steht unter anderem, man möge zum Abschluß gemeinsam Kaffee trinken, »und Ihr sollt erzählen von meinen strahlenden Augen und meiner kecken Zunge«.

Gehrts war Witwer, als er Erika Weber, Barbaras spätere Mutter, heiratete. Seine erste Frau war kurz nach der Geburt eines Sohnes gestorben. Hans-Erwin war knapp fünf Jahre älter als Barbara. Sie schätzt die korrekte Bezeichnung ›Halbbruder‹ nicht. Er war der große, besonnene Bruder, bei dem sie Trost fand und Schutz suchte, wenn später, im Krieg, die Bomben gar zu nahe niedergingen. Zwischen Tochter und Vater bestand jedoch die größte Nähe. Das hatte Erika Gehrts, allein aufgrund von Ähnlichkeiten der Wesenszüge, schon überraschend früh festgestellt. Über das Baby Barbara notierte die Mutter, es könne, wenn es böse sei,»die Augenbrauen zusammenziehen und die Augen böse rollen. Dann ist sie ganz und gar der Vater.« Später merkte die Mutter gelegentlich besorgt an, daß ihre Tochter vom Vater auch die sehr direkte, manchmal schroffe Art der Meinungsäußerung geerbt zu haben schien.»Du bist wieder uncharmant«, pflegte Erika Gehrts dann, stark untertreibend, zu sagen. Aber schon bei dem noch nicht ein Jahr alten Kind entdeckte sie weitere vom Vater auf die Tochter überkommene Eigenheiten; vor allem schien Barbara dessen »Verschlossenheit Fremden gegenüber geerbt« zu haben.

Wenn sie nicht die Gesellschaft von Hunden, Hühnern und anderen Haustieren suchte,»ist und spielt (sie) überhaupt am süßesten, wenn sie ganz allein ist«. Erika Gehrts prognostizierte, ihre kleine Tochter werde »sicherlich eine Eigenbrötlerin«.

Die gute Beobachtungsgabe der Mutter und deren früh dokumentierte Einschätzung von Charakter und Verhalten der Tochter werden von der erwachsenen Barbara Gehrts offensichtlich als zutreffend betrachtet. Sie bestätigt:»Ich bin ein Vater-Kind.« Sie berichtet, daß sie sich auch als erwachsener Mensch immer mit Tieren umgeben habe, ein Pferd, Hunde. Und im Garten ihres Hauses steht eine Voliere voller bunter Sittiche. Sie legt keinen Wert auf einen großen Bekanntenkreis; aber sie hat eine kleine Zahl enger, verläßlicher Freunde. Barbara Gehrts hatte zwar zwei langjährige Männerbeziehungen gehabt; aber verheiratet war sie niemals. Seit Mitte der sechziger Jahre lebt sie in einem Bungalow im deutsch-französisch-schweizerischen Dreiländereck. Wo ihr naturbelassener Hausgarten endet und die Landschaft des Rheinwaldes beginnt, ist kaum erkennbar.

Sie liebt die Natur und die Einsamkeit in dem Bewußtsein, sie jederzeit vorübergehend verlassen zu können; in wenigen Autoviertelstunden erreicht sie Freiburg, Mühlhausen, Basel. Vor langer Zeit schlug Barbara Gehrts die Sicherheit eines Jobs als festangestellte Lektorin aus, weil sie ihre Wohnumgebung hätte aufgeben müssen. Die Sicherung fürs Alter schuf sie sich dann doch, indem sie, damals bereits lange Dr. phil., spät eine zusätzliche Ausbildung absolvierte und 17 Jahre als Lehrerin wirkte. Sonst arbeitete sie nach dem Studium der Germanistik, Philosophie und Kunstgeschichte immer freiberuflich, als Journalistin für Radio und Printmedien, als Lektorin verschiedener Verlage und als Autorin von Jugendbüchern. Falls eine solche Lebensform eine Frau zur »Eigenbrötlerin« macht, dann will Barbara Gehrts gern zugeben, daß die Mutter auch in diesem Punkt recht gehabt hatte.

Das Kinderleben der Barbara Gehrts war betriebsamer. Da war die Schule und bald auch die ungeliebte Mitgliedschaft in der Hitler-Jugend. Darüber hinaus gab es in Berlin-Lichtenrade eine Familie in der Nachbarschaft, deren erwachsene Mitglieder zu sehr vertrauten Freunden der Eltern und deren vier Kinder zu engen Kameraden der beiden Gehrts-Kinder wurden.

Unbedingtes Vertrauen haben zu können, war in Zeiten des Totalitarismus ein überhaupt nicht zu überschätzendes Gut – besonders wenn man, wie Erwin Gehrts, dem Regime, dem er diente, äußerst kritisch gegenüberstand. Sehr früh nach der ›Machtergreifung‹ hatte er die Kriegsgefahr erkannt; schon vor Beginn des Zweiten Weltkriegs sah er die militärische Niederlage Deutschlands voraus und die Millionen von Opfern, die sie kosten würde. Vielleicht lag dies an den hellseherischen Neigungen, die Gehrts besaß und pflegte; jedenfalls hatte er »etwas Spökenkiekerisches« an sich, wie seine Tochter weiß. Aber vielleicht sprach bei solchen Voraussagen auch der erfahrene Soldat, der sich nicht blenden ließ. Erwin Gehrts gab nichts auf die angebliche Luftüberlegenheit Deutschlands gegenüber Großbritannien; und er sah den deutschen Angriff gegen die Sowjetunion voraus, als die meisten anderen Militärs noch auf den Nichtangriffspakt zwischen Hitler und Stalin vertrauten.

Barbara, ihr Bruder Hans-Erwin und ihre vier Freunde kannten Gehrts' politische Haltung und seine Einschätzung der Lage. Natürlich pflegten die Eltern, wenn sie sich mit Freunden besprachen, ihre Kinder vorher in den Garten oder in eins der Spielzimmer zu schicken; aber oft schlichen die jungen Leute zurück, belauschten die Gespräche der beiden Elternpaare, und besonders die älteren unter den Freunden diskutierten die möglichen Folgen: Sollte man mit ›organisiertem‹ Zement nicht endlich einen Bunker im Garten bauen? Konnte man überhaupt noch Studienpläne schmieden, falls tatsächlich Krieg auch gegen Rußland geführt werden würde?

Barbara war bei Beginn des Zweiten Weltkriegs neun Jahre alt; als im Juni 1941 die ›Operation Barbarossa‹ gegen die Sowjetunion unternommen wurde, war sie gerade elf geworden. Sie war sich früh bewußt, daß nichts von dem, was sie darüber im Elternhaus hörte, nach außen dringen durfte. Sie verstand auch, warum die Eltern wünschten, daß sie und ihr Bruder in der HJ mitmachten – das Mitmachen und die HJ-Kluft als Mimikry. Ein Erlebnis mit dem Vater machte dem Mädchen zusätzlich klar, welche Schutzfunktion eine andere Art von Uniform, die der Militärs, besonders für den haben konnte, der dem Regime oppositionell gegenüberstand.

Erwin Gehrts war eines Tages nach Dienstschluß von seinen beiden Kindern im Reichsluftfahrtministerium abgeholt worden. U-Bahn und Straßenbahn waren fast überfüllt, auch die Linie 99 nach Lichtenrade. Dort suchte ein zugestiegener junger Hauptmann einen Sitzplatz. Als er keinen entdeckte, forderte er barsch von einer alten Frau, ihren Platz für ihn zu räumen. Die Greisin stand mühsam auf. Jeder in der Bahn sah nun den gelben Judenstern an ihrer Kleidung. Der Hauptmann setzte sich. Mit dem Obersten Gehrts drohte sein Temperament durchzugehen; seine Kinder kannten die Anzeichen und beobachteten das Weitere sorgenvoll. Gehrts erhob sich von seinem Platz und bot ihn der alten Frau an. Als sie verängstigt zögerte, ermunterte er sie, sich zu setzen. Der junge Hauptmann empörte sich. Mit schneidender Stimme trat er auf Gehrts zu und erinnerte ihn daran, daß Juden keinerlei Ansprüche auf Bequemlichkeiten wie Sitzplätze besäßen. Erwin Gehrts pflegte seinen militärischen Rang nicht zur Schau zu stellen. Wann immer es möglich war, trug er über der Uniform einen Umhang; irgendein Dienstgrad war daran nicht zu erkennen. Schon als der ordengeschmückte Hauptmann in der Bahn auf ihn zutrat, hatte ihr Vater, so erzählt Barbara Gehrts, »an dem Haken seines Umhangs genestelt. Nun hatte er das Kettchen geöffnet. Mit der Linken schlug er eine Seite des Umhangs zurück. Die geflochtenen Achselstücke mit zwei goldenen Sternen und die gelben Kragenspiegel mit den drei eichenlaubumrahmten Schwingen waren einen Augenblick lang zu sehen. Nur einen Augenblick. Der Hauptmann wurde blaß und sackte ein Stückchen zusammen. Er stotterte irgendwas, das wir nicht verstanden. Dann machte er eine hilflose Geste mit der Hand, als wolle er Vater seinen Platz anbieten. ›Verzichte!‹ sagte Vater, drehte sich um und kam durch den Gang auf uns zu. Er hatte sehr helle Augen wie immer, wenn er erregt war, sich aber nichts anmerken lassen wollte. Alle sahen ihm nach. Er stellte sich zu uns und sagte leise zu meinem Bruder: ›Merk dir's, mein Junge, es kann sehr vorteilhaft sein, sich Sterne auf die Schulterstücke heften zu lassen.‹«

Zu Hause hatte dieser Vorfall ein Nachspiel. Als Erika Gehrts davon erfuhr, geriet sie fast außer sich vor Sorge über das leichtsinnige Verhalten ihres Mannes. Wußte sie, daß er besonders gefährdet war? Ahnte sie, daß er an Widerstandsaktivitäten beteiligt war? Barbara Gehrts ist, rückblickend, überzeugt davon, daß ihre Mutter damals nichts gewußt hatte.

In einer ihrer wenigen öffentlichen Äußerungen über den Vater berichtete Barbara Gehrts von einem Erlebnis in der Kindheit, das andeutet, wie zögerlich sich aus Fragen Ahnungen und aus Ahnungen Gewißheiten entwickeln. »Ich war wieder einmal nachmittags von Lichtenrade in die Innenstadt gefahren, um irgend etwas zu besorgen, und wollte anschließend meinen Vater im Reichsluftfahrtministerium abholen. Als ich in sein Vorzimmer kam, sagte die Sekretärin: ›Dein Vater ist heute wieder eher gegangen; er geht ja öfter früher nach Hause.‹ Arglos kam ich daheim an – mein Vater war nicht da. Erst jetzt stieß mir der Satz der Sekretärin auf: ›Er geht ja öfter früher nach

Hause.‹ War er nicht in letzter Zeit noch öfter sehr spät gekommen? Aber wo war er, wenn er nicht mehr im RLM, aber auch nicht zu Hause war? Mit meiner Mutter darüber zu sprechen, scheute ich mich, und so wartete ich auf meinen Bruder. Als ich ihm etwas unsicher alles erzählt hatte, erblaßte er. Da wußte ich, was er dachte.«

Dieses Wissen war etwas sehr Unbestimmtes. Es gründete auf den Informationen, welche die beiden Gehrts-Kinder über die regimekritische Haltung des Vaters besaßen – durch belauschte Gespräche, durch aufgefangene Bemerkungen, durch die Mahnungen, sich nach außen angepaßt zu geben.»Wirklich wissen tat niemand etwas, überhaupt nicht, weder meine Mutter noch wir. Geahnt vielleicht, mein Bruder mehr als ich. Als jüngere ist man politisch ja nicht so interessiert. Die Spannung ist zwar da, untergründig; aber für alle, auch für meine Mutter, war es, bis mein Vater geholt wurde, eine reine Ahnung. Mein Vater war eben doch sehr vorsichtig gewesen.«

Im Lauf der Jahre, in denen sowohl Erwin Gehrts als auch Harro Schulze-Boysen im Reichsluftfahrtministerium beschäftigt waren, hatten die beiden Männer, anknüpfend an ihre frühere Bekanntschaft, ein vertrauensvolles Verhältnis zueinander entwickelt; es ließ, neben Gesprächen über dienstliche Fragen, auch den kritischen Austausch über politische Themen zu. Bis heute ist jedoch nicht bekannt, wie weit Erwin Gehrts davon wußte, daß Harro Schulze-Boysen neben Arvid Harnack der führende Kopf der ›Roten Kapelle‹ war. Es ist ebensowenig bekannt, welche Einzelheiten Gehrts von den Aktivitäten der Gruppe kannte, ob er beispielsweise wußte, daß Schulze-Boysen und Harnack Anfang des Jahres 1941 einen Vertreter der sowjetischen Botschaft über den geplanten Angriffskrieg gegen die UdSSR unterrichtet hatten.»Man weiß«, berichtet seine Tochter,»er hat meiner Mutter bei einem ihrer Besuche im Gefängnis einmal zugeflüstert, ›unschuldig-schuldig‹ zu sein; das hat er also von sich selbst gesagt. Er hat wohl Informationen weitergegeben, aber wahrscheinlich nicht wissend, wie die Kontakte weiter liefen, was Schulze-Boysen und der Kern dieser Gruppe mit solchen Informationen gemacht haben. Allerdings wußte er, daß Schulze-Boysen Kontakt hatte nach dem Osten, aber was da genau lief...« Nach dem Zusammenbruch des Ostblocks sind Quellen über die ›Rote Kapelle‹ zugänglich geworden. »Das Merkwürdige ist, daß unter den vielen Akten, die nach dem Fall der Mauer zutage kamen, bisher nichts über meinen Vater gefunden worden ist, gar nichts. Es ist ja sehr eifrig geforscht worden; man weiß also heute endlich viel mehr. Aber es gibt immer noch eine Menge Akten, von denen man nicht weiß, was drin steht, weil sie nicht rausgerückt werden von deutscher Seite. In Moskau ist einiges auch nicht rausgerückt worden; in Prag ist einiges zutage gekommen. Vielleicht liegt ja irgendwo auch eine Akte von meinem Vater, über den Prozeßverlauf. Vielleicht gibt's auch keine Akten mehr. Vielleicht hat man die Akten sehr schnell vernichtet, schon zu Nazi-Zeiten, um nicht ein Beweismittel zu haben, wie hohe Offiziere zum Staat standen, wie die also die Lage beurteilt haben.«

Eine erste konkrete Bedrohung empfand Barbara, das Mädchen, an einem Septemberabend des Jahres 1942. »Eine fast nebensächlich hingeworfene Bemerkung meines Vaters während eines Abendbrotes hätte ich wahrscheinlich überhört, wenn meine Mutter nicht nachgefragt hätte. Mein Vater hatte gesagt: ›Schulze-Boysen ist verschwunden, seit vier Tagen. Angeblich ist er auf einer Auslandsdienstreise in geheimer Mission. Die ganze Sache ist höchst mysteriös. Auch seine Frau ist nicht zu erreichen.‹« Barbara kannte Harro Schulze-Boysen; sie war ihm gelegentlich im Luftfahrtministerium begegnet, und ein paarmal hatte er die Gehrts auch in Lichtenrade besucht. Sie hätte die Bemerkung des Vaters vergessen, wenn sich die Mutter nicht nach einiger Zeit erkundigt hätte, ob Schulze-Boysen inzwischen zurück sei. Erwin Gehrts berichtete von einer Abkommandierung zu einer anderen Dienststelle mit geheimem Aufenthaltsort. Jetzt schien die Sache der zwölfjährigen Barbara »nicht mehr so belanglos zu sein. Und nun glaubte ich auch zu bemerken, daß mein Vater nur mit größter Beherrschung seine Nervosität zu verbergen suchte und ungewöhnlich schweigsam war.«

Am 9. Oktober 1942 wurde Erwin Gehrts verhaftet. Durch fremde Stimmen im Haus war Barbara am Morgen jenes Tages, gegen fünf Uhr früh, geweckt worden. Sie öffnete leise ihre Zimmertür und erblickte den Vater vor dem Spiegel im Bad; ein Mann stand im Türrahmen und beobachtete ihn beim Rasieren. Wenig später verabschiedete sich der Vater von seiner Tochter. »Er trat an mein Bett, seine Augen waren unglaublich hell. Er beugte sich zu mir herunter, küßte meine Stirn und sagte: ›Bete für deinen Vater!‹ Seine Stimme war ruhig, nur viel tiefer als sonst.«

Als Erwin Gehrts fortgebracht wurde, dauerte die Hausdurchsuchung noch an. Ehe drei Gestapo-Männer mit Aktenordnern, Fotoalben, Briefen, Tagebüchern und losen Papieren das Haus verließen, schärfte einer von ihnen der Mutter ein: »Ihr Mann ist auf Auslandsdienstreise in geheimer Mission. Es hätte nachteilige Folgen für Sie, wenn er nicht auf Dienstreise wäre!« Barbara erschrak zutiefst; ihr fiel Schulze-Boysen ein: War nicht auch er auf Dienstreise in geheimer Mission, und das schon seit Wochen?

Es begannen quälende Tage des Wartens. Die erste Nachricht war unerfreulich: Erika Gehrts wurde zu einer Vernehmung ins Gestapo-Hauptquartier an der Prinz-Albrecht-Straße befohlen. Erst am späten Abend kam sie zurück. Noch einmal war ihr eingeschärft worden, Dritten gegenüber die Abwesenheit ihres Mannes mit einer Auslandsdienstreise von unbestimmter Dauer zu begründen. Aber ihren Kindern gegenüber war sie offen. Jede briefliche Äußerung Erwin Gehrts' wurde in der Familie besprochen, jeder Versuch, Besuchserlaubnis zu erhalten, jede andere Initiative, die für ihn nützlich sein konnte.

Anfang Dezember warf ein wohlmeinender Anonymus, dessen Identität die Familie niemals ermitteln konnte, einen Zettel mit dem Namen des Offizialverteidigers in den Briefkasten: Dr. Behse. Der Anwalt wollte mit der Frau des inhaftierten Obersten Gehrts keinesfalls sprechen; aber es gelang ihr, empfangen zu werden und in Erfahrung zu bringen, womit schlimmstenfalls zu rechnen wäre. »Ich halte ein Todesurteil für wahrscheinlich«, sagte der Mann, »sehe aber die Möglichkeit, mit Paragraph 51 zu operieren, Zurechnungsunfähigkeit.«

Wenige Tage später kam wieder ein Brief Erwin Gehrts'. Er bot seiner Frau die Scheidung an. »Da ich nicht mehr mit dem Schlimmsten rechne, möchte ich Dir und den Kindern die Unehre ersparen, die mich treffen wird. Ich weiß nicht, ob die Dauer der Strafe so kurz bemessen sein wird, daß Du auf mich warten kannst. Ich denke an Scheidung. Auch für die Kinder ist es einfacher, vom Vater zu sagen: geschieden, als sagen zu müssen: Zuchthaus.« Die Familie war schockiert. Hatte man Erwin Gehrts unter Druck gesetzt? Hatte ihn die Haftzeit verwirrt? Waren seine Überlegungen etwa echt? »Er mußte doch wissen, daß für uns diese Frage als Frage überhaupt nicht existierte.« Andererseits signalisierte der Brief auch etwas Positives: Erwin Gehrts schien nicht mit dem Todesurteil zu rechnen.

Ab Mitte Dezember fanden, überwiegend vor dem Reichskriegsgericht, die Verhandlungen gegen die Mitglieder der ›Roten Kapelle‹ statt: Todesurteil für Harro Schulze-Boysen, für seine Frau Libertas, für Arvid Harnack, für seine Frau Mildred. Von den 130 im Herbst 1942 Inhaftierten wurden 49 hingerichtet; unter ihnen waren 19 Frauen.

Für Erwin Gehrts aber schien es noch eine Chance zu geben. Seinem Offizialverteidiger war es gelungen, ihn auf seine Zurechnungsfähigkeit untersuchen zu lassen. Doch es war nur ein Aufschub. Die Psychiater erklärten Gehrts für voll zurechnungsfähig. Am 10. Januar 1943 fand sein Prozeß statt. Der erfahrene Dr. Behse rechnete mit einer Verhandlungsdauer von zwei bis drei Stunden. Aber es wurden zwölf Stunden daraus. Am Ende stand das Todesurteil. Es wurde nicht sofort vollstreckt. »Behse, der Verteidiger, hat bezeugt, die Richter hätten das Todesurteil mit Tränen in den Augen gesprochen. Die haben wahrscheinlich gesehen, daß mein Vater jemand ist, der an der Sache zerbrochen ist. Das schrieb er ja auch mal in seinen Briefen aus dem Gefängnis: ›Wenn der innere Kern eines Menschen gesprungen ist, dann ist es besser, daß er stirbt.‹ Bei einem ihrer Besuche hatte mein Vater meiner Mutter zugeflüstert, er hätte restlos ausgepackt – die ganze Korruption der Staatsmacht und was durch die SS im Osten passiert, eben diese ganz geheimen Dinge. Ihm war also klar gewesen, daß es zu Ende geht, und er hat sein ganzes Wissen offengelegt. Vielleicht hat er sich um den Kopf geredet. Ich dachte später: Wenn er ganz anders taktiert hätte, klüger für sich persönlich, wäre er vielleicht mit Bewährungsbataillon oder KZ davongekommen.«

Unermüdlich suchte und nutzte Erika Gehrts alle Möglichkeiten, um eine Begnadigung ihres Mannes zu erwirken. Barbara fiel auf, daß sie sich, wie schon bei ihren Besuchen im Gefängnis, besonders sorgfältig kleidete und schminkte, wenn sie tatsächlich oder vermeintlich einflußreiche Persönlichkeiten aufsuchte. Einer ihrer entschiedenen Helfer war der Druckereibesitzer Vosswinkel aus Leipzig. Er kannte Gehrts seit vielen Jahren. Die Familie erfuhr aber erst jetzt, daß sich Vosswinkel mit Wissen und Hilfe seines Freundes für den Schutz Verfolgter einsetzte.»Mein Vater hat ihm viele Druckaufträge aus dem Reichsluftfahrtministerium zugeschustert, ganz legale Großaufträge. Damit beschäftigte der Vosswinkel in seinem Betrieb auch Juden und Kommunisten. Die konnte er aber nur halten, wenn er weiter kriegswichtige Aufträge bekam. Aber plötzlich war mein Vater nicht mehr da...«

Alle Bemühungen um eine Begnadigung schlugen fehl. Erwin Gehrts wurde in Berlin-Plötzensee am frühen Abend des 10. Februar 1943 hingerichtet.

Am Tag zuvor hatte Erika Gehrts eine überraschende Besuchserlaubnis erhalten. Ihrer Tochter fiel das Lächeln auf, mit dem die Mutter zurückkam.»Ich konnte mich nicht erinnern, sie in diesen Wochen lächeln gesehen zu haben. Sie erzählte, daß die Wache immer wieder den Raum verlassen habe und sie mit meinem Vater so vertraut habe sprechen können wie noch nie seit seiner Verhaftung.« Die Familie deutete dies als Signal für eine bevorstehende Begnadigung; weder Erika Gehrts noch ihre Kinder kamen auf den Gedanken, daß das Verhalten der Wachmänner eine Geste der Menschlichkeit unmittelbar vor der Hinrichtung war. Für den nächsten Tag schenkten Freunde den Gehrts Opernkarten. Während sie Beethovens ›Fidelio‹ hörten, starb Erwin Gehrts unterm Fallbeil.

Barbara hatte ihren Vater zum letztenmal einen Monat vor seinem Tod gesehen. Im Traum aber sah sie ihn im Augenblick seines Todes; vielleicht träumte sie von ihm aber auch in den Minuten, in denen er an jeden einzelnen der ihm Nächststehenden einen Abschiedsbrief schrieb. Barbara war nicht mit in die Oper gegangen, denn sie lag mit hohem Fieber im Bett. Und fiebrig träumend kamen ihr alle Verluste in den Sinn, die sie, das noch sehr junge Mädchen, in kürzester Zeit durch Nationalsozialismus und Krieg erlitten hatte. Da war zuerst Ruth, die jüdische Klassenkameradin und Freundin, die in der Nachbarschaft gewohnt hatte. Oft hatten die Gehrts Ruths Familie geholfen. Wie bedeutend diese Hilfe und Zuwendung für die Familie der Freundin gewesen war, hatte Barbara erst durch Ruths liebevollen Abschiedsbrief erfahren – geschrieben, bevor sich die ganze Familie umbrachte. Dann war da Barbaras zärtliche erste Jugendliebe. Sie hatte den Freund in Hitlers Krieg gegen Stalin verloren. Aber im Traum war der junge Mann existent – und verwandelte sich plötzlich in einen anderen Mann, in den Vater. Und der Vater hatte, im Traum, nicht mehr die hellen, intensiv blickenden Augen, sondern die starren, leblosen Augen eines Toten. Weinend erwachte Barbara aus dem Fiebertraum – und wollte nicht glauben und konnte nicht wissen, daß der Vater in diesem Augenblick tatsächlich tot war, konnte auch nicht ahnen, daß nur wenige Monate später ein weiterer schrecklicher Verlust sie treffen würde. Irgendwo in Polen, nach einer schweren Erkrankung im Reichsarbeitsdienst, starb der Bruder Hans-Erwin an einer Blutvergiftung, weil man es nicht für nötig befunden hatte, den unangepaßten, kritischen Sohn des hingerichteten Obersten Erwin Gehrts rechtzeitig und fachärztlich behandeln zu lassen.

Die beiden Frauen waren nun allein im immer stärker zerstörten Berlin, die 36jährige Witwe Erika Gehrts und ihre 13jährige Tochter Barbara. Die Mutter fand Büroarbeit im Columbia-Haus am Potsdamer Platz. Als auch dies in Trümmern lag und ihr die Verpflichtung in eine Munitionsfabrik bevorstand, nahm sie das Angebot eines jungen Freundes an, eines Geistlichen, der ein geräumiges Pfarrhaus in der Nähe von Ekkernförde bewohnte. Bomben fielen nicht auf Klein-Waabs; aber das Elend des Krieges war auch in dieser scheinbaren Idylle gegenwärtig – Flüchtlinge, verwitwete Frauen, verwaiste Kinder und Hunger.

Für das, was man später ›Trauerarbeit‹ nannte, hatte Barbara keine Muße. Viele Stunden war sie täglich unterwegs, um das nächstgelegene Gymnasium zu erreichen. »Und dann waren wir sehr damit beschäftigt, nicht hungern und nicht frieren zu müssen.« Sie ging mit der Mutter ins Moor, um beim Torfstechen zu helfen und Deputate zu erhalten; nach den Ernten sammelte sie Ähren von den Feldern, um daraus etwas Mehl zum Brotbacken zu bekommen; sie hackte im Herbst Kartoffeln nach und dachte an den Acker, den die Familie, zusammen mit den Nachbars-Freunden, während der Kriegsjahre in Berlin bewirtschaftet hatte. »Und ich habe haufenweise Kaninchen gehabt, für die ich auf den Äckern der Bauern Klee geklaut habe, damit sie schneller fett werden.« Sie war so ausgehungert, daß sie einmal vom rohen Flomen eines eben geschlachteten Kaninchens gegessen hat.

Mit der Bewältigung des Kriegs- und des Nachkriegsalltags »war man so beschäftigt, daß gar kein Atem blieb für Geselligkeit und Freunde – und Trauer«. Dennoch fühlte sich Barbara ständig an das Fehlen von Vater und Bruder erinnert. »Daß man zu zweit am Tisch saß, statt zu viert, das wird einem ja bei jeder Mahlzeit bewußt. Erst waren's drei, die noch am Tisch saßen; denn mein Bruder hatte sich ja, ohne ein Wort zu sagen, an Vaters Platz gesetzt. Das wurde nie kommentiert; er saß eben da. Und nachher war auch er nicht mehr da. Die äußeren Umstände haben einen im Grunde fortwährend konfrontiert. Aber über das Ende des Vaters haben wir nicht gesprochen. Trotzdem war er sehr gegenwärtig. Wir haben oft anhand der Fotoalben von früher gesprochen. Es war viel gesungen worden bei uns; Vater spielte Klavier, Mutter Gitarre, dazu Wandervogellieder, der Zupfgeigenhansel. Ich sang sehr gut, blattsicher. Es wurde viel gespielt bei uns, Gesellschaftsspiele, wie man früher sagte, und Tischbillard. Es gab auch Feste, keine lauten Feste, aber schöne Feste. Von diesen Dingen haben wir gesprochen. Aber als ›Ideal‹

hingestellt wurde der Vater dabei bestimmt nie. Das war nicht die Art bei uns.« Einen gewissen Stolz auf diesen Vater empfindet Barbara Gehrts aber durchaus.»Als man sehr bald nach dem Krieg die Horrorbilder aus den KZs sah, da war es mir sehr recht, daß er zu denen gehörte, die da nicht mitgemacht haben.«

Trotz der Verluste, die sie erlitten hatte, fühlte sich Barbara dort, wo sie das Ende des Krieges und die frühen Jahre danach erlebte, im alten Pfarrhaus von Klein-Waabs, nicht reduziert auf das Zusammensein mit der Mutter. Sie empfand sich als aufgehoben in einer Religiosität, die ihre feste Verankerung in der zurückliegenden Kindheit in Berlin hatte, und in der liebevollen Atmosphäre der immer größer werdenden Pfarrersfamilie.»Man war dort im Pfarrhaus nicht geduldet, man war nicht zu Gast; man war zu Hause, fast zu Hause. Ob wir überlebt hätten in dem Chaos in Berlin, wenn wir dort nicht hätten hinkönnen, weiß ich nicht.«

Erika Gehrts heiratete einige Jahre nach Kriegsende noch einmal. Danach konnte ihre Tochter Barbara leichteren Herzens eigene Wege gehen.

*

Barbara Gehrts hat die Wiederbegegnung mit dem Vater nicht gesucht. Und als sie, spät in den achtziger Jahren, auf sie zukam, fürchtete sie die Erinnerungsbilder. Trotzdem entschloß sie sich 1987, anläßlich der Präsentation eines Gedenkbuches über Nazi-Opfer, eine kleine Ansprache zu halten – und verstand sich dabei als Stellvertreterin für andere in gleicher Weise Betroffene. Sie lieferte aber keinen historischen Abriß über die ›Rote Kapelle‹; sie sprach vielmehr über das, was nicht in den Geschichtsbüchern steht: Sie berichtete sehr persönliche Erinnerungen an den Vater. Ihren kleinen Vortrag leitete sie mit den Worten ein:»Während der mehr als vier Jahrzehnte seit dem Tode meines Vaters versuchte ich immer wieder, die Gedanken an ihn nicht ständig durch den Schatten eines solchen Todes trüben zu lassen. Diese Ökonomie des Aussparens erhielt den Stunden der Kindheit ihren Glanz.«

Die »Stunden der Kindheit« fielen in die Jahre von Nazi-Zeit und Krieg. Nachdem sie vorüber waren, wurde Barbara Gehrts gelegentlich mit dem politischen Hintergrund ihrer Familie konfrontiert – und das war wenig erfreulich.»Jaja, heute waren ja alle dagegen«, bekam Barbara als Schülerin etwa zu hören, wenn sie in der frühen Nachkriegszeit die Regimegegnerschaft des Vaters erwähnte.»Das wurde also im Grunde kaum zur Kenntnis genommen.« Bald gab es in Illustrierten die ersten, wenig seriösen Veröffentlichungen über die ›Rote Kapelle‹, Veröffentlichungen, die den tendenziösen Inhalt der Gestapo-Akten übernahmen. Auch dies hatte wenig zu tun mit allem, was Barbara Gehrts über ihren Vater wußte. Schließlich die vergeblichen Bemühungen der Hinterbliebenen und überlebenden Opfer, den Oberkriegsgerichtsrat Roeder, der so viele Mitglieder der ›Roten Kapelle‹ in den Tod geschickt hatte, einer angemessenen Strafe zuzuführen. Und endlich ein geradezu schokkierendes Erlebnis, als ein bekannter Historiker, in dessen Haus Barbara Gehrts eine Studentenbude bewohnte, sie eines Tages zu sich bat.»Ich sehe ihn noch am Schreibtisch sitzen. Er ließ mich Platz nehmen und machte mir kurz und bündig klar, daß ich ja einen Landesverräter zum Vater hätte. Ich fiel aus allen Wolken. Ich wußte ja längst, in den fünfziger Jahren, da waren das alles ›Spione‹ und ›Landesverräter‹. Aber daß dieser immerhin angesehene Mann, Ordinarius in Freiburg, daß der mir das in dieser Weise auftischte! Ich war überhaupt nicht in der Lage zu reagieren; ich habe überhaupt nichts sagen können. Da hab' ich mich geschämt, später, vor mir selbst: daß ich meinen Vater nicht mal verteidigt habe.«

Es mag auch an solchen Erfahrungen liegen, daß erneute Wiederbegegnungen ihr weiterhin schwer fielen und zuweilen schlaflose Nächte bereiteten. Als Anfang der neunziger Jahre im ehemaligen Reichsluftfahrtministerium die Ausstellung über Erwin Gehrts und Harro Schulze-Boysen eröffnet wurde, berichtete die inzwischen über Sechzigjährige über das kleine Mädchen, das sie gewesen war. Die Tochter des Obersten Gehrts hatte es genossen, den Vater von der Dienststelle abzuholen, in seiner Begleitung von jungen Soldaten zackig gegrüßt zu werden und in dem einst strahlend grau-weißen Gebäude unkontrolliert ein- und ausgehen zu können. Diese positive Erinnerung des kleinen Mädchens wurde fast stets überlagert durch ein bedrohliches Erinnerungsbild aus späteren Jahren: die Gestapo-Zentrale in der Prinz-Albrecht-Straße. Nur mit einer Geste und mit einem Flüstern hatte dort kurz vor seinem Tod der Vater seiner Frau gegenüber angedeutet: »Man wird mir die Pistole hinlegen« – schrecklich und tröstlich und am Ende doch nicht wahr. Als Barbara Gehrts in den fünfziger Jahren und später erneut die Hinrichtungsstätte Plötzensee aufsuchte, dachte sie an die Pistole. Und ihr Kopf und ihr Herz konnten nicht zur Kenntnis nehmen, daß der Vater auf ganz andere Weise zu Tode gekommen war.

Für die Ansprache im vormaligen Reichsluftfahrtministerium hatte Barbara Gehrts einen kurzen Text vorbereitet; mit ihm in der Hand fühlte sie sich sicher. Aber auf emotionale Überraschungen war sie nicht gefaßt gewesen – bis sie den Ausstellungsraum betrat. »Da geh' ich genau auf ein Foto zu, ein sehr vertrautes schönes Foto, das meinen Vater zeigt, noch jung, noch vor meiner Geburt, mindestens halblebensgroß. Dieses Bild läuft mir entgegen; und ich denke: Mich haut's um!«

Barbara Gehrts hatte sich nicht erst ab Ende der achtziger Jahre intensiv mit dem Vater befaßt und dadurch endlich »nachgeholt, was andere vielleicht viel früher getan haben«. Sie hatte, schon in den Siebzigern, ein Jugendbuch über ihre Kindheit unterm Hakenkreuz geschrieben. Sie selbst, die Autorin, steht im Mittelpunkt dieses Buches. Und doch diente das Schreiben weniger der Verarbeitung des selbst Erlebten und Erlittenen als der Vermittlung von Erfahrungen an die nächste und übernächste Generation. Denn zur Veröffentlichung des Buches war Barbara Gehrts angestoßen worden, nachdem sie miterlebt hatte, wie ein Student im Gespräch mit einem Universitätslehrer den Begriff der Freiheit kühn oder gedankenlos relativierte. »Was Sie unter Freiheit verstehen«, so hatte der Student behauptet, »ist ja nur Abwesenheit von Gewalt.« Der weit ältere Professor hatte entgegnet: »Mann – wissen Sie denn überhaupt, was Sie da sagen? Nur Abwesenheit von Gewalt?«

Damals faßte Barbara Gehrts den Entschluß, »Erlebnisse der eigenen Kindheit niederzuschreiben, einer Kindheit, die unter dem Zeichen von Diktatur und Gewalt ein Ende fand«. Das Buch ist inzwischen in viele Sprachen, sogar ins Japanische, übersetzt worden. Es hat den Titel »Nie wieder ein Wort davon?« – »Nie wieder ein Wort davon – nie wieder!« hatte Hans-Erwin Gehrts von seiner kleinen Schwester Barbara verlangt, als auch sie, die damals Elfjährige, herauszufinden schien, was der ältere Bruder schon mehr wußte als ahnte: daß der Vater ein Widerstandskämpfer war.

# »Sich ein Bild machen«

## Anmerkungen zu den Fotos

Das Sichten der Bilder aus Kindheit und Jugendzeit der dargestellten Frauen bot mehr als nur Gelegenheit zur Auswahl: Die
Fotos und die Art ihrer Aufbewahrung lassen auch Schlüsse auf
das Verhältnis der jeweiligen Familien zu dem Medium Fotografie zu. Noch interessanter aber ist, daß Qualität und Quanti-
tät der Bilder, bei aller Vorsicht vor Verallgemeinerungen, auch
einen Einblick in den sozialen Status und in das Selbstverständ-
nis, sogar in die Lebensumstände der Familien erlauben.

Da gibt es, wie bei Greta Wehner, den ›Familien-Schnapp-
schuß‹, den die Mutter bei einem Sonntagsausflug vom Vater
und von den Kindern gemacht hat. Und nur derartiges liegt in
geringem Umfang an fotografischen Familiendokumenten aus
der Kindheit vor. Die Bewältigung der alltäglichen Notwendig-
keiten war anstrengend; die Lebensverhältnisse waren bescheiden. Man besaß einen einfachen Fotoapparat; und der gehörte
nicht zu den wichtigsten Utensilien, die in der geringen Freizeit
zur Hand genommen wurden.

Manchmal existieren neben solchen Schnappschüssen auch
vereinzelte Atelieraufnahmen. Einmal in ihrer Kindheit erlebte
Ruth Hrotzschansky mit ihrer Mutter Judith Auer einen Besuch
beim Fotografen. Es hatte keinen besonderen Grund gegeben,
keinen Jubiläumstag im Familienkreis und keine böse Vorah-
nung. »Die Mutti wollte einfach einmal ein ordentliches Bild
von uns beiden haben.« So entstand jenes Porträt, das nach der
Hinrichtung von Judith Auer am häufigsten veröffentlicht wurde; und bei gleicher Gelegenheit wurde die Aufnahme von
Mutter und Tochter gemacht, die in diesem Buch zu sehen ist.

Seltener gab es unter den hier vorgestellten Familien Personen, die als Autodidakten auf dem Gebiet der Fotografie eine
anspruchsvolle Kamera besaßen und mit ihr fast professionell
umgingen; eine von ihnen ist Janina Blankenfelds Mutter Ursula

Beurton. Sie benutzte, das war naheliegend, ihre Leica häufig auch, um mit Hilfe hervorragender Fotos ihrer im Exil weit entfernt lebenden Herkunftsfamilie ›ein Bild davon zu machen‹, wie die Entwicklung der Kinder verlief und wie die Wohnumgebung in Shanghai, in Zakopane oder in den Schweizer Bergen aussah. Manchmal waren es nur jene an Verwandte und Freunde verschickten Fotografien, die den Krieg überdauerten.

Es wird in diesem Buch auch eine Familie vorgestellt, bei der es selbstverständlich war, sich fotografisch porträtieren zu lassen. Die schönsten, auch hier verwendeten Kinderbilder der kleinen Prinzessinnen zu Löwenstein stammen von Lotte Jacobi, die in den zwanziger und frühen dreißiger Jahren in Berlin bereits die Größen ihrer Zeit aus Kunst und Kultur aufgenommen hatte. Wie die Eltern Löwenstein war auch Lotte Jacobi von den Nazis aus Deutschland vertrieben worden; dort hatte man schon 1934 ihre an Agenturen verkauften Bilder mit dem Stempel »Achtung! Photograph gesperrt!« versehen. Im amerikanischen Exil konnte Lotte Jacobi glücklicherweise an ihre große Fotografinnenkarriere anknüpfen; dort fertigte sie unter anderem einige der bekanntesten Porträtserien von Albert Einstein an.

Schließlich gibt es, wie überall, das Sowohl-als-Auch. Julius Leber, zum Beispiel, war zu seiner Zeit in Deutschland ein bekannter Mann, von dem zahlreiche durch Presse- und andere Berufsfotografen aufgenommene Bilder existieren. Darüber hinaus entstanden im familiären Umfeld, neben recht guten, auch solche Fotos, deren Qualität selbst bescheidenen Ansprüchen von Amateurfotografen kaum genügt. Aber vor dem Hintergrund der späteren Ereignisse ist jedes von ihnen heute ein Dokument der Zeitgeschichte. So wurde der auch hier verwendete Schnappschuß, den Tochter Katharina von den Eltern gemacht hat, zu einem der am häufigsten veröffentlichten Fotos von Julius Leber und seiner Frau Annedore – weil es das letzte Bilddokument ist, das beide gemeinsam zeigt.

Noch fragwürdiger ist die Qualität der Amateuraufnahme, die diesem Buch als Vorlage für die Einbandgestaltung gedient hat: ein kleines Bildchen mit Büttenrand, in viel zu scharfem Licht-Schatten-Kontrast aufgenommen, durch Jahrzehnte aufbewahrt von Katharina Christiansen in einem Karton voller Familienfotos. Das Bild wurde für die Einbandgestaltung gewählt, weil es auf anrührende Weise ausdrückt, wie stark diese Tochter ihrem Vater und dieser Vater seiner Tochter verbunden war. Und das Einander-zugewandt-Sein der beiden hat etwas für dieses Buch Allgemeingültiges.

*

Alle Reproduktionen von Fotografien aus Kindheit und Jugendzeit der hier dargestellten Töchter von Widerstandskämpferinnen und -kämpfern wurden von der Autorin angefertigt. Die Porträtaufnahmen aus der Gegenwart wurden ebenfalls von der Autorin aufgenommen. Die Bilder entstanden in Gesprächspausen während der jeweils vier- bis sechsstündigen Interviews in den Jahren 1995, '96 und '97.

# Quellennachweis

*Porträt Katharina Christiansen:*

Bandaufzeichnung des Gesprächs mit der Autorin am 8. September 1995 in Ottobrunn. Außerdem wurden verwendet: schriftliche Äußerungen Julius Lebers aus Dorothea Beck: »Julius Leber – Sozialdemokrat zwischen Reform und Widerstand«, Berlin 1983, und ein Zeitungsartikel Katharina Christiansens: »Was ich am 20. Juli über meinen Vater denke«, erschienen in »FF«, Berlin, 20. Juli 1994.

*Porträt Ruth Hrotzschansky:*

Bandaufzeichnung des Gesprächs mit der Autorin am 11. Juni 1996 in Berlin sowie: Institut für Marxismus-Leninismus (Hg.): »Deutsche Widerstandskämpfer 1933-1945. Biographien und Briefe«, Berlin/DDR 1970, und Regina Scheer: »Rambow, Spuren von Verfolgung und Verrat« in: Dachauer Hefte, Nr. 10/1994.

*Porträt Ruth Crummenerl:*

Bandaufzeichnung des Gesprächs mit der Autorin am 18. Dezember 1996 in Taunusstein sowie ein kurzes Zitat aus Heinrich Mann: »Ein Zeitalter wird besichtigt«, Frankfurt am Main 1988.

*Porträt der Prinzessinnen zu Löwenstein:*

Bandaufzeichnungen der Gespräche der Autorin mit Konstanza Prinzessin zu Löwenstein am 2. März 1996 in Berlin und mit Elisabeth Renauer am 9. März 1996 in Bonn. Außerdem wurden einige Bemerkungen von Hubertus Prinz zu Löwenstein über seine beiden älteren Töchter seinem Buch »Abenteurer der Freiheit«, Frankfurt a.M., Berlin, Wien 1983, entnommen. Das Brecht-Gedicht wurde zitiert nach Gerhard Sauder (Hg.): »Die Bücherverbrennung«, München, Wien 1983.

*Porträt Inge Leetz:*

Bandaufzeichnung des Gesprächs der Autorin mit Inge Leetz am 30. Juni 1995 in Berlin und Zitate aus Antje Dertinger, Jan von Trott:»»... und lebe immer in Eurer Erinnerung«. Johanna Kirchner – Eine Frau im Widerstand«, Bonn 1985.

*Porträt Greta Wehner:*

Bandaufzeichnung des Gesprächs der Autorin mit Greta Wehner am 28. November 1995 in Bonn sowie Korrespondenz der Autorin mit Greta Wehner in der Zeit 1995/96. Die Passage aus Ingrid Segerstedt-Wiberg:»Der zähe Lebenswille – Flüchtlingsschicksale während der Zeit der Vernichtung und Verwirrung« wurde nach Greta Wehners mündlicher Übersetzung aus dem Schwedischen zitiert.

*Porträt Grete von Loesch:*

Bandaufzeichnungen der Gespräche der Autorin mit Grete von Loesch am 14. Juni 1995 und am 20. November 1996 in Frankfurt am Main, außerdem Dokumente über Hein Hamacher, die sich im Besitz seiner Tochter Grete von Loesch befinden.

*Porträt Marie Theresa Pörzgen:*

Bandaufzeichnung des Gesprächs der Autorin mit Dr. Marie Theresa Pörzgen am 22. Januar 1996 in Bonn.

*Porträt Renate Martin:*

Bandaufzeichnung des Gesprächs der Autorin mit Renate Martin am 9. September 1995 in München und Korrespondenz zwischen Renate Martin und der Autorin 1995/96, außerdem Ursula Schulz (Hg.):»Adolf Reichwein – Ein Lebensbild in Briefen und Dokumenten«, ausgewählt von Rosemarie Reichwein unter Mitwirkung von Hans Bohnenkamp, München 1974, sowie das unveröffentlichte Manuskript eines Vortrags von Renate Martin.

*Porträt Janina Blankenfeld:*

Bandaufzeichnung des Gesprächs der Autorin mit Janina Blankenfeld am 12. Juni 1996 in Berlin sowie Janina Blankenfeld: »Die Tochter bin ich«, Berlin/DDR 1985, und Ruth Werner: »Sonjas Rapport«, Berlin/DDR 1977, außerdem Joachim Sagasser (Hg.): »Auskünfte über Ruth Werner«, Berlin/DDR 1982.

*Porträt Barbara Gehrts:*

Bandaufzeichnung des Gesprächs der Autorin mit Dr. Barbara Gehrts am 5. Februar 1997 sowie Passagen aus unveröffentlichten Texten von Ansprachen, die Barbara Gehrts am 14. November 1987 und am 10. Februar 1993 in Berlin gehalten hat. Desweiteren wurde zitiert aus Abschriften von Unterlagen der Familie Gehrts, aus dem Berliner »Tagesspiegel« vom 11. Februar 1993 und aus Barbara Gehrts: »Nie wieder ein Wort davon?«, Stuttgart 1975.

# Die Autorin

*Antje Dertinger*, geb. 1940 in Norddeutschland, lebt und arbeitet als Journalistin und Sachbuchautorin in Bonn. Sie veröffentlichte seit Ende der siebziger Jahre zahlreiche, überwiegend biographische Bücher zur Geschichte der Arbeiterinnenbewegung und des Kampfes gegen das NS-Regime in Deutschland, darunter im Verlag J.H.W. Dietz Nachf., Bonn: »Dazwischen liegt nur der Tod – Leben und Sterben der Sozialistin Antonie Pfülf« (1984), »»... und lebe immer in Eurer Erinnerung«. Johanna Kirchner – Eine Frau im Widerstand« (1985), »Weiße Rose, gelber Stern: Das kurze Leben der Helga Beyer« (1987) und »Der treue Partisan. Ein deutscher Lebenslauf: Ludwig Gehm« (1989).

*Prof. Dr. Susanne Miller*, Jahrgang 1915, ist Historikerin und Verfasserin von Monographien, Aufsätzen und Dokumentationen zu Themen des 19. und 20. Jahrhunderts.